The Right Stock
at the Right Time

选股与择时

高胜率的股票投资技法

苏中锋 / 著

机械工业出版社
CHINA MACHINE PRESS

图书在版编目（CIP）数据

选股与择时：高胜率的股票投资技法 / 苏中锋著 . —北京：机械工业出版社，2023.8

ISBN 978-7-111-73244-0

Ⅰ . ①选… Ⅱ . ①苏… Ⅲ . ①股票投资 Ⅳ . ①F830.91

中国国家版本馆 CIP 数据核字（2023）第 094352 号

机械工业出版社（北京市百万庄大街22号 邮政编码100037）
策划编辑：吴亚军 责任编辑：吴亚军 伍 曼
责任校对：梁 园 梁 静 责任印制：郜 敏
三河市宏达印刷有限公司印刷
2023 年 8 月第 1 版第 1 次印刷
170mm×230mm · 23.5印张 · 1插页 · 384千字
标准书号：ISBN 978-7-111-73244-0
定价：79.00元

电话服务 网络服务
客服电话：010-88361066 机 工 官 网：www.cmpbook.com
010-88379833 机 工 官 博：weibo.com/cmp1952
010-68326294 金 书 网：www.golden-book.com
封底无防伪标均为盗版 机工教育服务网：www.cmpedu.com

　　写作本书的初衷很简单：在与不少朋友交流后，我发现进入股市的人越来越多，但是亏钱的占多数。归纳亏钱的原因，无外乎如下几种。第一，很多人操作很随意，对买入的公司并不了解，甚至连公司产品和主营业务是什么都不清楚，只是根据他人推荐、网上文章介绍等就买了。这些人在日常买东西时会货比三家、讨价还价，但在进行股票投资时，不经过分析就投入几万元、几十万元甚至上百万元。真可谓"生活缝缝补补，股市挥金如土"。第二，有些人尝试分析公司，但由于相关知识匮乏，缺少有效的理论指导和合适的分析工具，分析得出的结论往往较为片面，价值也有限。第三，少部分人积极学习相关知识，但需要学习的内容太多，具体分析时常无从下手，或者选择的工具不合适，影响分析的准确性。第四，一部分人读了不少投资方面的书，学了一些基础理论和方法，却没掌握具体的操作技巧，实际上也很难取得好的投资效果。总结起来，大量投资者存在四个方面的问题：

- 缺乏对股票市场的认识与理解，没有建立完整的股票投资体系。
- 无法用简单有效的工具分析公司，难以选择合适的投资标的。
- 难以对公司价值进行系统的评估，无法判断股价的高低。
- 没有掌握股票投资的技法，难以把握趋势。

作为拥有二十多年经验的资深"韭菜"，我尝试过各种方法，从入市之初的盲目操作，到道听途说，到追涨杀跌，到长期持有……这些操作有成功更有失败，有盈利更有亏损，我从中积累了大量"被收割"的经验，也总结了不少避免"被收割"的方法。同时，作为大学教师，我致力于企业管理领域的教学和科研工作，关注企业管理知识的积累和拓展，也注重企业实践，更努力使学生掌握相关理论工具并学以致用，做到"学管理、懂管理、用管理"。可能是教书育人的使命感让我一直有一个目标：把自己积累的经验与教训、掌握的理论工具和方法，从普通投资者的角度加以分享，以便帮助读者更好地分析公司、评估价值、把握趋势，掌握股票投资的技法。

为了实现这个目标，我需要把本书写得既有理论性和系统性，又通俗易懂且贴近实践。在过去两年多的时间里，我一直犹豫是否要做如此艰难的工作；我也一直在阅读、整理和思考，为这项工作做准备。直到今天，我依然认为自己还没有做足准备。但是，工作不开始，就会一直犹豫下去，没有进展；早日完成这项工作，可以让读者尽早阅读本书，更早地为他们提供有价值的知识。因此，我在2022年新年的第一天开始了本书的写作。

投资者要取得好的收益，一方面要提高股票交易的胜率，保证股票交易的高成功率；另一方面要提高股票交易的效率，较快地实现投资收益。为了实现这些目标，投资者既要选好股，又要择好时。也就是说，投资者不仅要深刻理解与认识市场，建立股票投资体系；还要对公司进行分析，选择合适的投资标的；更要对公司价值进行评估，判断股价的高低；最后利用具体操作技巧，把握和利用股价运行的趋势。针对上述四个方面的要求，本书分为四个部分：第一部分是认识股票市场，从投资者关心的一些问题出发，通过讨论这些问题来认识和理解股票市场，帮助读者建立更合适的投资理念和体系；第二部分是公司分析，主要是基于战略管理基础理论，介绍常用的分析工具，并结合具体例子加以解释；第三部分是价值评估，探讨常用的价值评估方法并举例说明；第四部分是实际操作技法，介绍一些股票投资的技巧。这四部分也是我对自己二十多年股票投资经验与教训进行的阶段性总结和反思，力求帮助投资者更好地选股和择时，提高股票投资的胜率与效率。

本书不是全面、系统地阐明各种理论工具，而是对常用的理论工具加以说明，致力于满足股票投资的日常需要。价值投资、技术分析等方法没有优劣之分，它们各有所长，能够持久获利的方法就是有效的方法。因此，本书并非专注于单一方法，而是秉承实用主义的态度融合多种方法。

投资没有必胜的策略，也没有万能的方法，适合自己的就是最好的。同时，股票市场在不断变化，投资者也要在实践中不断总结，实现自我提升。

|目 录|

前 言

|第一部分|
股票市场的八个问题

股票市场的八个问题

　　知己知彼，百战不殆。要在股票市场生存并赢利，首先必须认识和理解这个市场，知道它的规律和偏好。在与大量投资者交流后，我发现做得好的投资者普遍对股票市场有着清晰的认识和理解，也都有着相对完整的股票投资体系；而亏钱的投资者普遍对股票市场没什么概念，更没建立起股票投资体系。本部分并不打算介绍股票市场的历史、规则等，而是从投资者普遍关心的八大基本问题切入，让投资者进一步认识和理解股票市场，进而建立起更适合自己的股票投资理念和体系。

第一章

为什么要进行股票投资

2022 年 1 月 25 日,上海证券综合指数(以下简称"上证指数")收于 3433 点,下跌 91 点,跌幅 2.58%;深圳证券交易所成份股指数(以下简称 "深证成指")收于 13 684 点,下跌 398 点,跌幅 2.83%;创业板指数收于 2975 点,下跌 81 点,跌幅 2.67%。沪深两市个股 268 家上涨、4333 家下跌,涨跌幅中位数为 –4.20%,下跌个股占比 94.17%,单日下跌个股数历史排名第一、下跌个股占比排名第二。总市值减少 2.75 万亿元,人均亏损 1.45 万元,"亏钱效应非常明显"。

2022 年 1 月 27 日,市场继续下跌。上证指数收于 3394 点,下跌 61 点,跌幅 1.78%;深证成指收于 13 399 点,下跌 381 点,跌幅 2.77%;创业板指数收于 2907 点,下跌 98 点,跌幅 3.25%。沪深两市个股 276 家上涨,4397 家下跌,涨跌幅中位数为 –2.89%,投资者继续普遍亏钱。在股票市场持续下跌的背景下,更要说明为什么要进行股票投资。

资产需要保值增值

中国人民银行调查统计司曾采样 30 个省份 3 万余户城镇居民家庭，发布《2019 年中国城镇居民家庭资产负债情况调查报告》。报告显示：城镇居民家庭总资产均值为 317.9 万元，中位数为 163.0 万元；扣除负债后，城镇居民家庭净资产均值为 289.0 万元，中位数为 141.0 万元（见表 1-1）。不管是不是"被平均"，都必须承认：随着我国经济的发展，人民生活水平不断提高，每个家庭都积累了一定资产。这些辛苦积累的资产需要保值增值。

表 1-1　2019 年 30 个省份城镇居民家庭户均总资产　（单位：万元）

省份	总资产	省份	总资产	省份	总资产	省份	总资产
北京	892.8	安徽	314.0	山西	233.2	陕西	180.8
上海	806.7	山东	302.0	河南	235.1	黑龙江	173.6
江苏	506.9	青海	285.6	湖北	234.9	辽宁	171.6
浙江	480.7	海南	282.5	湖南	229.4	甘肃	169.7
福建	418.3	宁夏	266.7	江西	219.3	吉林	141.5
广东	399.8	贵州	247.0	四川	193.3	新疆	127.5
天津	361.6	云南	242.9	内蒙古	190.4		
河北	353.9	重庆	239.3	广西	181.7	均值	317.9

近些年居民资产保值增值情况如何呢？回想一下"万元户"这个词，万元户是指存款或年收入在 1 万元以上的家庭民户。这个词产生于 20 世纪 70 年代末，当时万元户是非常富裕的家庭。随着经济发展，人们收入越来越高，万元户一词在 20 世纪 90 年代末退出历史舞台。现在，很多人的月收入都在万元以上。百万富翁在以前也是指非常富裕的家庭，而现在 100 万元在一线城市只能买十几平方米的房子。表 1-2 是国家统计局公布的 1990—2020 年消费者价格指数（CPI）数据。30 年间，CPI 累计涨幅约 317%，也就是 2020 年的 317 元和 1990 年的 100 元有相同的购买力（出于指数计算规则的原因，317 元实际上被低估了）。上述例子和数据都反映了一个情况：物价上涨导致资产贬值，如果不能实现资产保值增值，财富是不断缩水的。

表 1-2　1990—2020 年我国 CPI 情况

年份	CPI	累计值	年份	CPI	累计值	年份	CPI	累计值
1990	—	100.00	2001	0.70	201.90	2012	2.60	267.88
1991	3.40	103.40	2002	−0.80	200.28	2013	2.60	274.85
1992	6.40	110.02	2003	1.20	202.68	2014	2.00	280.34
1993	14.70	126.19	2004	3.90	210.59	2015	1.40	284.27
1994	24.10	156.60	2005	1.80	214.38	2016	2.00	289.95
1995	17.10	183.38	2006	1.50	217.60	2017	1.60	294.59
1996	8.30	198.60	2007	4.80	228.04	2018	2.10	300.78
1997	2.80	204.16	2008	5.90	241.49	2019	2.90	309.50
1998	−0.80	202.53	2009	−0.70	239.80	2020	2.50	317.24
1999	−1.40	199.69	2010	3.30	247.72			
2000	0.40	200.49	2011	5.40	261.09			

除了物价上涨导致资产缩水外，人们还面临如下矛盾：一是赚钱速度跑不赢花钱速度；二是不给力的工资无法支持对美好生活的向往。如何解决赚钱速度与花钱速度、美好生活和不给力工资的矛盾，进行股票投资可能是一个重要方法。

存款难以保值增值

存款可以实现资产的保值增值吗？1990 年把 100 万元存成定期存款，现在是什么样呢？表 1-3 用 CPI 和历年一年期定期存款利率进行对比。考虑到存款利率有多次调整，取最能反映当年利率的值。保持同 CPI 一致的购买力，1990 年的 100 万元在 2020 年要变成 317 万元。而且，出于指数计算规则的原因，317 万元实际上被低估了。100 万元每年都存成一年定期存款，2020 年累计金额约等于 309 万元。可以发现，存定期使资产缩水，没能实现保值目标，更别说增值了，也就是存款难以实现资产的保值增值。

表 1-3 1990—2020 年 CPI 和一年期定期存款利率比较

年份	CPI	累计值/万元	利率/%	累计值/万元	年份	CPI	累计值/万元	利率/%	累计值/万元
1990	—	100.00	—	100.00	2006	1.50	217.60	2.52	223.50
1991	3.40	103.40	7.56	107.56	2007	4.80	228.04	3.06	230.34
1992	6.40	110.02	7.56	115.69	2008	5.90	241.49	3.60	238.63
1993	14.70	126.19	9.18	126.31	2009	−0.70	239.80	2.25	244.00
1994	24.10	156.60	10.98	140.18	2010	3.30	247.72	2.25	249.49
1995	17.10	183.38	10.98	155.57	2011	5.40	261.09	3.00	256.97
1996	8.30	198.60	9.18	169.85	2012	2.60	267.88	3.25	265.32
1997	2.80	204.16	5.67	179.49	2013	2.60	274.85	3.00	273.28
1998	−0.80	202.53	4.77	188.05	2014	2.00	280.34	3.00	281.48
1999	−1.40	199.69	2.25	192.28	2015	1.40	284.27	2.00	287.11
2000	0.40	200.49	2.25	196.60	2016	2.00	289.95	1.50	291.42
2001	0.70	201.90	2.25	201.03	2017	1.60	294.59	1.50	295.79
2002	−0.80	200.28	1.98	205.01	2018	2.10	300.78	1.50	300.23
2003	1.20	202.68	1.98	209.07	2019	2.90	309.50	1.50	304.73
2004	3.90	210.59	1.98	213.21	2020	2.50	317.24	1.50	309.30
2005	1.80	214.38	2.25	218.00					

黄金不是好的保值增值选择

黄金一直是国人喜欢的投资品种，它能实现保值增值吗？杰里米·J. 西格尔在《投资者的未来》一书中统计了过去 200 年主要资产的收益率。他发现 1802—2003 年的 200 年间，扣除通货膨胀的影响，股票收益率维持在 6.5%～7%，债券的年平均实际收益率是 3.5%，仅是股票收益率的一半；票据和其他短期货币市场资产的年实际平均收益率为 2.9%；而在除去通货膨胀的影响之后，黄金仅有 0.1% 的收益率。也就是说，黄金回报非常有限，只实现了保值，没有增值能力。同时，考虑到保存黄金有一定成本，以及实物黄金在卖出时有一定折扣，投资黄金甚至可能无法实现有效保值的目标，更别提增值了。

股票市场大概率是未来的好选择

股票市场大概率是未来的好选择，主要有以下原因。

第一，股票市场是为数不多的可以接纳居民巨额财富的场所。根据中国人民银行的数据，截至2022年年末，我国住户存款总额超121万亿元。居民财富需要保值增值，但是能够容纳如此巨额财富的市场非常有限。股票市场有规模大、流动性好等优点，是为数不多的有能力接纳居民巨额财富的场所。

第二，我国股票市场长期回报不错。从指数十年点位看，股票市场收益并不好。这不仅和十年来股票市场的剧烈波动有关，也和指数编制规则有关。但从长期来看，很多股票和股票型基金都取得了不错的回报。表1-4是2011年7月7日—2021年7月6日收益率排名靠前的股票型基金产品，收益率基本都在500%以上，年化收益率大于20%。[⊖]

表1-4　2011年7月7日—2021年7月6日收益率排名靠前的基金

基金名称	累计收益率	年化收益率	基金名称	累计收益率	年化收益率
交银先进制造混合	672.25%	22.66%	景顺鼎益	534.66%	20.30%
兴全合润	662.35%	22.52%	新华泛资源优势混合	526.55%	20.14%
银河创新成长混合	660.99%	22.50%	汇添富民营火力混合A	520.98%	20.03%
银华富裕主题混合	566.26%	20.88%	易方达中小盘混合	493.10%	19.48%
交银优势行业混合	555.03%	20.68%	华泰柏瑞价值增长混合A	478.87%	19.20%

如表1-5所示，很多基金经理长期年化收益率大于15%，投资这些基金经理的产品可以取得不错的回报。此外，长期收益率表现优秀的公司更多，投资这些公司也可以取得优秀回报。

⊖　本书大多数据来自东方财富Choice和同花顺iFinD，在书中不做特别说明。同时，K线截图主要来自雪球网站和东方财富软件，也不做特别说明。

表 1-5　优秀基金经理的长期回报

排名	基金经理	年化收益率	公司	排名	基金经理	年化收益率	公司
1	何肖颉	29.09%	工银瑞信	11	余广	17.01%	景顺长城
2	傅鹏博	25.30%	睿远基金	12	董承非	16.97%	兴证全球
3	朱少醒	22.43%	富国基金	13	徐荔蓉	16.88%	国海富兰克林
4	曹名长	21.25%	中欧基金	14	冯波	16.38%	易方达
5	周蔚文	21.07%	中欧基金	15	刘明	16.00%	东方阿尔法
6	王克玉	20.69%	泓德基金	16	魏东	15.80%	国联安基金
7	王筱苓	19.90%	工银瑞信	17	胡涛	15.56%	嘉实基金
8	张琦	17.75%	国寿安保	18	郑煜	15.47%	华夏基金
9	王春	17.42%	华安基金	19	姚锦	15.29%	建信基金
10	毕天宇	17.09%	富国基金	20	杨建华	15.08%	长城基金

注：长期年化收益率是指这些基金经理从业以来的年化收益率，从业时间都大于十年，统计时间截至 2022 年 4 月。

第三，股票市场的制度在不断完善。作为国民经济的晴雨表，股票市场的走势应该体现经济发展的成就。但是受股票市场制度的影响，我国股票市场走势和经济发展经常背离，呈现出很多不被投资者喜欢的特征和问题，如振幅大、牛短熊长、涨跌过度、内幕交易等。股票市场的制度正在完善中，股票市场不被喜欢的特征将逐渐减少甚至消失，各种问题和缺陷也将被解决，市场的吸引力会得到提升。

总之，股票市场会成为人们实现资产保值增值的重要场所。然而，实现资产保值增值目标并不容易。为实现该目标，投资者需要：认识股票市场，建立投资体系；掌握分析方法，对公司进行战略分析；利用估值工具，确认公司价值；通过操作技巧，提高胜率和效率。

第二章

怎样在股市中赚钱

人们到股市是为了赚钱，那怎样才能赚钱呢？回答问题前，需要先说明股市的两个功能：价值分配和价值创造。这两个功能和怎样赚钱高度相关，而且对这两个功能的看法决定了赚钱的方式（能不能赚钱是另一回事）。下面用两个故事来说明股市的功能。

价值分配的故事

在一个市场上，有甲、乙两人卖奶茶。奶茶价格不受监管，商家可以自主定价。假定每杯奶茶定价一元，两人各有一百杯奶茶出售。可能是奶茶口味不好，或最近不流行喝奶茶，两人生意很不好，一个买奶茶的人都没有。为打发时间，甲、乙决定找点事干。想来想去，甲琢磨出来一个游戏，甲告诉乙：咱们互相买奶茶吧，买时不断涨价。可能是实在太无聊，乙居然同意了。

首先，甲花一元买乙一杯奶茶，乙也花一元买甲一杯奶茶，双方现金交易。然后，甲花两元买乙一杯奶茶，乙也花两元买甲一杯奶茶，依然现金交易。甲再花三元买乙一杯奶茶，乙花三元钱买甲一杯奶茶，还是现金交易……傍晚，奶茶已涨到一百元一杯。两人算了一下，早上时身价一百元（一百杯奶茶，一元一杯），辛苦一整天，身价涨到一万元（一百杯奶茶，一百元一杯）。卖奶茶真是好生意啊！明天继续！（股价上涨，所有持股人的身价都增加了。不过这个上涨是虚的，持股数没变，只是账面身价高了。）

甲、乙每天都快乐地玩互买奶茶的游戏，沉浸在日赚万元的好生活里。有一天，丙发现了甲、乙的游戏，在旁边看了一整天，有了惊人的发现：卖奶茶太赚钱了，我也该卖奶茶啊！可没有奶茶怎么办？丙辗转一晚想出来一个主意：奶茶便宜的时候，我从他们手里买点，等价格涨上去了，再卖给他们。先拿十元试试效果！第二天，甲、乙的奶茶涨到五元时，丙说加我一个，五元各买你们一杯奶茶。丙买完后，甲、乙继续游戏。奶茶涨到十元时，丙怕甲、乙不玩了（天气不好，怕下雨），把奶茶以十元一杯的价格卖回给了甲、乙。甲、乙买回后，一直没下雨，继续玩得不亦乐乎。傍晚奶茶又涨到一百元一杯。一天下来，甲、乙发现兜里虽然少了五元，卖奶茶还是赚了一万元，开心！丙赚了十元，决定加大本金，多赚点！同时，丙把赚钱方法告诉了丁！丁又把这个方法发到微信群里……（股市有赚钱效应，人们竞相入市！）

第三天，丙继续加入，五元买十元卖；丁看到赚钱，十五元买二十元卖；微信群友看到赚钱，一拥而上，不断买卖……中午时奶茶已涨到五百元一杯。每个人或拿着钱，或拿着奶茶，一算身价，都比早上高，赚钱啦！（资金竞相买入，股价持续走高，每个人的账面身价都增加了。）第三天是大晴天，太热了，热闹一上午后，癸实在太渴了，决定打开奶茶喝一口。打开发现奶茶太难喝了，完全无法入口！癸发现情况不好，赶紧卖出奶茶。大家慢慢都发现奶茶不好喝，纷纷卖出奶茶。奶茶价格大跌，在傍晚时，价格跌回一元。每个人都很伤心，因为和中午比都身价大跌。折腾一天，有的人钱多了，有的人钱少了。（股价下跌，账面身价都跌了。这个过程中股市没有创造钱，只是通过交易分配了人们的钱。）

这是个简化故事（有很多漏洞，请不要较真），说明了股市赚钱的一个方法：股价涨跌没有创造价值，参与者通过交易实现资金再分配。所有人都希望低买高卖赚差价。由于投资者对股价走势有不同判断，在投资者的博弈中，股价会上涨或下跌，有时波动幅度非常大。投资者试图通过股价的涨跌赚差价，也就是赚波动的钱。这部分的钱从哪里来呢？从对手那里来，有人赚必定有人亏。投资者之间进行的是零和博弈（考虑佣金、税费等，连零和博弈都不是），股市没有创造价值，只是提供了博弈的场所。

价值创造的故事

小帅研发了一种新奶茶，口味好，男女老少都爱喝。每天从早到晚，小帅奶茶店门口都排长队，一杯难求。老王找到小帅：你可以开几家连锁店，赚更多的钱。可小帅没有本金开连锁店。老王说：你扩大小帅奶茶股份有限公司的股本，增加的股份都卖给我，就有钱开连锁了（IPO 募集资金）。于是小帅募集资金开了两家新店。由于奶茶好喝，每家店都生意兴隆，因此小帅奶茶店的盈利蒸蒸日上。盈利增长，股价也节节高升。同时，预期小帅会再开新店赚更多的钱，股价涨幅比盈利增长快很多（戴维斯双击，业绩和估值同步提升带来股价更高幅度的提升）。股价上涨，为老王赚了很多钱。

直到小帅奶茶店开遍大街小巷，奶茶不再一杯难求，盈利也达到顶峰。这时，小帅奶茶的股价通常比业绩增长期时的价格低（市场喜欢成长股，且常过于乐观，给成长股过高估值）。持续一段时间后，老王对业绩不增长、股价低迷状况很不满，可能会减持股票。受大众口味改变的影响，或小帅和老王内斗的影响，或其他原因的影响，小帅奶茶店业绩下滑。这期间股价下跌幅度会大于业绩下滑幅度（戴维斯双杀，业绩和估值同步下降，造成股价更大幅度下跌）。

后来，小帅请来小美担任首席口味官。小美研发的无糖奶茶成为爆款，一杯难求的局面再现。小帅奶茶店的业绩再回上升轨道，股价回升。小帅又引进豪仔担任首席运营官，开始全国扩张，业绩进入新加速期，股价再次戴维斯双击，加速飙升。现在，小帅奶茶店市值突破 3 万亿元……这个故事中股价和业绩相关，随着业绩增长，股价节节高升；业绩停止增长甚至下降，股价下跌；再回增长轨道后，股价又继续攀升。

两种投资方式

上述两个故事说明了股市的功能和赚钱的道理。从功能而言，股市可以分配价值和创造价值。价值分配是股价波动使参与者有赚有赔，使资金在参与者间重新分配（互买奶茶游戏）。价值创造是通过融资等方式（老王提供资金给小帅开连锁店），帮助企业把握机会，提升业绩并带动股价上涨。两个功能对应两种投资方式：第一，赚波动的钱，在市场中利用股价波动，通过低买高卖赚差价；第二，赚公司的钱，随着公司业绩上升，股价上涨使持有人赚钱。现实中，两种投资方式常交织在一起，难以分割。但是，两种投资方式的思路不同，投资者选择操作的方式也不相同。

以具体个股为例。图 2-1 是贵州茅台的季 K 线。公司长期业绩有巨大增长，随着业绩增长，股价节节高升。投资者通过长期持有公司股票获得巨大收益。其间，股价也有波动。例如，白酒塑化剂事件导致茅台股价大幅回撤（前复权⊖，2012 年最高价 132 元，2014 年最低价 15 元）。但是，随着业绩恢复增长，贵州茅台的股价继续上涨。在 2021 年 2 月达到 2600 元。这样的公司股票并不少，如海天味业、美的集团、片仔癀等。通过长期持有这些公司的股票，伴随业绩增长，投资者能获得不菲的收益。

但是，不是长期持有任何股票都可以获得收益。由于业绩不能持续增长，甚至出现下滑或在盈亏间徘徊，因此大量公司的股价在长期并没有好的表现。同处白酒黄金赛道的金种子酒，截至 2022 年 1 月，其股价也没能超越 2012 年高点（同期，大量白酒企业的股价都创出历史新高），主要原

⊖　复权是股票除权除息后，将前后股价恢复一致的操作。前复权是对除权除息前价格进行复权，以除权除息后价格为准，将前后股价恢复一致。后复权是对除权除息后价格进行复权，价格基准是除权除息前价格，将前后股价连贯起来。

因是业绩没增长。2012 年，金种子酒公司营业收入 22.94 亿元，净利润 5.61 亿元；2020 年营业收入 10.38 亿元，净利润 0.69 亿元。公司业绩不仅没提升，还是下滑的，股价也就不给力（见图 2-2）。类似公司在市场上比比皆是。

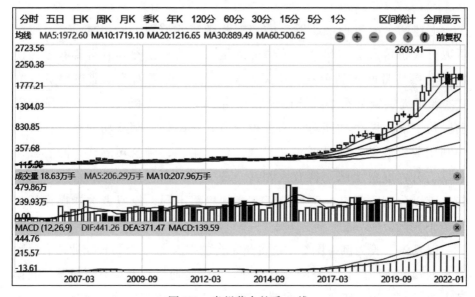

图 2-1　贵州茅台的季 K 线

　　总的来看，赚公司的钱是通过公司业绩增长带来股价上升而赚钱。业绩提升可能来自长期稳定增长，也可能是业绩反转。无论如何，这种赚钱方式都要关注公司基本面，通过一个较长周期实现投资收益。这种投资方式常被称为"选股"。

　　除了选股，还有投资方式强调"择时"，就是选择合适时机买卖股票，通过差价来赚钱。择时的重点是赚波动的钱，最典型的代表是妖股炒作。图 2-3 是京城股份的日 K 线，图 2-4 是陕西金叶的日 K 线。两者股价短期出现巨幅拉升，借助题材，各路资金接力拉抬股价。这么短的时间，业绩不可能发生大的变化，因此股价飞升是不正常的，这些个股后面都会被打回原形。例如，2015 年暴涨十倍的特力 A，2018 年的十倍股东方通信，2020 年的庄股中潜股份和仁东控股，鉴于没有内在价值支撑，这些股票都经历股价暴涨后的回归，使参与者产生不少亏损。这使得资金在参与者间重新分配，也就实现了股市的价值分配功能。

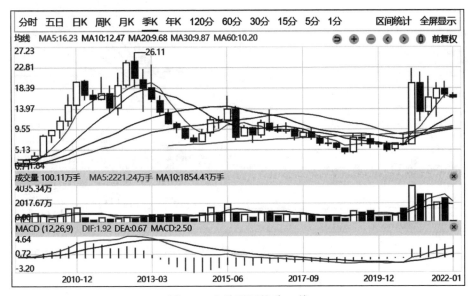

图 2-2　金种子酒的季 K 线

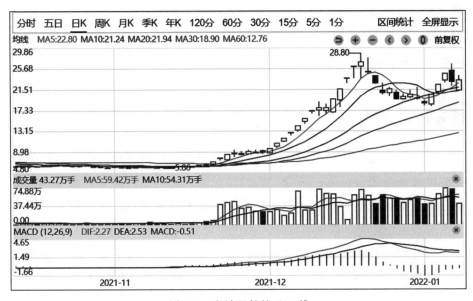

图 2-3　京城股份的日 K 线

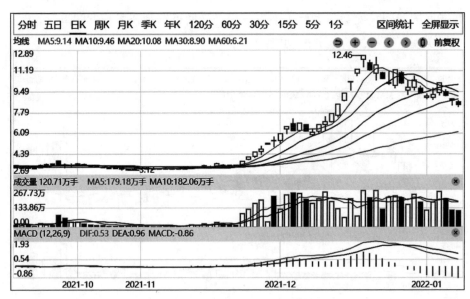

图 2-4 陕西金叶的日 K 线

选股和择时对投资者有不同的要求。赚公司的钱，要识别业绩长期增长的公司或发现业绩反转的公司，陪伴公司成长，获取收益；赚波动的钱，要求投资者把握股价波动规律，利用规律获取收益。赚公司的钱，要对公司有深刻理解，具备战略分析能力，发现长期价值；赚波动的钱，主要采取技术分析，克服人性的弱点，在博弈中占据优势。

选股还是择时

对于应该选股还是择时，一直有大量争论。从实用角度出发，选股和择时没有好坏之分。无论赚公司的钱还是赚波动的钱，都有人获得巨大成功。由于不具备基本知识和能力，无法克服人性的弱点，因此更多投资者不论选股还是择时，都没有成功，不仅没赚钱，还亏了不少。

为实现收益最大化，很多人既选股又择时，想"两手抓、两手都硬"。然而，选股和择时有不同的逻辑，对投资者的能力有不同的要求，同时实现两者非常困难。对普通投资者而言，鱼与熊掌不可兼得。硬要既选股又择时，最后可能是"两手抓、两手皆空"。即使专业的机构投资者，有信息优势和团队支持，也很难"两手都硬"。例如，基金经理只有选股和择时都好时才能获得好业绩。然而，很多基金经理的持股高度集中于某些行业或赛道。当行业或赛道在风口时，这些基金经理的业绩非常好，可能成为年度冠军。但是，没有长牛的行业和不变的风口，当市场风格变化时，这些基金经理的业绩就大幅滑坡。或者说，有些人获得冠军不是由于具备选股和择时的能力，而是成为"赌得最大、赢得最多"的那个。

很多人抱着"赚钱、赚大钱、快速赚大钱"的想法入市，倾向于赚波动的钱，因为这种方式赚钱快，市场上也流传着各种传说。如果赶上大牛市或运气好，有些人的确能快速赚钱。但是，在市场中长期生存靠实力，而不是运气，靠运气赚的钱必然会靠实力亏回去。被市场"毒打"后，有些人学乖了，开始"价值投资"。但是，人性的弱点和内心的欲望导致他们还是愿意赚快钱，最后结果：继续快进快出，赚了就认为自己水平独步天下；亏了就号称自己价值投资，长期持有，实则躺平装死。

对普通投资者而言，绝大多数人难以克服人性的弱点并满足赚波动的钱的苛刻要求，因此不具备只通过择时而持久获利的能力。赚公司的钱要对公司有深刻认识，对公司进行全面分析。随着信息获取渠道的丰富，大多数人可以较好地获取公司信息，学习各种工具来分析公司并估值。那么，赚公司的钱就相对容易（相对容易而已，也需要大量学习）。在对公司进行分析和估值的基础上，如果掌握一些技术分析方法，就有可能在选好股的基础上适当择时，提高胜率和效率。自己没有稳定风格又懒于学习的做法是完全不可取的，这种策略是靠运气，甚至是赌博，长期难以获得好收益。

第三章

为什么经常亏钱

在股票市场上有句老话，"一赚、二平、七亏"，意思是一成股民赚钱，二成股民收益持平，七成股民亏钱。实际情况是什么样呢？东方财富 Choice 数据显示，2020 年股民亏损 20% 以上的占 31.4%，亏损 0～20% 的占 16.7%，两者合计 48.1%。赢利 20% 以内的占 25.2%，考虑指数年度涨幅，这部分股民也没跑赢指数。三部分合计占比 73.3%，应了"一赚、二平、七亏"的老话。

股市里的多数人不赚钱是常态。有人必然会问：为什么网上晒收益率达 100%、200%，甚至 500% 以上的比比皆是？这是一个典型的偏差。试问一下，如果你没赚钱甚至亏损，是否愿意晒出来让大家看到？通常我们看到的、听到的，都是赚钱的，亏损的很少发声，即使发声也少有人关注。这和创业一样，大家看到的都是功成名就的人，看不到失败者的累累白骨。即使有炒股失败的报道，真正关注的人又有多少呢！

既然多数人亏损，就要分析亏损原因。想在股票市场上长期生存，首先要知道失败的原因是什么，然后寻找成功的方法。归因理论指出：人们常把失败归于外部原因，而把成功归于内部因素。这个理论在分析亏损原因时非常适用。大量股民经常将亏损原因总结为：不是我不够好，而是庄家太狡猾；一买就跌，一卖就涨，庄家就看上了我的 100 股；最近运气不好；缺少内幕信息……如果这样归结亏损原因，认为亏损是外因造成的，那以后大概率还要亏损。实际上，只有从自身角度考虑亏损原因，才能不断提高，避免后续一而再、再而三地亏损。总结起来，投资者亏钱的原因主要有九条：心太急、手太勤、脑太懒、自视高、不认错、不识股、赌性大、占便宜、"鬼故事"，简称"亏九条"。这以外的其他原因，普遍性、重要性都弱很多，就不具体分析。

心太急

解释心太急前，先问个问题：以目前的股票交易制度，理论上每天最大盈利可以达到多少？很多人会说 20%，因为创业板和科创板涨跌幅限制是 20%，主板是 10%。实则不然，理论上，最高收益可达 80%。昨天买入 100 万元的创业板 A 股票，今天 20% 涨停抛出，账户就成了 120 万元。然后，在跌停板 –20% 的位置买入 B 股票，该股直接"地天板"，收盘 20% 涨停，120 万元变成 180 万元，全天收益率 80%。

如果每月买入当月涨幅最大和跌幅最大的个股，2021 年年初的 1 万元在年底会变成多少？理论上，涨幅最大的，1 万元能涨到 43 亿元；跌幅最大的，1 万元能跌到低于 5 元（见表 3-1）。当然，实际中不可能有这样的操作。但是，很多投资者经常梦想自己可以这样神奇，期望自己迅速致富，飞奔在财务自由的康庄大道上。

表 3-1　2021 年每月买入涨跌幅最大个股的收益

月份	涨幅最大		跌幅最大	
	个股与涨幅	1 万元变为	个股与跌幅	1 万元变为
1	川能动力　+88%	1.9 万元	*ST 全新　–62%	3 787.7 元
2	金牛化工　+86%	3.5 万元	派能科技　–39%	2 326.4 元
3	雪迪龙　+145%	8.6 万元	华灿光电　–37%	1 457.5 元
4	热景生物　+426%	45.2 万元	中潜股份　–71%	422.0 元

（续）

月份	涨幅最大		跌幅最大	
	个股与涨幅	1 万元变为	个股与跌幅	1 万元变为
5	融钰集团 +183%	127.8 万元	*ST 丹邦 −43%	239.5 元
6	富满微 +132%	296.4 万元	皇庭国际 −34%	158.9 元
7	联创股份 +292%	1 162.6 万元	*ST 易见 −58%	67.5 元
8	盐湖股份 +350%	5 235.9 万元	*ST 星星 −56%	29.6 元
9	广宇发展 +227%	1.7 亿元	世联行 −47%	15.6 元
10	文山电力 +160%	4.4 亿元	平煤股份 −33%	10.4 元
11	九安医疗 +213%	14 亿元	国发股份 −34%	6.9 元
12	西仪股份 +204%	43 亿元	丰元股份 −34%	4.6 元

很多人抱着"光速致富"的想法投身股市，不说期望"3 年超越巴菲特"，但也希望可以"8 年 1 万倍"。怀着这样的心态，很多投资者变得很着急，生怕晚一分钟就少赚几个亿，操作起来就是频繁交易、快进快出、追涨杀跌。实际结果呢？除了极少部分人赚钱外，受益最大的就是券商，因为它们赚了稳定的佣金。

实际上，耳熟能详的投资大师年化收益率很少超过 30%。例如：

- 詹姆斯·西蒙斯，21 年，年化收益率 35%，累计收益 545.8 倍。
- 乔治·索罗斯，29 年，年化收益率超 30%（续存基金年化收益率约 20%）。
- 彼得·林奇，13 年，年化收益率 29%，累计收益 27.4 倍。
- 戴维斯家族，47 年，年化收益率 23%，累计收益 1.8 万倍。
- 安东尼·波顿，28 年，年化收益率 20.3%，累计收益 176.8 倍。
- 沃伦·巴菲特，46 年，年化收益率 20.3%，累计收益 4909 倍。
- 本杰明·格雷厄姆，30 年，年化收益率 20%，累计收益 237.3 倍。
- 塞思·卡拉曼，27 年，年化收益率 19%，累计收益 109.6 倍。
- 大卫·史文森，24 年，年化收益率 16.1%，累计收益 36 倍。
- 约翰·聂夫，31 年，年化收益率 13.8%，累计收益 55 倍。

具体来看"股神"沃伦·巴菲特的收益情况。根据同花顺金融研究中心总结，巴菲特合伙基金在 1957—1964 年的 8 年总收益率达 608%，年化收益率达 28%，每年的投资收益都是正的，但没有一年的收益率超过 50%。1965—1984 年的 20 年总收益率达 5594%，年化收益率达 22%，每年的投资收益都是正的，仅 1976 年的收益率超过 50%。1985—2004 年的 20 年总收益率达 5417%，年化收益率约 22%，仅 2001 年的投资收益为负，仍没有一年的收益率超 50%。2005—2009 年的 5 年总收益率达 53%，1965—2009 年的 45 年总收益率为 440 121.43%，累计 45 年年化收益率达 20.5%。巴菲特在 1957—2009 年的 53 年投资经历仅 2001 年和 2008 年的投资收益为负，剩余 51 年都是正的，且只有 1976 年的收益率超 50%。"股神"是通过时间复利将小资本变成巨额财富的。因此，有人评价："巴菲特之所以伟大，不在于拥有巨额财富，而在于他年轻时候想明白了很多事，并用一生岁月来坚守！"

很多投资者以巴菲特为偶像，期望通过投资实现财富自由，但是在实际操作中，却没有耐心，希望自己的周化收益率超越巴菲特的年化收益率，甚至对每周 20% 的收益率都不满足。如此急切心态，必然导致日常行为扭曲，结果只有一个：亏钱。即使凭运气赚到快钱，也会凭心态亏回去。

众所周知，巴菲特和查理·芒格是"黄金搭档"，很少人知道他们在 20 世纪 70 年代是三人组合，不可或缺的第三个人是里克·盖林。1984 年，巴菲特发表演讲《格雷厄姆：多德镇的超级投资者》，介绍了一批超级投资者，其中就包括盖林。巴菲特讲道：1965—1983 年，标普 500 指数的收益率是 316%，而盖林创造了 22 200% 的收益率。19 年的累计收益 222 倍，年化收益率 32.9%。盖林投资案例至今仍是投资史的典范：蓝筹印花公司、喜诗糖果等。但到了 80 年代，三人组合就没有合作案例了。2008 年，有人在巴菲特午餐上问盖林怎么了。巴菲特说：盖林急于致富，用保证金贷款撬动投资，在 1973—1974 年的股市崩盘中遭受灾难性损失。盖林遭到保证金追缴，被迫出售后来价值巨大的股票伯克希尔哈撒韦给巴菲特，售价每股 40 美元。巴菲特说，他和芒格从不着急，因为他们知道，如果几十年内不断复利，不犯太多灾难性错误，他们就会变得非常富有。这个故事生动讲述了耐心的重要性，它告诉我们：心太急不行，即使是高手也不行。

手太勤

手太勤和心太急紧密挂钩，心急的投资者很容易手勤。也有部分投资者存在"手痒"问题，不进行操作就觉得自己没有在投资。相对于其他投资方式，如房地产，股市最大的优点就是流动性强。目前，我国股票市场是 T+1 制度，今天买进的股票在下一交易日就可以卖出，最短持有期是 1 天。可转债是 T+0，当天买进当天就可以卖出。股票有良好的流动性，增强了吸引力，但也导致投资者频繁买进卖出、短线交易，引出"亏九条"之手太勤。

2021 年 A 股总成交额超 257 万亿元，创历史纪录；日均换手率 1.32%，创 6 年新高；全年有 149 个交易日成交额破万亿元。表 3-2 是 2021 年个股换手率排行榜。第 1 名新天绿能年换手率达 4285.39%，也就是全年换手 43 遍。全年大概 250 个交易日，平均不到 6 天，流通股就换手一遍。根据新天绿能 2021 年三季报，流通股为 1.348 亿股，股东人数 4.474 万人。三季报十大股东和基金公布的三季度持股显示：十大流通股东和基金合计持股占比 5%。若剩下流通股全在普通投资者手中，则人均 3000 股左右。如此高的换手率，可以看到参与该股的普通投资者交易多频繁。第 2 名天秦装备，年换手率达 3945.47%。即使第 20 名的开尔新材，年换手率也接近 2800%，不到 9 个交易日，全部流通股东就换一遍。

表 3-2　2021 年个股换手率排行榜

序号	股票名称	年成交额 / 亿元	年换手	序号	股票名称	年成交额 / 亿元	年换手
1	新天绿能	829.12	4 285.39%	6	盛德鑫泰	262.93	3 235.46%
2	天秦装备	449.63	3 945.47%	7	舒华体育	261.67	3 183.96%
3	中晶科技	750.31	3 560.00%	8	佳创视讯	856.95	3 165.59%
4	法本信息	527.80	3 540.86%	9	隆利科技	485.78	3 144.16%
5	顺博合金	409.20	3 495.96%	10	华辰装备	610.95	3 105.97%

（续）

序号	股票名称	年成交额/亿元	年换手率	序号	股票名称	年成交额/亿元	年换手率
11	金发拉比	771.57	2 997.77%	16	华银电力	1 694.56	2 888.77%
12	长华股份	187.34	2 956.37%	17	惠云钛业	582.62	2 865.60%
13	山东玻纤	428.27	2 943.09%	18	日月明	257.94	2 855.34%
14	聚杰微纤	261.32	2 913.56%	19	兆龙互连	237.99	2 839.15%
15	*ST西域	306.62	2 911.62%	20	开尔新材	833.61	2 799.99%

2020年，A股4140只股票中有1001只股票的年换手率超过1000%。排名第一的聚杰微纤年换手率达4173%，第二名容大感光年换手率达4084%，第三名新余国科年换手率达4058%。2019年排名第一的金力永磁年换手率达5109.64%，日均换手率达21.27%。该股于2018年8月登陆创业板，2019年前5个月股价随行就市，5月中旬开始创12天10涨停战绩，随后大幅调整。2018年，所有指数跌破2016年2月低点，上证指数、深证成指和创业板指平均跌26.19%。换手率还是居高不下，2018年全部A股换手率为367%，权益类公募基金的换手率为290%。反观美股，全年换手率为109%，权益类基金换手率仅32%。可见，A股投资者，包括公募基金，普遍存在持股周期短、交易频繁的问题。那么，频繁交易能不能赚钱呢？

技术分析讲究量价配合，股价上涨需要成交量配合。如表3-3所示，选10只活跃个股看周换手率和股价的关系。2020年8月24—30日，上证指数涨0.68%，46只个股周换手率超100%；周换手率在50%～100%的有137只；周换手率10%～50%的有1621只。西域旅游周换手率最高，为333.67%，周股价涨41.41%。其次是大宏立，周换手率为321.43%，周股价跌9.27%。蒙泰高新周换手率为319.42%，居第三，周股价跌8.19%。周换手率100%以上的46只个股，21只上涨、25只下跌，周平均涨1.98%。可以发现：换手率和涨跌幅没有必然联系。

表 3-3　2020 年 8 月 24—30 日周换手率排行榜

股票名称	收盘价	周涨跌幅	周换手率	股票名称	收盘价	周涨跌幅	周换手率
西域旅游	41.80	41.41%	333.67%	康泰医学	90.80	-23.05%	280.82%
大宏立	59.88	-9.27%	321.43%	欧陆通	96.31	13.31%	267.64%
蒙泰高新	55.59	-8.19%	319.42%	蓝盾光电	59.35	-8.24%	267.42%
卡倍亿	94.91	-40.10%	314.82%	金春股份	68.00	15.65%	263.93%
圣元环保	44.39	-3.04%	309.63%	南大环境	132.88	-19.96%	246.06%

彼得·林奇指出：关键几天可以成就或摧毁整个投资计划。20 世纪 80 年代，股市上涨的 5 年中，长期持有的投资者资产会翻番，但大部分利润是在 1276 个交易日中的 40 个交易日赚的，如果那 40 个交易日空仓，年均收益率会从 26.3% 降到 4.3%。密歇根大学的纳盖特·西布恩教授研究发现：20 世纪 60 年代中期到 90 年代中期的 30 年间，重大市场获利中的 95% 发生在约 7500 个交易日中的 90 天。90 天占总交易日的 1.2%，但如果错过，市场长期回报也会不见踪影。拉斯洛·比里尼在《交易大师》一书中研究了更长时段，得出结论：若 1900 年将 1 美元投入道琼斯工业指数，2013 年年初 1 美元将升值为 290 美元。然而，若错过每年中最好的 5 个交易日，2013 年这 1 美元投资的价值将不足 1 美分。这些都说明，关键日期会对收益产生重大影响。频繁交易在理想的状态下，可以赶上一只又一只个股的关键日期，实现收益最大化。然而，绝大多数投资者都无法把握关键日期，导致收益率严重下降，甚至亏损。频繁交易也会导致巨大成本。假设交易一次的费用是千分之一，100 次不赢不亏的交易后本金还剩多少？一次剩 99.90%，两次剩 99.80%（0.999 的平方），10 次剩 99.00%（0.999 的 10 次方），50 次剩 95.12%（0.999 的 50 次方），100 次剩 90.48%（0.999 的 100 次方）。可见，频繁交易的成本也是惊人的。

不可否认，少数投资者擅长短线交易，但绝大多数投资者不在此列。考虑到性格、自控力、认知、时间、精力等原因，很多投资者终其一生也无法步入这个行列。那么，不在此列的投资者就不应该对短线交易眼红，而应该建立自己的交易体系，提高分析和估值能力，进而更好地开展股票投资，获取盈利。

脑太懒

心急了，就容易手勤；手勤了，脑子就会变懒。设想一个情景，要买一部手机，你会怎么办？首先你可能会考虑买什么操作系统的手机，安卓还是 iOS；然后考虑品牌、尺寸等，选出几个备选型号；再对比功能和价格，看网上评价，初步确定型号；继而到各电商平台比价，看哪家便宜；最后还可能考虑是否要等节日的促销优惠。当然，有人的购买过程没这么复杂，简单很多；也有人比较纠结，购买过程更复杂。在进行股票投资的时候，投资者也有类似的情况。回忆最近几笔交易。卖出某股票的原因是什么？解套不亏了，涨几天怕调整了，冲高回落了，KDJ 死叉了，跌破五日线了，或是发现更好的换股了，甚至微信群"荐股老师"说该卖了……同样，买入某股票的原因呢？放量拉升、形态好看、站稳五日线、MACD掉头、股评家推荐了……很多投资者的买卖很随意。他们在日常生活中花百八十元买鼠标、几千元买手机，甚至几元买水果，都会货比三家、讨价还价。但花几万元、几十万元甚至百万元买卖股票时，决策却很随意，根本没有思考，只凭感觉、听到的消息、别人的说法等就行动了，花的时间很短。有些投资者甚至喜欢有人直接告诉：买 ××，×× 元卖 ××。为什么买？为什么卖？根本不思考，至少没有认真思考。这就是"亏九条"之脑太懒。

脑太懒有三个层次，分别是不思考、不学习和不总结。

第一，不思考。典型例子就是上面说的，喜欢有人直接指示买哪只股票，多少元卖出，听到后直接照做。为什么买？为什么卖？自己懒得考虑。那盈亏就全靠运气。现在资讯发达，信息渠道多种多样，很多人热衷找"老师"指导跟着操作，最后变成"杀猪盘"的受害者。"老师"的常用方法是：先找 100 个潜在学员，第一天告诉 50 个人今天涨，告诉另外 50 个人今天跌，不管最终股价如何，总有 50 个人认为"老师"说对了（为简便，不说平盘）。第二天对第一天说对的 50 个人，告诉 25 个人涨，告诉另外 25 个人跌，会有 25 个人发现"老师"连对两次。第三天，会有 12 个人发现

"老师"连对三次，有点信"老师"了。第四天，会有 6 个人发现"老师"连对四次。第五天，会有 3 个人发现"老师"五天全对，佩服得五体投地。第六天，跟着"老师"打板。很不幸，天地板，一天亏 20%！第七天，继续跌停，发现被欺骗了。现实比上述描述要更复杂，加上各种"托"，很容易被"老师"诓进去！最后结果可想而知。自己不思考、不分析，命运就不在自己手中。

第二，不学习。这个层次的投资者会思考、分析，但惯用已有知识，而不是不断学习新知识。进行股票投资至少要学习两方面知识：不断涌现的新趋势，这样才能把握后续发展；别人总结的经验和教训，因为站在别人肩膀上能看得更高、更远。例如，水电企业有一个被忽略的特征，就是随着时间推移折旧越来越小，利润也就越来越高。2021 年，水电指数（399234）涨幅 35.65%，华能水电涨了 53.26%，长江电力涨幅虽然只有 22.97%，但是该股连涨五年，股价屡创历史新高。这些认识需要学习才能把握，投资者还要学习别人的经验和教训，这样可以少走弯路、少缴学费，不努力学习，只能一茬又一茬地被割。

第三，不总结。有些投资者积极学习，买了很多书，看了很多宝典，学了不少"圣经"，但水平依旧没有提高。一个可能原因是没总结。看书学了很多知识，可能随后尝试运用，但理论和实践有很大距离。只有利用、总结、再利用、再总结才能融会贯通。总结时要避免归因偏差，不要把失败归结于外部原因、把成功归于自身因素。同样，不要把某次盈利归因于已建立了投资体系、有了系统的分析框架、领会了各种模型、具备了操作技巧等，应该客观总结成功的原因和经验，加以运用；牢记失败错误，避免再犯，这样所缴的"学费"才有价值。

投资是个不断思考、不断学习、不断总结，然后才能提高的过程。投资者需要改变习惯，让心静下来、手停下来、脑子动起来，这样才能活得久、做得好、走得远。

自视高

股票市场不是一成不变的，新情况、新趋势会不断出现。面对这个情况，很多投资者采取"自我麻醉法"：我觉得我应该都懂，那我就都懂。有投资者认为了解新行业和公司很容易，到后面却发现，学了好久也没能深入了解。这就引出了"亏九条"之自视高，认为自己全懂、全会或一学就会，无所不能。

假如你原本是一家公司的财务人员，在找新工作，你会去应聘酒店的粤菜厨师吗？会去应聘程序员吗？会去应聘医院医生吗？会去应聘塔吊司机吗？不会。为什么？因为大家都知道术业有专攻，清楚自己会什么、能干什么。找工作时必然找自己懂、有能力胜任的工作。而在股票投资方面，持股可能包括科技股、资源股、新能源股、医药股……持有的公司都是做什么的？处于什么行业？对这些行业了解吗？公司具体业务和产品了解吗？估计很多投资者对持有公司知道一些，也能对公司和行业说上几句，但要具体、深入说明公司和行业就不行了。很多投资者说：我又不在那个公司和行业，只想赚钱，懂那么多干什么！那么多公司，怎么能都懂、都清楚！这体现了日常生活和股票投资不一致的情况。日常生活中，大家都知道自己知识、能力是有限的，要从事"能力圈"以内的工作。但进行股票投资时，却经常超出"能力圈"：一方面，投资横跨几个甚至十几个行业，认为对这些行业都懂；另一方面，对不甚理解的公司和行业，粗略了解后就认为自己弄懂了，至少算得上是半个行业专家。部分投资者经常认为自己具备超强的学习能力，可以快速把握行业和公司的发展情况，而实际结果就是一知半解导致亏损。

讲一个本人自视高的经历。"喝酒吃药"一直是 A 股的黄金赛道。我以前没有真正研究过医药行业，也基本没买过医药股。2017 年下半年，考虑到老龄化趋势开始出现，加上人们对健康的不懈追求，我认为医药行业会有巨大的发展空间，而且是一个稳步发展而不是剧烈波动的行业。出于这些想法，我开始研究医药行业。医药行业很复杂，分化药、中药、生物药、器械、医药商业等。化药有原料药、创新药、仿制药等。我并没有对医药行业进行细致研究，而是想当然地套用研究其他行业的经验，认为研发对化药企业有巨大意义（研发的确有重要意义，但由于药物研发失败率高、临床、审批周期等原因，医药企业研发周期比其他行业长很多，收益兑现周期也长很多）。因此，我从研发入手，根据2015年报、2016年报、2017年三季报等寻找研发投入金额大且占销售额比例高的药企，找到了恒瑞医药、复星医药、信立泰等。随后，通过阅读公司年报、半年报及券商研报等资料，了解公司上市药品情况、研发管线情况、日常经营等信息。仔细对比后，留下两家企业作为重点对象：恒瑞医药和信立泰。

虽然都是化药企业，但是恒瑞医药和信立泰的差别非常大。恒瑞医药是国内公认的"行业一哥"，当时研发人数超2000人，占员工总数的17%，可见它对研发的重视。恒瑞医药很早就提出将创新药和国际化作为两大核心战略。2011年12月，它在美国获得第一个ANDA品种——注射用盐酸伊立替康。2014年6月与10月，其抗肿瘤产品注射用奥沙利铂与注射用环磷酰胺也获批。经过多年发展，恒瑞医药研发出艾瑞昔布、阿帕替尼等20余种创新药。恒瑞医药董事长孙飘扬是一位非常优秀的企业家，在眼光、战略、执行等方面都备受好评。当时，信立泰的重点在心脑血管领域，当家品种为硫酸氢氯吡格雷片（泰嘉），还有盐酸贝那普利片（信达怡）、注射用盐酸头孢吡肟（信力威）、注射用头孢呋辛钠（信立欣）等产品。公司还有原料药业务，并收购了创新药信立坦。信立泰的创始人叶澄海是一位传奇人物，曾任广东省委常委、深圳副市长等，后创业经商。公司口碑也非常好，常年在股票市场进行大比例分红。

恒瑞医药和信立泰的主打方向不同：一个是肿瘤，一个是心脑血管。当时，基于有限的知识，我认为心脑血管领域患者多、基数大、长期服药，是个投资的好方向。加上信立泰产品相对单一，新产品上市会对公司业绩产生重大促进作用，以及公司市值小、股价弹性更大等原因，最后我选择投资信立泰。现在回头看,当初选信立泰的理由没有问题,但我却忽略了化药的很多特点,如研发周期超长、药品销售需要入院、慢性病患者不会轻易换药、进不进医保对药品销量有重要影响等,导致我对信立泰的发展做出了过于乐观的预计,产生了部分亏损。经过持续几年跟踪,我越发现医药行业的复杂,投资该行业难度非常大。投资医药企业,要掌握行业发展,理解药物靶点,知道技术发展,把握政策走向,跟踪临床进展,等等,绝不是短暂学习就可以开始投资的。

投资时,不要自视高,有些知识不是短期能学会的,很多行业和公司不是轻易可以理解和把握的。认清自己的"能力圈",有所为有所不为,才能避免亏损。

不认错

脑子懒、自视高容易导致亏损,不认错则进一步放大亏损。知错能改,善莫大焉。日常生活中做错了事,我们通常会承认错误,积极改正。而在进行股票投资时,投资者却经常一条路走到黑、撞了南墙不回头,导致亏损不断加大。

典型的不认错就是参与妖股、庄股炒作。有句俗话:价值是人,股价是狗,狗总是围绕人前后跑动。A股市场,狗绳比较长,还有不拴绳的,导致狗有时会跑出去很远,瞎跑时间也长。但是,狗最后必然会回到人身边。也就是,股价会向公司内在价值靠拢,尤其价格大幅背离价值后。妖股、庄股股价必然有回归过程,开始时价格和价值偏差很大,两者靠拢力量很强,会以较快方式完成,后续价格和价值以较慢方式继续靠拢。图3-1是2018年的十倍股东方通信的月K线,图3-2是有名的庄股仁东控股的月K线,都经历了暴涨后回归的过程。

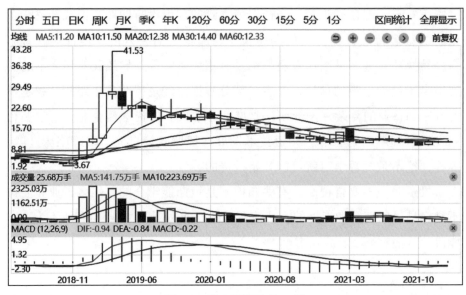

图 3-1　东方通信的月 K 线

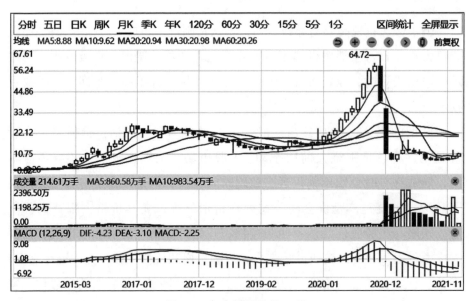

图 3-2　仁东控股的月 K 线

有不少投资者参与过妖股、庄股的炒作。即使没参与，也被吸引得蠢蠢欲动。其实，投资者都清楚妖股、庄股炒作是一个击鼓传花的过程。但是，每个人都认为鼓声不会停在自己手里。炒作开始时,很多人可以克制冲动不参与;随着股价快速拉升,参与意愿越来越强;股价到高位时,有些人克制不住冲了进去,大概率就被晾在高高的"山冈"上。投资者知道参与妖股、庄股炒作是个错误,但还是无法克制内心冲动,火中取栗,最后成了"接盘侠"。参与不是最致命的,有投资者做出了更致命的决策:亏损后躺平装死。其实,他们清楚妖股、庄股会走价值回归之路,但就是一厢情愿地认为"还会回来的",最后深度亏损。发现错了以后,投资者不应该认为"这次不一样",而应主动认错、及时纠正,这样才能避免更多的亏损。

参与妖股、庄股炒作是极端例子,投资者常碰到的情况是:错估了公司的价值;公司基本面恶化,内在价值严重下降;宏观经济、政策制度或行业态势变化对公司产生严重影响,造成公司价值下跌;情绪过热导致股价飙升,价格明显超越内在价值;等等。这些原因导致亏损后,应主动认错、及时退出。相反,如果极端情绪导致股价下跌,使得股价严重低于内在价值,即使亏损也没必要止损,有时反而是加仓买入的好时机。

投资者不认错主要有两方面原因:思维惯性和沉没成本。

思维惯性就是个人有常用的分析方法,这些方法取得不错效果后形成正强化,后续更愿意用这些方法进行分析;但当环境或情境变化时,这些方法可能变得不合适。如果投资者忽视环境或情境的变化,依然套用这些方法,会导致做出错误决策。加上投资者常把失败归为外部因素,而不是自己的原因,就容易一直错下去,不认错、不改正。例如,牛市时老手跑不赢新手,因为老手经历过漫漫熊市的洗礼,形成了思维惯性,如见好就收、不敢追高等。牛市时,尤其是疯牛阶段,老手很谨慎,造成收益有限。相反,牛市阶段入市的新手,没有思维惯性,无知者无畏,追涨追高,收益反而会更好。如果市场转熊,出于思维惯性的原因,可以看到另一番景象。

沉没成本是过去发生的、与当前决策无关的成本。沉没成本不应影响当前决策,但人们常被沉没成本影响。举个例子,别人给你一张电影票,但你对这部电影兴趣不大，可看可不看。去不去看呢？当你决定去看电影，到电影院却发现电影票丢了，怎么办？直接回去还是再买一张票？理性行为应该是，对这部电影没兴趣，就没必要去看，虽然电影票值40元（40元是沉没成本）。票丢了就应该直接回去，而不是再买一张票（到电影院的时间等是沉没成本）。沉没成本在投资中的影响更大。投资者常不愿卖出亏损的股票，即使知道公司基本面恶化，股价还会继续下跌。投资者常把买入价格作为锚，通过比较现在的价格和买入价格来决定是否卖出。实际上，买入价格是沉没成本，不应该影响卖出决策。

不认错，是导致亏损的重要原因之一。发现错了，要及时认错改正，才能保证投资者在股票市场上长期生存。

不识股

投资收益和所选股票密切相关。让投资体系与选择股票匹配，才能保证收益；而选择和投资体系不匹配的股票，是导致亏损的一个重要原因。因此，从选股角度来分析亏损原因也非常必要。市场有几千只股票，每只股票各有特色，但可以将它们按一定标准进行分类。例如，按流通盘大小，分为大、中、小盘股；按公司业绩，分为绩优股、绩差股；按成长性划分出成长股；按行业特点划分出周期股；等等。这些标准区分出来的公司有不同特点，导致股价走势呈一定的规律性。投资者要结合投资体系来识别和选择合适的股票。

例如，周期股股票有典型的周期特征，公司业绩随经济周期波动，导致股价呈周期性特点。周期股对市场变化敏感，经常提前反映市场趋势。所谓"高市盈率买入，低市盈率卖出"，就适合周期股。图3-3是平煤股份的季K线，可以看到股价呈现周期性，波动剧烈，但长期走势并不好。结合周期股的特点，可以发现这类个股适合喜欢分析周期、波段操作的投资者。对想长期持有的投资者而言，不是好的选择。

图 3-3　平煤股份的季 K 线

看另一类公司：业绩好且稳定，但增长空间有限。图 3-4 是交通银行的月 K 线，股价走势稳健，但长期涨幅有限。这类个股更适合追求稳定，甚至以红利为目标的投资者。

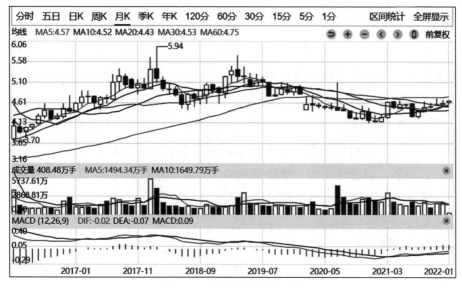

图 3-4　交通银行的月 K 线

同样是银行，宁波银行的走势和交通银行有巨大差异（见图3-5）。主要是因为传统银行业务饱和，业绩增速有限。以招商银行、宁波银行为代表的一些银行，大力发展私人银行业务，业绩呈现极大增长，随之而来的是股价步步高升。

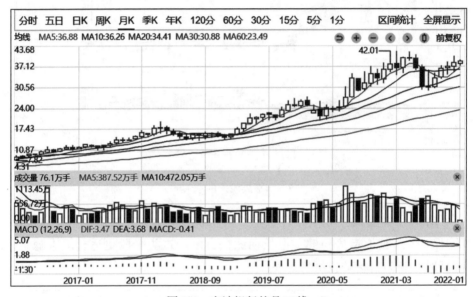

图 3-5　宁波银行的月 K 线

图 3-6 是北方稀土的月 K 线。作为资源类公司，该股走势呈周期性。但稀土政策的出台及稀土资产的整合，使行业周期性减弱，2021 年下半年出现了对公司价值的重估。

图 3-7 是杭氧股份的月 K 线。公司主要生产大型空分装置，下游客户是钢铁、化工等行业企业，设备销售呈周期性，使得股价也有周期性。但是，近年来公司进行转型，推动装置和气体共同发展，提高气体业务比重，使公司业务周期性被明显削弱，估值也发生明显变化。

通过以上例子可以发现，不同类型公司的股价走势有不同特点，如周期股的周期性波动、成长股与非成长股的差异、公司发展变化带来的价值重估等。投资者要结合投资体系来识别和选择股票，实现两者匹配才能取得好的收益。例如，擅长分析周期的投资者选择交通银行，想长期持有的投资者选了平煤股份，都会非常难受，难以实现好收益。同时，投资者要注意公司内外部的变化，因为这些变化可能带来公司价值重估，提供投资机会。识好股，把握不同类型个股的特点，选择和自己风格匹配的个股，也是保证投资收益的关键。

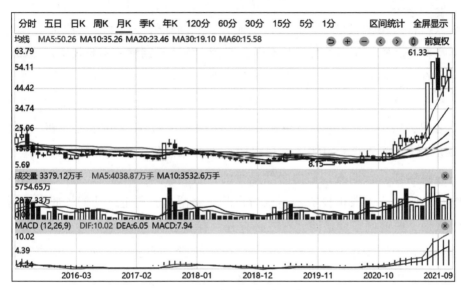

图 3-6　北方稀土的月 K 线

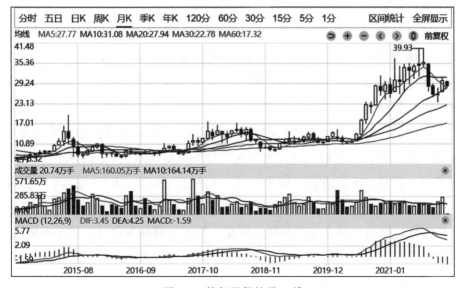

图 3-7　杭氧股份的月 K 线

赌性大

赌性大是导致部分投资者亏损的原因。想一想你是否经历过如下情形。某股票连续三个涨停，想着股市"有三必有五，有五必有七"，打板买入。买入时，公司全名是什么、做什么业务、业绩如何一概不知。收盘后，更愿意看龙虎榜，而不是公司基本面。那么，你这是赌博，不是投资。

有三个重要概念需要分清：赌博、投机和投资。赌博好比玩老虎机或转轮盘。某件事发生有一定的概率及赔率。赌博时，事件发生的概率和赔率之积必然小于1。例如，事件发生的概率是1/4，赔率可能是1赔3。如果大于1，庄家就不赚钱。参与赌博，更多靠运气。运气好就赚钱，运气不好就赔钱。长期看，赌博必然是亏的，否则庄家活不下去。和赌场里的赌徒不同，很多股市投资者不认为自己在赌博。实质上，他们炒股和赌博没区别。典型例子就是博"有三必有五，有五必有七"。妖股炒作就是资金博弈，如击鼓传花游戏一样。但是，由于妖股的迅速赚钱效应，很多人都无法克制内心冲动，认为自己不是接最后一棒的人，于是进去搏一把。最后，妖股都会打回原形，妖股炒作成了财富重新分配的过程。很多投资者却一直乐此不疲，期待自己能迅速致富。

投机是根据判断，利用价差进行买卖获利的交易行为。投机的目的很明确：赚取差价。投机有风险，但通过对信息的全面搜集、良好分析及利用一些工具对冲等，可以较好地控制风险，实现盈利。市场上有很多投机活动，如猜业绩超预期。通过搜集、分析信息，的确可以发现业绩超预期机会，进而获取收益。但这些机会也不容易被发现和把握，需要投入大量时间和精力并冒一定的风险。更普遍的投机是看图炒股。投资者或多或少学习了一些技术分析方法，知道K线、均线、MACD、KDJ等指标，会分析量价关系，等等。有些投资者的操作完全按图进行。股票市场不是一个有效市场，股价走势存在趋势性。因此，技术分析具备合理性和使用价值，但完全按图索骥更多是在投机。国内市场盛行炒概念，各种概念层出不穷，引得不少投资者蜂拥而上。炒概念可以让少部分投资者获益，但大多数投资者并不能依照这种方式获得稳定、持续的收益。而且，很多人看图操作过于频繁，不能很好地把握和利用技术分析指引的趋势，操作更接近赌博。

很多人对投资和投机的区别没有清晰的认识。在《聪明的投资者》一书中，本杰明·格雷厄姆指出："投资者和投机者之间最现实的区别，在于他们对待股市变化的态度。投机者的主要兴趣在于预测市场波动并从中获利；投资者的主要兴趣在于按合适价格购买并持有合适的证券。"投资更多是基于基本面买入，以求随公司价值增长而获取收益。投资者要全面研究公司，不仅关注过去和当前盈利、现金流等情况，还要关注未来发展。投资者不太关注股价短期波动，更看重较长时间的价值增长。但是，投资者不是完全忽略市场波动。正如格雷厄姆所述："市场波动对投资者之所以重要，是因为市场出现低价时，投资者会理智地做出购买决策；市场出现高价时，投资者必然会停止购买，而且还有可能做出抛售的决策。"

通过上述区分可以发现：赌博、投机和投资存在明显不同。其中，投机和投资没有好坏之分，只有是否合适的区别，两者都能赚取收益。而赌博无法长期赚钱，因为庄家才是受益者，赌徒必然会被消灭。但是，由于人性的弱点及赌博对人性的利用，赌徒依然不断涌现。有一句话说得好：你怎么对待这个世界，世界也会怎么对待你。同样，你怎么对待股市，股市也会怎么对待你。如果采用赌徒的做法，把股市当作赌场，那么市场也会用对待赌徒的方式对待你；如果把股市当作长期投资市场，那么市场也会给你长期回报。因此，认识人性的弱点，克服内心的欲望，避免赌博式操作，才能更好地回避亏损。

占便宜

有人说占便宜是人的天性。这种天性在股票市场体现得淋漓尽致，也是导致亏损的一个原因。回想一下，你是否因为设定买价低几分而没买到心仪的股票，后面错失该股行情；是否因为设定卖价高几分而没能卖出，导致盈利大幅回撤甚至亏损。导致这些情况的原因是什么？主要在于买卖时倾向的价格。假设股价在 10 元附近波动，你打算买入，此时你设定的买入价是多少？ 10 元、9.99 元或 9.98 元？ 10.01 元、10.02 元或 10.03 元？很多人会选 10 元、9.99 元或 9.98 元，选 10.01 元、10.02 元或 10.03 元的少很多。同样，假设股价在 20 元左右波动，你打算卖出，你设定的卖出价是多少？ 19.99 元、20 元，还是 20.01 元？很多人会选 20 元或 20.01 元，而不是 19.99 元。为什么？很多时候，价格差几分甚至几毛对收益并没多大影响，更多是投资者的心理作用。就像日常生活中商家喜欢将商品定价99 元而不是 101 元一样。反映到盘面上，经常可以看到整数价位的单子明显多。其实，整数价位没有什么含义，但由于投资者的心理作用，经常成为股价重要的突破关口。

再设想一下，你和朋友买入同一只股票，是不是希望买入价格比他低，低 1 分、2 分也行；卖出时，是不是希望卖出价格比他高。如果你已买入某只股票并打算加仓，但股价上涨，再次买入的价格比原来贵，你会怎么操作？是不是不买了，然后眼睁睁看股价起飞。相反，如果股价下跌，你就很乐意买入，因为买入价格比原来低。有两只股票，一只赚钱，一只亏损。你打算调仓，会怎么做？是不是卖赚钱的买亏损的。上述操作都不是好操作。看好某只股票，股价上涨更该加仓买入；两只股票调仓，好策略是卖出亏的买入赚的。上述例子都反映了投资者会受某些意识的影响，想方设法地占便宜。

怀着占便宜的心态，投资者在操作上会斤斤计较，错失机会。一家公司业绩大增，股价将从 10 元上涨到 100 元。面临这么好的机会，无论在10.01 元还是在 11 元、12 元、15 元买入，都可以获得巨大收益。但如果斤斤计较，非要设定买入价格为 9.99 元，最终结果是没能成交，从而错失良机。股价启动后，面对股价上涨又想：只要价格回到 10 元或 11 元就买入。而现实完全不给机会。图 3-8 是恒立液压近年的月 K 线，股价启动后一骑绝尘，不给投资者回调买入的机会。相反，如果深刻认识并理解公司基本面，其中会有多次上车的机会。

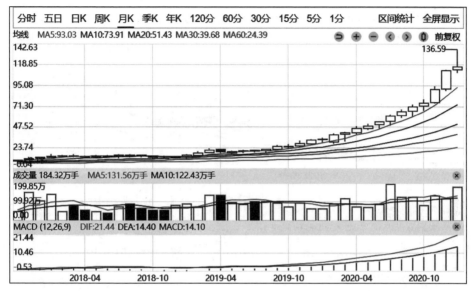

图 3-8　恒立液压的月 K 线

图 3-9 是上机数控的周 K 线。2021 年 9 月 3 日那周，上机数控股价达 358 元，累计涨幅超 10 倍。2021 年 9 月，板块出现明显调整。10 月 22 日 那周，上机数控股价回到 347 元。由于相关个股均出现股价下跌的趋势，选择卖出是不错的选择。但是，有些投资者纠结于 347 元低于 358 元，一定要 355 元以上才肯卖，不想后面迎来的却是慢慢熊途。

占便宜还导致投资者喜欢补仓和抄底。网络上流传一个关于抄底的经典笑话：投资者希望抄底能抄在地板上，却发现地板下面有地下室；抄到地下室发现下面还有地窖；抄到地窖，没想到下面还有地狱；拼死抄到地狱，却发现地狱居然有 18 层。导致投资者不断补仓或抄底的一个原因就是占便宜的心态，愿意不断以更低价格买入已经亏损的股票。

占便宜的心态让投资者在市场中斤斤计较，做出不理性的行为，导致亏损。因此，投资者应避免占便宜的心态，树立大格局，通过大格局、大行情来获取投资收益。

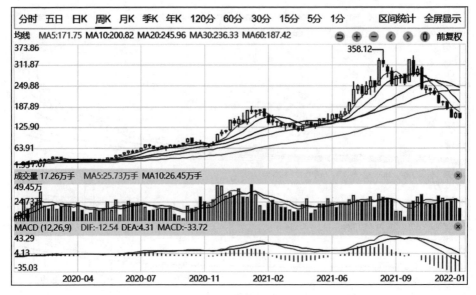

图 3-9　上机数控的周 K 线

"鬼故事"

"信息时代，信息就是生产力"，这句话在股票市场体现得尤其明显，于是总有人想利用信息优势获益。这导致投资者希望获取内幕信息，爱听小道消息。一些公司为炒作股价放出模糊消息、蹭热点，还有别有用心者故意炮制消息。当前，信息传播渠道发达，各种消息影响力被放大，造成市场"鬼故事"特别多。很多投资者对"鬼故事"感兴趣，跟着"鬼故事"买卖股票。投资者对"鬼故事"的追逐，也是导致亏损的一个原因。

以内幕信息为例。图 3-10 是王府井 2020 年 5—7 月的日 K 线。6 月 9 日晚，王府井公告获得免税品经营资质，随后股价迎来巨大涨幅。9 月 18 日，证监会发布吴某某等涉嫌内幕交易王府井案的通报。交易监控发现部分账户在公告前大量买入，行为异常。证监会调查发现，吴某某等人在重大事件公告前获取内幕信息并大量买入，获利数额巨大，涉嫌内幕交易。

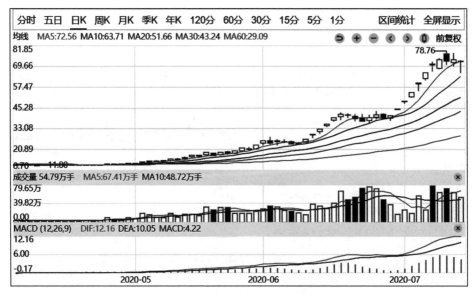

图 3-10　王府井获得免税牌照期间的日 K 线

利用内幕信息或被怀疑存在内幕的情况很多。2021 年 12 月 28 日收盘后，湖南海利披露收购海利集团等持有的湖南海利锂电科技股份有限公司股权，步入锂电池产业链。对该消息，资金先知先觉，湖南海利股价提前大涨，28 日更以涨停收盘。2022 年 1 月 6 日晚，中国电建公告拟将地产板块资产与电建集团优质电网辅业资产置换。1 月 6 日，市场资金嗅觉灵敏，先给中国电建一个涨停。内幕信息带来的巨大好处让很多投资者都希望获取内幕信息。实际上，大多数投资者不具备获取内幕信息的条件，探听到的可能是假消息；即使是真的，也已经不是一手二手消息，而是十几手几十手的消息，已经没有价值。相信这些消息，不会带来盈利，反而会导致亏损。

一些公司为炒作股价会放出模糊消息、蹭热点。2021 年 9 月，中青宝曾在其微信公众号及深圳证券交易所的互动易平台表示，公司正在研发元宇宙相关游戏《酿酒大师》。借着"元宇宙"概念，股价一路上涨（见图 3-11）。2022 年 1 月 6 日，深圳证监局发布《关于对深圳中青宝互动网络股份有限公司采取责令改正措施的决定》，指出中青宝在三会（董事会、监事会、股东大会）运作、内幕信息知情人管理、关联方管理等方面不规范，对其采取责令改正的监管措施。

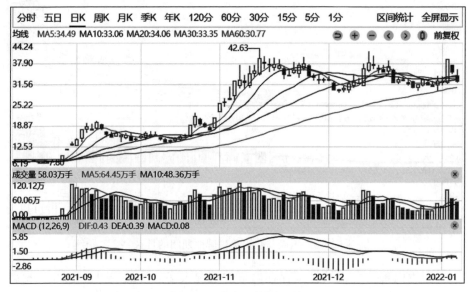

图 3-11　中青宝的日 K 线

　　网上还有很多消息被错误解读，甚至有别有用心者故意炮制消息。2021 年 12 月 27 日午后，国电南瑞突然跳水，股价一度跌停。多家媒体发文称是"配网投资将下降"的传闻所致。传闻流传最广的版本是：国金证券环保与公共事业组首席分析师李某表示，国家不再推进整县光伏建设，影响最大的是电网的配网投资，预计配网投资从 1.7 万亿元降到 1.5 万亿元，具体仍在测算中。对此，国金证券人士称网上造谣。中信建投证券研究所电力设备与新能源首席分析师朱某表示，"为辟谣接了一万个电话"，"国家对新能源的发展信心坚定"。受谣言影响的公司有很多。2021 年 12 月 15 日午后，A 股药明康德突然跳水，收盘跌停；港股药明康德跌超 19%、药明生物跌 20%、药明巨诺跌超 11%。"药明系"股价突然暴跌，网络上众说纷纭。广为流传的是"药明生物进入美国制裁清单"。这些"鬼故事"对股价形成了影响。需要注意的是，股价处于高位，尤其被高估时，市场上的"鬼故事"会比较多，影响力也比较大。从价值投资角度，"鬼故事"只会产生短期影响，不影响长期价值判断；"鬼故事"变成真故事，才会影响价值判断，这时重新判断才是理性策略；如果一家公司持续出现"鬼故事"且影响巨大，可能预示公司股价高估，要特别注意。

以巴菲特投资比亚迪为例。2008 年 9 月，巴菲特以每股 8 港元购买 2.25 亿股比亚迪股份。巴菲特投资后，比亚迪股价上涨近 11 倍，2009 年 10 月达 87 港元。随后几年，比亚迪股价在大行唱衰及各种"鬼故事"中最低跌至 2012 年 7 月的 12 港元。近几年，新能源领域利好不断，比亚迪股价大涨，最高达到 330 港元以上，相较 8 港元购买价上涨了 40 倍（见图 3-12）。2009—2012 年，比亚迪股价经历了暴涨暴跌，期间各种传言、"鬼故事"不断，但巴菲特不为所动，从未减持。这个例子说明"鬼故事"不会影响公司长期价值，只是价值投资路上的小坑小洼，不应该影响价值投资的决策。

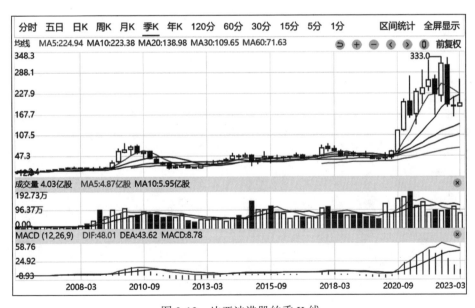

图 3-12　比亚迪港股的季 K 线

综上所述，对"鬼故事"有四条结论：

- 市场上"鬼故事"很多。
- 普通投资者不具备信息优势，不应追逐内幕信息，轻信"鬼故事"。
- "鬼故事"可以影响短期股价，但不影响公司内在价值，更不应该成为价值投资决策的依据。
- 如果一段时间内公司"鬼故事"特别多、影响特别大，要注意公司股价是否高估。

"亏九条"从人性角度出发分析亏损的原因。股票市场是"反人性的"，任何人性的弱点在市场中都会被放大，被市场利用，进而导致亏损。因此，为避免亏损，投资者应建立投资体系，克服这些弱点，这样才能在市场中活得久、活得好。

| 第四章 |

市场喜欢什么样的公司

　　2022 年 1 月 21 日，A 股交易金额达 9845 亿元，成交金额前 5 名分别是：复星医药，62.8 亿元；贵州茅台，60.9 亿元；宁德时代，56.2 亿元；中国平安，55.6 亿元；五粮液，52 亿元；后 5 名的非 ST 和科创板个股分别是：我乐家居，487 万元；绿康生化，516 万元；爱丽家居，550 万元；浙江自然，573 万元；合诚股份，616 万元。前 5 名和后 5 名成交额相差 1000 倍。当天，成交额前 10 名累计成交 491 亿元，占全天交易额的 4.99%；前 30 名累计成交 1056 亿元，占全天交易额的 10.73%；前 50 名累计成交 1479 亿元，占全天交易额的 15.02%；前 100 名累计成交 2312 亿元，占全天交易额的 23.48%。成交金额数据反映的一个重要情况是：只有少数公司得到市场关注，越来越多的公司被边缘化。无论价值投资还是技术分析都强调公司要被市场认可，这样才能发现价值或形成波动。因此，投资者要知道股票市场的偏好，投资市场喜欢的公司。市场喜欢什么样的公司呢？在交易制度不断完善，机构投资者占比越来越大、话语权越来越重，长期资金和外资不断流入的背景下，市场喜欢的公司有三个特点：稳定性、高增长、流动性。

稳定性

稳定性强调公司业绩稳定，不会有大幅波动。有些公司的业绩缺乏稳定性，如煤炭、有色、化工等周期行业的公司，业绩随周期剧烈波动，导致股价呈现周期特点。如前所述，周期股长期收益不好，不适合想长期持有的投资者。

有的公司业绩不仅会大幅波动，而且毫无规律。这导致公司业绩难以被准确预测，经常出现大幅低于或高于预期的情况，股价呈无规律波动状态。虽然股价波动给投资者提供了通过择时获取收益的机会，但无规律性导致机构投资者介入意愿低，这些个股并不被市场所喜爱。

相反，有些公司业绩稳定，可以被较好预测。业绩稳定降低了股价剧烈波动的可能，因此公司被市场喜爱。消费品公司的需求跟随经济周期剧烈波动的可能性小，同时市场上容易看到其产品，销售等数据也容易被跟踪和预测。无论贵州茅台、五粮液等高端消费品，还是海天味业、洽洽食品等中低端消费品，都受市场喜爱，股价走势也很亮眼。

有些公司通过业务转型、市场拓展等来削弱业绩的波动，提升业绩稳定性，使估值得到提升。例如前面提到的杭氧股份。杭氧股份的设备销售呈周期性，使得股价也呈周期性。近年来，公司通过业务转型，不断提高气体业务的比重。虽然气体需求也跟随钢铁、化工行业的周期，但公司通过签订长期合同等方式大大降低了业务的周期性，使公司估值取得了明显的提升。

通过对比两只个股来看稳定性对股价的影响。化工行业的华谊集团，2014—2021年的每年净利润分别为12.84亿元、7.04亿元、4.17亿元、5.68亿元、18.07亿元、6.25亿元、4.23亿元、29.68亿元。图4-1是其2010—2021年的季K线，可以看到长期收益并不好。安琪酵母2014—2021年的每年净利润为1.47亿元、2.80亿元、5.35亿元、8.47亿元、8.57亿元、9.02亿元、13.72亿元、13.09亿元。图4-2是其2010—2021年的季K线，长期收益非常可观。2014—2021年，华谊集团总利润为87.96亿元，2022年1月21日收盘市值191.2亿元；安琪酵母总利润62.49亿元，同日收盘市值 469.9 亿元。从净利润与市值对比可以发现：市场对稳定性有明显的偏好，给业绩稳定的安琪酵母而不是波动剧烈的华谊集团更高估值，虽然华谊集团创造的净利润总额更多。

图 4-1　华谊集团的季 K 线

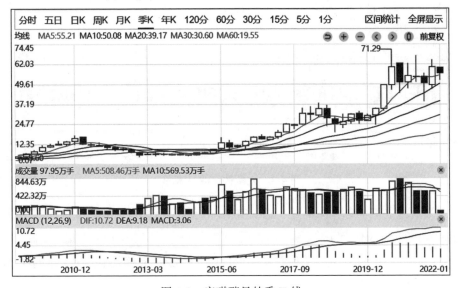

图 4-2　安琪酵母的季 K 线

需要注意的是，稳定性仅是市场偏好的一个方面，是找出市场喜爱个股的必要不充分条件。为了发现市场喜爱的公司，投资者还要关注第二个特点：高增长。

高增长

高增长强调公司主营业务收入和净利润都快速增长，净利润增长快于主营业务收入增长，同时增长要有持续性。为理解市场对增长的偏好，列举几家公司来说明。大秦铁路业绩好且稳定，但增长空间有限。公司股息率高，大多年份都在 5% 以上，高于定期存款及国债利率。如图 4-3 所示，大秦铁路的股价走势相当稳定，但长期涨幅有限。

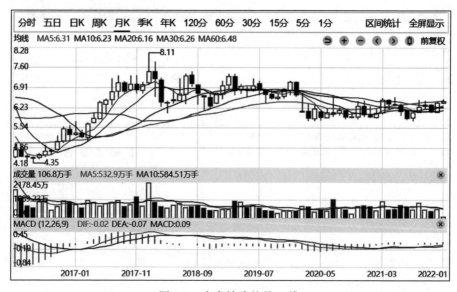

图 4-3　大秦铁路的月 K 线

再看两家持续增长企业：海大集团和宝信软件。海大集团营业收入从 2009 年的 52.5 亿元增长到 2015 年的 255.7 亿元、2020 年的 603.2 亿元、2021 年的 859.99 亿元；净利润从 2009 年的 1.55 亿元增长到 2015 年的 7.80 亿元、2020 年的 25.23 亿元、2021 年的 16.36 亿元。2009—2021 年，营业收入增长 15.38 倍，净利润增长 9.55 倍。图 4-4 是海大集团的季 K 线。可以看到，伴随业绩的持续增长，公司市值也节节高升。

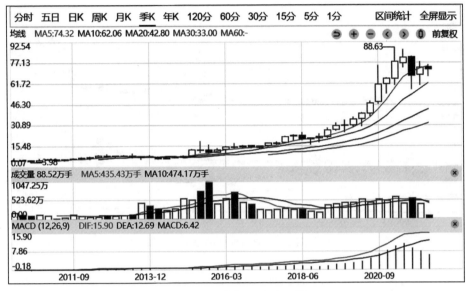

图 4-4 海大集团的季 K 线

宝信软件 2012—2021 年营业收入分别为 36.43 亿元、35.81 亿元、40.72 亿元、39.38 亿元、39.60 亿元、47.76 亿元、58.19 亿元、68.49 亿元、95.18 亿元、117.59 亿元。2012—2021 年的净利润分别为 2.60 亿元、2.90 亿元、3.22 亿元、3.12 亿元、3.36 亿元、4.25 亿元、6.69 亿元、8.79 亿元、13.01 亿元、18.19 亿元。图 4-5 是宝信软件的季 K 线。伴随 2018 年以来业绩持续快速增长，公司市值迅速增长。然而，2012—2018 年，公司业绩增长有限，市值增长也很小，说明业绩增长对股价有着强烈的推动作用。

业绩增长会带来股价的戴维斯双击，而增长停滞或速度下降则会导致公司从市场的"宠儿"变成"弃儿"，股价形成戴维斯双杀。图 4-6 是老板电器的月 K 线。2018 年，由于业绩增速大幅下滑，公司股价大幅下跌，从 50 元跌到 20 元。

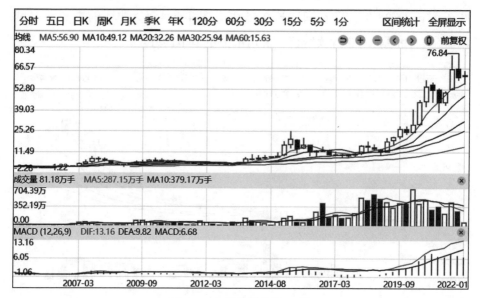

图 4-5 宝信软件的季 K 线

图 4-6 老板电器的月 K 线

通过上述例子可以发现，有着持续成长能力的公司容易受到投资者的关注。当公司出现或保持高增长时，公司会被市场喜爱，股价大幅提升；

当增速下降甚至业绩下降时，公司会被市场抛弃，股价明显下跌。2018 年 10 月 29 日，贵州茅台一字跌停，这是贵州茅台自 2001 年 8 月 27 日上市以来的首次跌停。跌停的导火索是公司公布的三季报，第三季度营业收入同比只增长 3.2%，净利润增速也只有 2.71%，业绩远低于预期。当时，有人认为贵州茅台业绩难以继续增长，跌停标志"一个时代的结束"。然而，贵州茅台后续业绩继续保持稳定增长，公司股价最高达到 2600 元，跌停很好地说明了市场对增长的偏爱。

流动性

　　稳定性和高增长是对公司基本面的要求。股票市场对技术面也有要求，最明显的一点就是流动性。2021 年 4 月，《你们才 30 亿市值，我们接待不了》一文在财经圈刷屏。一家上市七八年的公司，市值从 100 多亿元跌至不到 30 亿元。公司老板希望与机构投资者交流，没想到约路演时，基金经理嫌市值太小，不予接待，理由是：30 亿元市值没有交易量，二级市场上买不到。文章折射出市场生态：大市值、热门公司受追捧，小市值公司进不了机构的"法眼"。

　　流动性是一个技术面指标，但这个指标越来越被市场关注。如前所述，2022 年 1 月 21 日成交金额后 5 名的非 ST 和科创板个股是我乐家居、绿康生化、爱丽家居、浙江自然、合诚股份。持有这些个股会面临什么情况？想卖时卖不出去。看好这些公司的投资者会面临什么情况？买不到。那么，投资者必然会放弃这些公司，因为投资这些公司会失去股票市场最大的优势之一：流动性强。个人投资者不参与，机构投资者更不参与，公司后续走势会是什么样？技术分析讲究量价配合，股票上涨需要成交量推动，有成交量的上涨才是可靠上涨。没成交量的个股，无论上涨还是下跌，都不是推荐的选择。交易不活跃导致这些公司可能步入一个"不活跃—少波动—没人理—不活跃"的恶性循环，甚至向"僵尸股"的方向发展。

综上所述，投资者可以从稳定性、高增长和流动性三方面寻找市场喜欢的公司。流动性相对简单，可以通过日交易额进行判断。对于稳定性和高增长，如果非要选具体标准，护城河和净资产收益率是相对应的指标。护城河可以保证公司长期业绩，而净资产收益率使公司更能实现增长。对于护城河和净资产收益率这两个标准，本书第二部分会进行详细论述。

第五章

市场的交易性不足有哪些

要在市场生存、赢利，必须了解市场规则。经过 30 余年的发展，我国股票市场规则不断完善，但目前仍存在一些交易性不足，部分不足会成为"主力"割韭菜最锋利的镰刀，对投资者产生影响。为了避免被"割韭菜"，投资者必须对这些不足有着清醒的认识，并采取应对措施。其中，和普通投资者最相关的有三条：涨跌幅限制、信息不对称和不能做空。

涨跌幅限制

涨跌幅限制源于国外早期股票市场，为了防止价格暴涨暴跌、抑制过度投机，对每只股票当天价格的涨跌幅度予以限制。我国股票市场在 1996 年 12 月 16 日开始实施涨跌幅限制。我国涨跌幅限制与国外的主要区别在于股价涨跌停后，不是停止交易，而是可以继续交易，直到收市为止。根据现行规则，沪深主板市场涨跌停幅度为 10%，创业板和科创板为 20%，ST 股为 5%，北京证券交易所市场为 30%。

涨跌幅限制是为了防止价格暴涨暴跌、抑制过度投机，然而该限制已经成为部分个股价格暴涨暴跌、过度投机的原因之一。股票的长期价格以公司价值为锚，但是短期价格更多由供需决定。短期而言，当市场上有大量需求买入时，股票价格会上涨；当有大量供给卖出时，股票价格会下跌。通过价格这只"看不见的手"来调整供需关系，使市场供需达到平衡，这是市场机制的基本原理。正常而言，随着股价上涨，对股票的需求会下降而供给会增加。当股价涨到一定幅度时，会实现供需平衡。

然而，涨跌幅限制会人为地造成市场扭曲，影响供需关系，不仅没能防止暴涨暴跌，反而造成过度投机。以涨停为例，当股票涨停后，在买一价位会有一定的封单，有时甚至有巨额封单。这些封单有两方面的影响。第一，使想卖出的投资者知道其他投资者有急切购买的意愿，股票在后面会有更好的卖出价格，降低了这些投资者的卖出意愿，减少了市场供给。第二，涨停板造成的扭曲使市场达成共识——涨停后还会涨。股票涨停后会有投资者愿意按涨停价买入，使封单变大。封单变大使卖方更不愿卖出，也使买入对投资者更有吸引力，因为封单金额越大，后续上涨的可能和空间越大。T+1 交易制度更加重了这种扭曲，因为 T+1 交易制度使当天买入并获利的投资者无法卖出，进一步减少了市场供给。同样，跌停板会使更多人卖出股票而更少人买入，因为大家普遍预期跌停后还会跌，从而造成市场扭曲。

图 5-1 这个一骑绝尘的走势是东方财富软件的昨日涨停指数（BK0815）的周 K 线。根据释义："该指数包含了最近连续两个交易日均涨停的股票，不含 B 股、一字板、注册制上市前五日（不设涨跌幅限制）的股票、收盘时卖一量不为 0（没封住）的股票。"2021 年年初该指数点位在 1050 左右，2022 年 1 月 13 日点位为 65 780 左右，一年涨幅 61.65 倍。该指数基本没有收跌的 K 线，清晰地反映了涨跌幅限制带来的扭曲。需要注意的是，该指数只是纸面指数，现实中不可能构建出如此组合，因为涨停后很难买到，使组合无法构建起来。

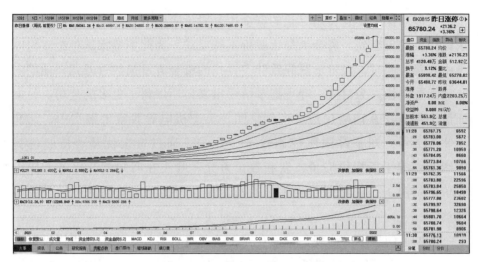

图 5-1　昨日涨停指数的周 K 线

涨跌幅限制让股票市场上出现了相应炒作，如"敢死队""打板战法"等，而且各种妖股屡见不鲜。部分人利用这种炒作方法获得了不错的收益，但更多的投资者用这种策略都是亏损的。因为这种炒作是零和博弈，有赚必然有赔。涨跌幅限制的存在，也衍生出利用涨跌停来迅速建仓和出货的操作。例如，在股价低位建仓时，通过不封死涨停的方式，诱使部分投资者卖出股票；在股价高位时，通过巨量封涨停的方式吸引跟风者，然后自己撤单并将手中股票迅速卖出，达成出货的目的。

总之，涨跌幅限制存在扭曲市场的风险，而且会被存在资金优势的"主力"利用，成为"割韭菜"的锋利镰刀。因此，普通投资者需要关注涨跌幅限制。

信息不对称

信息优势可以在股票市场带来巨大收益，总有人用信息优势获益。前面提到的关于王府井内幕信息的例子就是典型。

2021 年的"叶飞爆料门"事件，更是将市值管理黑幕推到台前。大概如下：中源家居和叶飞约定做盘，由叶飞寻找资金，中源家居持仓居前位的大股东保证锁仓，用寻找的资金拉升股价吸引散户入局，然后一起闷杀散户。但没想到，资金入局后股价不涨反跌，为此中源家居拒绝支付叶飞中介费。同时，股价下跌导致叶飞寻找的资金方亏损数百万元，他们向叶飞索要赔偿。为讨债，叶飞把事情爆出来，还爆料了更多的公司。另据证监会调查，在南岭民爆、今创集团、昊志机电等股票价格案中，2020年8—12月，刘某烨团伙控制数十个账户，通过资金优势、持股优势连续买卖等手段操纵股价，获利数千万元。叶飞在明知刘某烨等人操纵股价的情况下，积极提供相关帮助及建议，为操纵市场创造条件并牟取利益。

市场上信息不对称现象普遍存在，普通投资者处于劣势。机构投资者会定期、不定期到公司调研，与公司保持沟通，甚至有私人信息获取渠道。机构的人员分工更细，获取信息的渠道更多。这使得机构在信息获取方面存在巨大优势。而普通投资者的时间、精力、渠道等都处于劣势，很难及时准确地获取有价值信息。

不能做空

做空是股票、期货市场的常见操作。预期价格下跌，做空者将手中筹码（也可以先借入筹码）按市价卖出，等下跌后买入（偿还借入筹码），从中赚取差价。我国股市做空工具有限且门槛高。2010年，我国股市建立融资融券和股指期货制度，打破了单边做多限制。但是，融资融券业务品种有限，限制条件多，无法覆盖全部股票，不适合中小投资者；而股指期货门槛高，将大多数投资者挡在门外。因此，普通投资者无法做空。

不能做空，对普通投资者有三方面的影响。

第一，无法对冲风险。例如，投资者预期某公司业绩增长，看好股价会上涨，但预计大盘会出现调整。如果没有做空机制，该投资者要做出选择：一是买入该股并承担大盘回撤的风险；二是放弃该股，不承担大盘风险，但损失该股可能带来的收益。如果存在做空机制，投资者可以买入该股并卖空大盘，通过卖空来规避大盘回撤的风险，并享受该股的收益。不能做空让普通投资者无法通过类似操作来规避风险，进而影响投资收益。

第二，影响投资者的选择范围。无法做空使投资者只能做多，通过股价上涨来赚钱，这缩小了投资范围。一方面，当投资者发现某只股票估值过高时，无法通过做空来赚取利润；另一方面，由于只能做多，因此投资者要寻找低估的股票来获取收益。在所有投资者都寻找低估股票的情况下，发现合适的投资标的会越来越有难度。

第三，造成股价高估，甚至出现极端走势。由于投资者只能通过做多来赚取收益，因此资金在发现合适的投资标的后会倾力做多。随着股价攀升，会有更多资金加入，进一步推高股价。一方面，相关机构可能发布研报，调高公司目标价来满足某些需求；另一方面，做空机制缺失使市场上不存在相反力量，妨碍市场客观地评估公司的价值。在多重资金的共同推动下，股价很容易迅速上涨。同时，反向力量缺失使股价过度上涨，形成高估，甚至出现极端走势。

需要注意的是，相对于做多而言，做空的风险更大。做空不仅要准确判断结果，还要准确判断过程。例如，投资者认为5000点的大盘存在泡沫，会跌到2000点，于是开始做空。但是，市场极度乐观，大盘可能涨到6000点才开始下跌。大盘上涨需要做空者不断交保证金，当涨到5500点时，做空者可能已经爆仓。那么，后续大盘跌到2000点已与做空者无关。同时，从极限角度看，做多最多损失100%的本金，可以赚无限收益；而做空的利润是有上限的，损失的本金却可能无上限。从这个角度看，不能做空反而保护了普通投资者。但是，做空机制的缺失导致了很多问题，给普通投资者带来一定影响。

除了上述三个交易性不足外，我国股市还存在其他交易性不足，如新股定价和分配方式、指数失真等。相对于上述三点，其他不足对投资者的影响要小很多。普通投资者为避免被"割韭菜"，必须对这些交易性不足有清醒认识，并有应对措施。

| 第六章 |

个人能战胜机构吗

个人投资者能战胜机构投资者吗？这是每个个人投资者都要面对的问题，而且答案会影响后续的投资选择。如果认为个人无法战胜机构，就应该通过购买公募基金、私募基金等方式，委托专业机构来投资；相反，如果认为个人能战胜机构，才需要自己投身股票市场。其实，个人和机构各有优势和不足。如果个人投资者建立投资体系，通过合理的分析和估值来投资，并掌握一些操作技巧，是可以扬长避短，有很大可能战胜机构的。

现实中，很多个人投资者没有建立起投资体系，也不掌握分析和估值方法，而且不愿意通过学习来补足短板，因此无法战胜机构投资者，即使偶尔胜出也是凭运气而不是实力。对个人投资者有如下建议：首先，学习相关知识建立投资体系，掌握公司分析和估值方法，再学习一些操作技巧；其次，拿出较少资金在市场实际操作，把学到的知识在实践中用熟、用顺；最后，投入资金在市场中投资，力求战胜机构，获取收益。

本章中的机构投资者主要是指公募基金，因为公募基金是最主要的投资渠道。私募基金和公募基金类似，但参与门槛较高。同时，对公募基金的很多论述，对私募基金也适用。其他类型的投资机构与普通投资者基本无关，因此就不予考虑。公募基金有很多类型，例如，按投资品种不同，有货币基金、债券基金、混合基金、股票基金等；按投资标的不同，有的基金投资范围很广，有的基金集中于特定行业等，被称为"医药女神"的葛兰所管理的两只基金分别是中欧医疗健康和中欧医疗创新，根据名字就知道这两只基金的投资范围集中于特定行业；按主动性不同，有被动基金和主动基金等。不同类型的基金有不同的特点，也面临不同的约束。例如，被动型指数基金要复制所跟踪的指数，基金经理主动配置资产的权利很小。为了保证分析的通用性，本章不涉及具体类型的基金产品，而是按照普适性特征进行讨论。

机构投资者的优势

机构投资者的优势主要有两方面：专业优势和信息优势。机构投资者的投研人员需要具备专门资格，由有相关专业背景和经验的人员担任，尤其是基金经理，通常都有多年的从业经历。这些人员有着较好的教育背景（基本都是名校硕士以上学历），学习能力也强。同时，机构投资者有投研体系，从宏观、行业、企业、策略等多层面进行分析，不仅有专门的研究团队负责跟踪主要上市公司，而且有投资决策委员会等来构建核心股票池。这些因素的共同作用，使机构投资者具备专业优势。

机构投资者的研究团队还会跟踪核心公司，定期或不定期到公司调研，了解公司的情况。由于机构投资者的影响力更大，因此上市公司也更愿意和机构投资者分享信息，保持频繁沟通（通常符合相关规定，但不排除少数模糊甚至涉嫌违规的操作）。作为卖方的券商研究所，也会主动对机构投资者进行路演，分享信息和研究结果。券商还会通过组织实地调研、电话会议等帮助机构投资者获取行业、公司的信息。因此，在信息层面，机构投资者也有明显的优势。

专业优势加上信息优势，使机构投资者在市场中处于优势地位，可以帮助他们获得好的业绩。然而，机构投资者也面临劣势，使其难以把专业和信息优势转化为业绩。

机构投资者的劣势

机构投资者的劣势也不少，主要介绍几个对业绩影响大的。

第一，机构投资者必须遵守相关规定及合同，这会影响其投资业绩。例如，公募基金对单只个股的持仓比例有限制。为了保证投资业绩，基金经理就需要发掘更多的投资标的，这会分散精力和注意力。同时，有的基金投资范围受约束，这也影响业绩。例如，中证方正富邦保险主题指数在 2021 年 12 月 13 日新增宁德时代为第四大重仓股，被投资者吐槽高位接盘。方正富邦基金回应，这与指数编制方案有关。保险行业股票数量少，只有中国平安、中国人保、中国太保、中国人寿、新华保险 5 家公司。如果只把 5 家公司纳入指数，单只成分股权重太高，丧失了指数投资的意义。为解决这个问题，中证方正富邦保险主题指数的编制方案规定，当保险行业股票数量不足 20 只时，先将保险行业股票作为指数样本，然后将参股保险公司金额大于 1000 万元的公司依参股比例由高到低依次纳入，直到样本数达到 20 只。

第二，业绩考核机制不健康。基金业绩考核通常是按年进行，这种考核机制使基金经理不得不关注短期业绩。很多基金经理没办法进行长期投资，不得不采取短线操作。某些基金经理甚至选择极端风格，持股高度集中于某些行业赛道。而当市场风格变化时，业绩可能大幅滑坡。例如，2022 年第一周的 4 个交易日，以新能源为代表的前期热门板块明显回调。2021 年基金冠亚军得主崔宸龙管理的两只基金前海开源沪港深非周期 A 和前海开源公用事业分别大跌 12.10% 和 11.65%，位列基金收益榜倒数第一和第三名。类似的还有诺安成长混合基金，其基金经理蔡嵩松于 2019 年 2 月接管该基金，彼时该基金已成立 10 年，换过 5 任基金经理，累计净值 1.164 元。蔡嵩松接任后，诺安成长混合在 2019 年下半年至 2020 年上半年期间涨幅大于 200%。诺安成长混合的投资策略是投资有良好成长性的企业。蔡嵩松的投资风格特别鲜明，集中投资于半导体明星公司（见图 6-1），且始终保持高仓位，集中持股造成该基金净值大幅波动。

业绩考核机制会导致机构出现"抱团"的情况。图 6-2 是法拉电子 2021

年三季报的前十大流通股股东，第五、第七、第八、第九、第十大股东均
为同一家机构的产品。

持仓前十的股票（截至 2020 年 9 月 30 日）

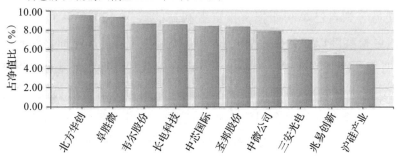

图 6-1　诺安成长混合基金 2020 年第三季度前十大重仓股

资料来源：天天基金网。

法拉电子(SH600563)

截止日期：　2021三季报 ▼

截止日期		
股东名称	持股数量	持股比例
厦门市法拉发展总公司	8400.00万	37.33%
厦门建发集团有限公司	1182.02万	5.25%
香港中央结算有限公司	728.14万	3.24%
全国社保基金四零六组合	581.39万	2.58%
中国建设银行股份有限公司-前海开源公用事业行业股票型证券投资基金	472.19万	2.10%
招商银行股份有限公司-泓德丰润三年持有期混合型证券投资基金	329.90万	1.47%
中国工商银行股份有限公司-前海开源新经济灵活配置混合型证券投资基金	323.43万	1.44%
中国建设银行股份有限公司-前海开源沪港深优势精选灵活配置混合型证券投资基金	272.52万	1.21%
中国农业银行股份有限公司-前海开源中国稀缺资产灵活配置混合型证券投资基金	268.11万	1.19%
中国工商银行股份有限公司-前海开源国家比较优势灵活配置混合型证券投资基金	220.25万	0.98%

图 6-2　法拉电子 2021 年三季报前十大流通股股东

　　第三，可能存在委托代理问题。基金经理是投资者的代理人，帮助投资者投资。虽然基金经理和基金公司也可能持有该基金，但作为代理人的基金经理和作为委托人的投资者的利益并不完全一致，可能存在老鼠仓、内幕交易等为自己牟利而损害投资者利益的行为。2020年8月24日，上海青浦区检察院以职务侵占罪对犯罪嫌疑人李某某批准逮捕。经查，2019年12月起，李某某通过上海某投资管理有限公司发行私募基金。李某某利用管理基金财产的职务便利操纵基金账户，通过盘后定价大宗交易方式，以高于当日收盘价的不合理价格从其控制的张某（李某某的母亲）账户内购买股票。次日，李某某再操纵基金账户，以低于当日收盘价的价格将同样数量的股票卖回至张某账户，合计致使私募基金被害人损失110余万元，李某某获利80余万元。据上海证监局通报，离职两年多的基金经理乐某，在2013年7月4日至2016年4月29日担任多只基金经理助理及基金经理期间，实际控制使用王某证券账户与其任职的多只公募基金发生趋同交易，趋同交易金额超5000万元，趋同获利165.37万元。据中国裁判文书网《蒋宁利用未公开信息交易罪二审刑事判决书》，2010年7月3日至2013年8月22日，蒋宁在担任华宝基金行业精选股票型证券投资基金经理期间，利用职务便利将基金的交易品种等未公开信息告知丈夫王某、父亲蒋某。王某、蒋某等人控制使用他人账户，利用信息先于、同期或稍晚于行业精选基金买卖相同股票188只，累计成交金额约29.96亿元，非法获利约1.14亿元。类似的案件有很多，这些案件都反映出机构投资者在投资过程中可能存在的委托代理问题。

　　除了上述三点外，机构投资者还有其他劣势，如"船大调头难"。这些劣势会影响机构投资者的业绩，使个人投资者有机会超越机构投资者。个人投资者有更大的灵活性，没有那么多的投资限制，可以集中持股，降低关注太多公司对精力、能力和信息的需求。个人投资者没有严格的考核机制，不必过于关注短期业绩，可以采取长线投资策略。个人投资者管理的是自己和家人的资产，不存在委托代理问题。个人投资者可以通过不断的学习和长时间的积累，弥补专业知识的不足。同时，个人投资者可以通过参加股东大会、利用网络渠道等获取信息，通过对公司的长期跟踪研究等，弥补信息方面的不足。相对于机构投资者而言，个人投资者还有"船小好调头"等优势。因此，个人投资者完全有机会战胜机构投资者。当然，实现该目标也绝非易事，需要个人投资者付出极大的努力。

| 第七章 |

技术分析有用吗

技术分析是否有用一直是股票市场最有争议的问题之一。有的投资者认为技术分析没用，会利用基本面分析来投资；也有投资者认为技术分析有用，依赖技术分析获得了不菲的收益。大量学者对该问题也开展研究，衍生出有效市场假说、行为金融学等理论，并得出不同结论。基本面分析和技术分析对应不同的投资方法。基本面分析主要通过两种方式获取收益：第一，发现价值和价格的背离，在股价被低估时买进，被高估时卖出；第二，发现有成长潜力的公司，享受公司成长带来的价值提升。该方法注重公司内在价值和安全边际，有助于选股。技术分析认为股价走势包含并反映了相关信息，通过量、价等的相互印证来分析并预测走势，有助于择时。两种方法各有优势与不足，配合使用可以提高投资的胜率和效率，做到既选股又择时。

本章首先简要介绍两个相关理论，即有效市场假说和行为金融学，说明技术分析无用或有用的原因；然后，对技术分析进行简要的说明；最后，举例说明如何融合基本面分析和技术分析进行投资，力争既选股又择时。

有效市场假说

有效市场是指市场中的所有信息都会很快被参与者领悟并立刻反映到价格中，它假设投资者是理性的，能迅速对所有信息做出合理的反应。有效市场假说认为市场价格包含了所有可得信息，依靠过去的信息或价格变化来赚钱是不可能的。根据投资者可获得信息的种类，有效市场被分为弱有效市场、半强有效市场和强有效市场。其中，在弱有效市场中，以往价格的所有信息已反映在当前价格中，分析历史价格信息是无效的。除了以往价格信息，半强有效市场还包含所有的公开信息，分析财务报表等公开信息也是无效的。强有效市场的信息包括所有公开和内幕信息，所有信息都反映在当前价格中，即便掌握内幕信息也无法持续获取非正常收益。因此，有效市场假说认为技术分析无用。

有效市场假说以完美市场为前提：市场没有交易成本和税收、充分竞争、利息成本为零、市场参与者都理性等。在现实生活中，这些假设很难成立。投资者必须考虑交易成本、税收、信息挖掘费用、机会成本等。同时，投资者并非完全理性，而且不是偶然偏离理性，而是会经常偏离理性。套利者也无法完全消除非理性投资者的影响。因此，有效市场是不存在的。目前，国内股票市场不是有效市场，连弱有效市场的要求都很难达到。因此，投资者不应该通过有效市场假说来否认技术分析的价值。

行为金融学

行为金融学认为市场价格并不只是由内在价值决定，还在很大程度上受投资者行为的影响，即投资者行为对股票市场价格及变动有重大影响。因此，行为金融学从投资人心理、行为来分析、解释资本市场的变化。例如，为什么投资者喜欢卖出赚钱的股票而持有亏损的股票？这是因为人们有厌恶损失的心理，不愿接受损失的事实。在这种情况下，哪怕投资者知道企业有问题也不愿卖出，期待股价将来能涨上去，并以此麻痹自己。

行为金融学总结了投资者决策时的行为特征，这里选与投资相关的四点进行介绍。

- 过度自信：高估自己的判断力，过度自信。研究发现，当人们称有90%的把握时，成功的概率大约只有70%。投资者往往过度自信，高估自己对公司价值及股价走势的判断。
- 回避损失：趋利避害是人的天性，人们在经济活动中先考虑如何避免损失，然后才是获取收益。研究表明，投资者赋予避害的权重是趋利的两倍，这导致投资者获取较小收益后倾向于卖出，即使卖出价格明显低于公司合理估值。
- 从众心理：人们的相互影响对个人决策有很大影响，从众心理便是突出特点。追涨杀跌是从众心理的明显表现。
- 后悔：做出错误决策后，会因当初选择而后悔，并影响后续决策。例如，当没有买入的股票价格上涨后，投资者会后悔没有在低价买入，但又不敢或不愿以较高价格买入。

由于投资者存在大量非理性行为，因此行为金融学认为技术分析是有效工具。例如，技术分析中的量价关系力求发现一段时间内股价变动的趋势，并通过成交量进行验证。假设股价上涨有成交量配合，投资者认为股价呈上升态势，应该买入。当越来越多的投资者关注到这点并买入时，股价走势的确会出现价涨量升态势并自我增强，使技术分析有效。大量投资者相信技术分析有效，采用该方法进行分析，尤其得出相似结论并交易时，投资者会共同推动股价变化并获利，吸引更多投资者采用技术分析方法，使技术分析的预测与未来股价走势相关。但是，股票的长期价格由内在价值决定，短期价格与价值的偏离在长期必将回归。因此，从行为金融学的角度考虑，技术分析有助于分析市场上价格的短期波动，但分析股票长期价格的有效性却值得商榷。

技术分析

技术分析是指以市场行为为研究对象，判断市场趋势并跟随趋势进行决策的方法。技术分析建立在以下三点的基础上：第一，市场行为包容消化一切，也就是所有事件都会反映到价格变化中；第二，价格以趋势方式演变；第三，历史会重演。技术分析已经发展出大量指标和方法，如 K 线、均线、KDJ、MACD、RSI、布林线、道氏理论、波浪理论、量价分析、缠论等。这些指标和方法力求从价格及成交量的变化中找到线索，寻找买卖信号从而获利。

技术分析通过分析历史数据来预测未来走势，不可避免地存在不足。因此，投资者需要注意规避技术分析的盲区与误区。例如，KDJ 指标通常预测上升段和下跌段比较准确，但会出现高位钝化和低位钝化，指标进入盲区。乖离率、布林线等指标做超跌反弹比较有效，但在惯性下跌时出现的超跌信号常是失灵的。同时，技术分析关注未来一段时间的趋势，在过短时间内的股价走势有随机性，使得技术分析不太有效。

此外，投资者要对多数指标参数的选择进行平衡，指标设置过小容易导致太灵敏，无法发现趋势；指标设置过大，又导致分析滞后。因此，投资者要结合自己的操作特点来选择和设置分析指标。

技术分析和基本面分析的对比

技术分析和基本面分析对应不同的投资思路和方法。总结起来，两者主要在四个方面存在差异。

- 技术分析着重于价格的波动规律，而基本面分析侧重于长期的投资价值。
- 技术分析主要分析供需、价格和交易量等市场因素，而基本面分析关注市场外因素及这些因素与市场的关系。
- 技术分析主要针对股价涨跌，属于短期性质；而基本面分析主要针对企业的投资价值和安全边际，属于长期性质。
- 技术分析重点帮助投资者选择交易时机，而基本面分析主要帮助投资者选择投资对象。

在实际操作中，技术分析是"术"，基本面分析是"道"，两者各有优势和不足。两者配合使用可以提高投资的胜率和效率，有助于做到既选股又择时。

价值投资反推法："道"与"术"结合的例子

普通投资者有很多方法可以将基本面分析和技术分析结合起来，力争做到既选股又择时。下面我用个人总结的价值投资反推法来举例说明：在操作时先通过基本面分析选股，加入股票池；然后，通过技术分析发现合适的买入和卖出时机。然而，目前沪深股市有4000多家公司，如何才能选出合适的备选股呢？选择市场公认的好公司是一种方案，但这些公司被市场深度挖掘，通常难以创造超额收益。要发现有潜力的"十倍股"，需要深入发掘当下关注度没那么高的个股。市场上公司众多，普通投资者不可能研究每家公司，需要有捷径来选出备选股，这就是价值投资反推法的由来。

价值投资反推法衍生自技术分析中的"过头翻番理论"。过头翻番理论的大意如下：某只股票从高点下跌，在经过长时间的盘整和换手以后，股价重回升势，到达前期头部位置。如果能有效放量突破该高点，股价很容易走出翻一番甚至多番走势（如果不出现大利空或大盘暴跌，该走势很难被打断，但走势不一定顺畅）。这主要是"主力"通过较长时间的盘整和换手建仓以后，将股价运作到前期高点并解放历史套牢盘，这个过程中"主力"付出了真金白银，拉高了成本。股价创出新高后，所有持股者都是赢利的，股价继续上升的阻力最小。为获取最大盈利，"主力"会继续拉高股价。股价翻番（也可能多番）后，"主力"获得了足够收益，才会考虑获利了结。因此，"主力"控盘个股过头后会翻番，这就是过头翻番理论。

如图 7-1 所示，江海股份 2015 年 6 月在 14.4 元（前复权）形成股价高点。2017 年 1 月试图突破高点但失败（成交量不配合）。随后开始较长时间的下跌和盘整，期间充分换手。2021 年 3 月，股价再次来到高点，由于大盘不配合，没有形成有效突破。6 月放量突破高点，随后走出过头翻番走势，11 月股价达 29.24 元。

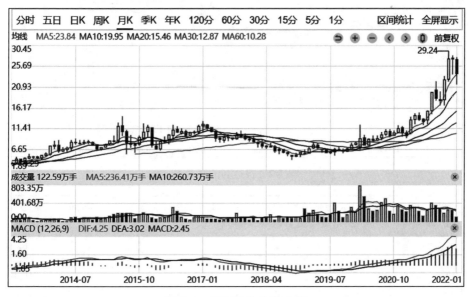

图 7-1　江海股份的月 K 线

图 7-2 是科达利的月 K 线，也完美诠释了过头翻番理论。科达利 2017 年 3 月上市后达到最高价 94.6 元。后面股价出现漫漫下跌走势，经过充分盘整换手后，股价开始爬升。2020 年 12 月股价超过前期高点，由于成交量不配合，没能有效突破，因此继续调整。2021 年 7 月，放量突破前期高点，后续走出翻番走势。11 月，科达利最高价达 193.08 元。

图 7-3 是水井坊的季 K 线，演绎了两轮过头翻番。2017 年第三季度，水井坊的股价突破 2012 年的高点 29 元，在 2018 年第二季度翻番达 56.5 元。随后，股价长时间调整。2020 年第二季度，股价突破 2017 年的高点，2021 年第三季度股价达到约 161 元。

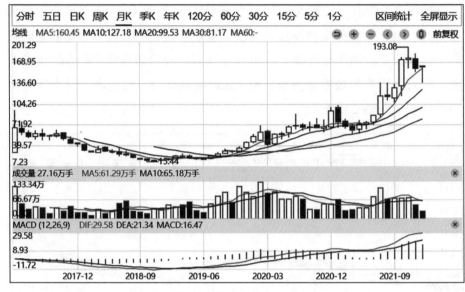

图 7-2　科达利的月 K 线

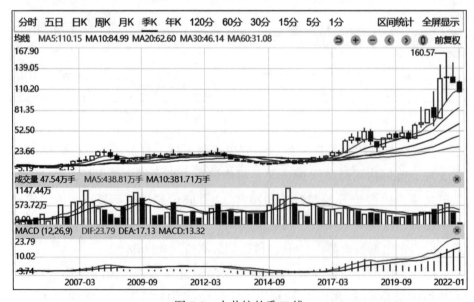

图 7-3　水井坊的季 K 线

目前的市场由机构资金占据主导位置，机构注重公司基本面，使得能创历史新高个股在基本面方面都有亮点（庄股除外，但可以容易地识别出来）。因此，价值投资反推法操作如下：

- 通过软件选出创历史新高个股（软件都有这个功能，如东方财富软件可通过单击"分析—条件选股"）。
- 对选出个股进行分析及估值，去掉不合适的备选（这需要一段时间，不要急，正好等个股新高后回调；至于怎么进行分析和估值，本书第二、第三部分将会讲解）。
- 如果个股低估，等回调完毕再次放量突破时买入（技术分析派上用场，克服恐高心态）。
- 躺平等翻番（其中有波折，需要关注基本面变化和大盘行情，不是死等，要灵活应对）。

价值投资反推法可以较好地将基本面分析和技术分析结合起来，以基本面分析为基础，确保所选个股有安全边际；通过技术分析，选择更好的买入和卖出时机，提高操作的胜率和效率，做到"道"与"术"的结合。

总之，在目前的 A 股市场，基本面分析和技术分析各有优势，也各有不足。投资者没有必要只选一种，可以将两者结合起来，发挥其各自优势，规避其各自不足，这样可以取得更好的效果，获取更好的投资收益。但是，将两者结合也绝非易事，需要投资者付出大量努力。

第八章

需要什么样的投资体系

离钱越近的地方越危险！股票市场就是这样一个地方。表面看，股票市场不远处有金山，还铺了金光大道，让人感觉稍微动动脚就可以到达金山脚下，这使股票市场充满诱惑。而实际上，股票市场中看得见的金山、金光大道都是幻象，真正的金山在很远的地方，通往金山的道路荆棘密布，途中有各种陷阱（庄家挖的）和地雷（公司埋的）。前往金山的路上，有人开主战坦克（机构投资者），有人驾驶战斗机（内幕交易者），还有人带着重机枪（量化交易），更有人拿着死神镰刀疯狂挥舞（游资）。同时，天上不时电闪雷鸣、狂风大作（政策风险），地上也是八级地震、火山爆发（系统风险）。在这样恶劣的环境中，投资者却经常被诱惑蒙蔽了双眼，光脚前行。可想而知，下场会是什么样！

凡事预则立，不预则废。要在股票市场生存，到达金山脚下，投资者绝不能光脚前行（还有人在裸奔）。作为市场中的弱者，投资者必须武装自己，尤其要武装自己的头脑，看清眼前的幻象，不被各种陷阱和地雷迷惑，不羡慕别人的飞机、坦克，避开机枪扫射和镰刀飞舞，以一种"慢就是快，慢才是快"的步伐，到达金山脚下。因此，投资者必须建立自己的投资体系，通过投资体系来有效地应对各种风险，在市场中长久生存并不断向"钱"跋涉。因此，第一部分的最后一章探讨投资者需要什么样的投资体系。

不管白猫黑猫，抓住耗子就是好猫！股票市场，没有好与不好的投资体系，只有赚钱与不赚钱的体系。同时，八仙过海，各显神通！投资体系五花八门，不能要求所有人都用某种体系。但是，不管用哪种投资体系，要在市场中长期生存并到达金山，都必须处理好三方面的问题：赢利与稳定、变化与不变、简单与复杂。否则，投资不可能获得持续收益，更多是靠运气赚钱。当幸运女神眷顾你时，你可以赚钱甚至大赚特赚。但幸运女神很忙，要眷顾的人太多，不可能一直都在你身边。当幸运女神不在你身边时，你就会把"靠运气赚的钱，靠实力亏回去"。这时，股票投资就成了随机致富与必然亏钱的游戏。

赢利与稳定

投资的目的是赢利，但投资有风险。投资体系第一个需要处理的问题就是赢利与稳定的关系。看两张月 K 线图。图 8-1 显示的时间段里，江特电机从 5.5 元涨到 16.2 元，涨幅 195%；图 8-2 显示的时间段里，长江电力从 7 元涨到 23.52 元，涨幅 236%。你喜欢哪一个？小部分人喜欢第一个，因为波动大，如果把握好波动，可以有非常大的收益。大部分人喜欢第二个，因为第二个走势稳健，长期持有就好。真正把握江特电机波动的投资者非常少，多数投资者都没赚到钱。相反，大多数投资长江电力的人都是赢利的，且赢利不少，承受的波动还小，很好平衡了赢利与稳定的关系。

图 8-3 是被称为女版巴菲特的凯茜·伍德与巴菲特从 2020 年 1 月初到 2022 年 2 月中旬的投资收益率对比。男女"股神"的风格完全不同。伍德积极投资科技股，2020 年以来收益率遥遥领先，但 2022 年 2 月中旬收益出现明显滑坡。巴菲特的收益率一直保持稳定，以一个平稳的态势增长。图中两者的收益率已经非常接近。那么，你希望伍德还是巴菲特帮你投资呢？

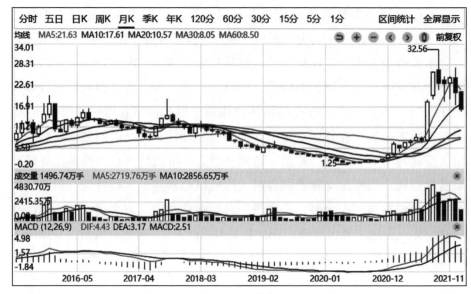

图 8-1 江特电机的月 K 线

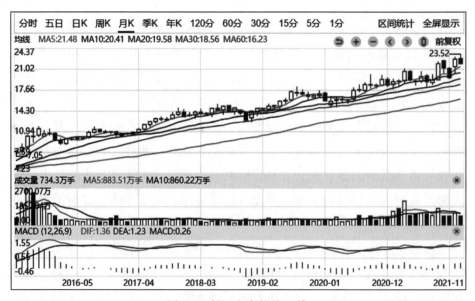

图 8-2 长江电力的月 K 线

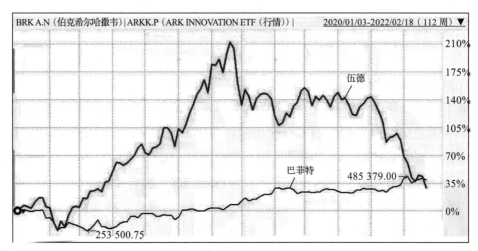

图 8-3　伍德和巴菲特的投资收益率对比

　　考虑如下的情形。如果亏 50%，涨多少才能回本？答案是 100%。同样，前面收益率是 100%，后面跌 50% 就亏回去了，盈亏是不成比例的（这可能也是赚钱难的一个原因）。收益的巨幅波动还容易对投资者心理造成影响，导致操作失误。假设在年初以 100 元买的股票在年底涨到 150 元，涨幅达 50%，而大盘只涨 10%。你是不是很高兴？如果该股票曾在年中涨到 250 元，后面跌回到 150 元，你会觉得如何？是不是就不那么高兴了？你会后悔没在 250 元时卖出。如果股价每天上涨两毛并且连涨一年，最终涨到 150 元，你又会感觉如何？

　　稳定的收益，对投资者是最友好的。一方面，稳定的收益可以形成正向反馈，使投资者以平和的心态投资。相反，收益的剧烈波动会影响投资者的心态，导致操作失误，形成"剧烈波动—心态不稳—操作失误—产生亏损—更多失误"的恶性循环。另一方面，由于复利的累计作用，长期稳定的收益率（并不需要很高）就可以实现优秀业绩。有稳定的投资体系，才能在市场中长期生存。因此，建立投资体系第一个要处理的问题就是赢利与稳定的关系。

变化与不变

经济在不断发展，社会在不断进步，股票市场也在不断演化：挖陷阱、埋地雷的手法越来越高明，飞机、坦克越来越先进，机枪火力越来越猛，镰刀越磨越锋利，在股票市场上生存的难度也不断提高。虽然每次都有不一样的走势，但市场本质没有变化，还是周期轮回，还是价值价格缠绕。因此，投资体系要能应对市场的万千变化，让投资者以不变应万变。基本上任何人都不可能只投资一家公司，即使是只选一家公司，也要对公司进行跟踪与评估。这就要求投资体系可以在不同的背景下，对公司进行系统、全面的分析。设想一个情形，投资贵州茅台取得成功后，你决定再投资一家，如五粮液。你会怎么分析五粮液这家公司？是先尝尝五粮液好不好喝，或考虑酱香和浓香的不同，或分析五粮液的窖池情况，或计算五粮液的产能和销量状况，还是探究"90后"喝不喝白酒、喜欢什么白酒？又或者你认为新能源汽车逐渐普及，打算投资比亚迪。你会怎么分析比亚迪？是买一辆比亚迪汽车试试好不好开，还是分析比亚迪的产能和销量状况，或考虑消费者对汽车品牌的偏好程度？如果是考虑投资宁德时代，你又该怎么分析？总不能买一堆宁德时代的电池拆开看吧！

上述情形虽然极端，但是也很好地反映了投资面临的问题：为了提高投资稳定性，顺应时代和市场的发展，投资者要对不同行业、不同类型的公司进行分析，同时还要在不同的背景下分析公司。面临这种情形时，你的投资体系必须处理好变化与不变的关系，有一个持续、完整的逻辑（不是方法），结合行业特征和公司特点进行系统、全面的分析。而不是面对不同行业或不同类型的公司时，或是满头雾水无从下手，或是盲人摸象般进行片面分析，这都会导致投资失败。

市场有两条本质的、亘古未变的规律：第一，长期价格由价值决定；第二，短期价格围绕价值波动。这两个规律分别对应选股和择时。选股时重点关注长期价值，选择长期价值不断增长的企业；择时的关键是把握波动，利用规律在底部买入、顶部卖出。这两个规律可以指导投资者应对市场的万千变化。当然，这两条规律说起来简单，做起来很难。基于这两条规律衍生出一些很好的总结，可以给投资者提供指导。例如，有人总结："价值投资最确定、最重要的是买得便宜。不是买价值股就是价值投资，关键看你是在什么价位买入，最好是在优秀公司不太受人关注甚至出现不利因素的时候买入。""做价值投资，无论成长股还是价值股，很重要的一点是评估价值是多少，然后再看价格来买入。在股价涨得很高的时候买入，真不是一个好的做法。"

有一个好的投资建议："投资的核心是要建立大局观，选择大空间低渗透率的产业大趋势，识别出最具价值的环节里的领先企业，在渗透率快速提升的拐点买入，然后一直持有到行业渗透率达到 30% 左右的时候，甚至 40%～50%，再去寻找下一个产业大趋势。无论你多么努力，都很难超越采用这种模式的投资方式。"这个建议看似简单，却完美把握了市场的本质和公司的发展规律。基于这个建议，可以找到很多优秀的投资标的，如防水行业的东方雨虹、建筑软件的广联达、生产酵母的安琪酵母等。这个建议很好地处理了变化与不变的关系，可以指导投资者分析大量的行业和企业。

投资体系应把握市场的本质和规律，做到以不变应万变，可以重复分析不同行业、不同类型的公司，可以在不同的情境下系统、全面地分析公司。这样才能支持投资者在市场中活得久、活得好，跨过各种荆棘，不被陷阱和地雷迷惑，不羡慕别人的飞机、坦克，避开机枪和镰刀，到达金山的脚下。因此，建立投资体系第二个需要处理的问题就是变化与不变的关系。

简单与复杂

前面提到过，部分投资者亏损的一个重要原因是脑太懒。典型例子是喜欢听人指令去买卖股票，自己懒得思考。还有些人偏信券商研报，认为研报披露了大量信息，但其实出于各方面原因，研报的准确性也相对有限，我们常看到"××公司下跌，××券商曾极力推荐"的新闻，可见券商对公司业绩的预测也经常不准。另外，很多投资者不具备专业背景。为了分散风险，投资者会投资不同行业，这更增加了学习的难度。如果投资体系过于复杂，投资者就很难学会、学懂。那么，有没有投资体系可以较快、较容易地学会呢？这就是建立投资体系需要处理的第三个问题：简单与复杂。过于简单的东西，大家都知道，很难用来赚钱；过于复杂的东西，很难掌握，也不合适。因此，投资者建立的投资体系既要相对简单易用，又要相对复杂稀缺。

投资体系的目标是让投资者在纷繁复杂的市场中分析可获得的数据，形成有价值的信息，通过掌握的知识来使用信息，发现未被识别的洞见，最后把洞见联系起来形成金光大道。没有这样的体系，投资者很难发现投资机会、获取投资收益。现在，最系统也被证实有效的分析逻辑是：自上而下思考，自下而上选择。自上而下思考是从宏观和产业的角度圈定行业范围，自下而上选择是从人和机制的角度评价公司、挑选标的。上层分析要考虑经济周期、经济结构、技术趋势等，如在碳中和背景下对比燃油车和新能源车行业的发展；下层分析的核心是管理层是否稳定、优秀，公司各种机制是否有效、完善。在具体分析时，要"宁挖一口井，不挖十个坑"，对公司进行深入分析。

投资体系的建立是一个不断学习和进步的过程。刚开始时，很多投资者喜欢找概念股或看图炒股，只要有概念或图形好看就买。投资者被市场"教育"后，开始关心基本面，看营收、净利润、增速、毛利率等指标；再被"教育"后，开始读研报，看卖方的观点，分析公司的亮点；再后来，从开始读年报、听电话会议、看调研纪要、看管理层，了解公司的发展史，到做上下游分析，看公司的披露信息是否真实，免得被忽悠，到最后，学会自己算业绩。一般到这一步，投资者已经基本建立了投资体系，后面的分析都按这个思路重复。其实，对公司进行持续关注和跟踪，不需要盯住财报数据然后测算业绩，也不需要时刻关注市场需求和上下游情况，而要将公司长期发展理解于心，最后的投资体系是：大道至简，让投资者睡得着的体系就是好体系！

　　投资体系要平衡赢利与稳定、变化与不变、简单与复杂的关系。那么，投资者要怎么处理这三方面的问题呢？

　　首先，对于赢利与稳定，仅靠择时是不行的，因为大多数人不具备择时的能力，否则市场的钱早被赚光了。大量数据分析发现，有择时能力的基金经理寥寥无几。格雷厄姆在《证券分析》一书中指出："股票市场择时无法取得普遍成功，除非购买时间点与有吸引力价格相关，且价格有吸引力要用分析标准来衡量。"该观点可以解释为：与其择时，不如选有安全边际的股票，在有吸引力的价位买入。这样一来，择时就变为估值，通过对股票的价值判断来择时。巴菲特也表达过同样的立场："他们不知道入场时机，我也不知道。如果这是一场伴随余生的游戏，你最好早些入场。那些为等待自以为正确时点而徘徊不前的人，是非常错误的。我从未见过任何人能连续把握入场时机。"

　　长期主义有助于平衡赢利与稳定的关系。一方面，市场长期是有效的，以公司价值为锚；短期经常无效，更多受外力干扰。市场长期运行可以克服短期波动的干扰。另一方面，采用长期主义关注公司的内在价值，可以少受市场短期波动的影响，保持良好心态，避免操作失误。采用长期主义，还可以用很多操作来平滑市场的波动，如定投就是一种方法。

　　对于变化与不变、简单与复杂的关系，投资者只要把握市场本质规律，就可以化繁为简，以不变应万变。用看书的过程打比方，学会一本书要经历什么过程？先把书看厚，再把书看薄。投资也一样，先努力学习充实、提高自己，然后回归投资本源。再看这句话："投资的核心是要建立大局观，选择大空间低渗透率的产业大趋势，识别出最具价值的环节里的领先企业，在渗透率快速提升的拐点买入，然后一直持有到行业渗透率达到30%左右的时候，甚至40%～50%，再去寻找下一个产业大趋势。"可以说，深刻领悟这句话就可以处理好变化与不变、简单与复杂的关系，在市场中长久活着，而且活得很好。

　　本书第二章进行过以下总结，值得投资者重视。

- 绝大多数人难以克服人性的弱点并满足赚波动的钱的苛刻要求，因此不具备只通过择时而持久获利的能力。
- 赚公司的钱要对公司有深刻认识，全面分析公司。随着信息获取渠道的丰富，多数人可以较好地获取公司信息，还可以通过学习各种工具来分析公司并估值。
- 在对公司深入分析的基础上，如果掌握一些操作技巧，就可能在选好股的基础上适当择时，提高胜率和效率。
- 自己没稳定风格又懒于学习的做法是完全不可取的。

因此，对多数人都适合的投资体系是：以价值投资为"道"，以技术分析为"术"；以公司价值为锚，以市场波动为船；在深入分析的基础上开展价值投资，恰当利用技术分析技巧；以优秀企业为投资保底（选股），把握市场情绪波动（择时），实现更好的胜率和效率。

第二部分

分析公司的六个工具

股票投资首先要选公司，通过深入认识和理解一家公司来评估公司的现状和预测公司的未来，进而发现其是不是好的投资标的（也就是选股）。目前，股票市场上公司数量众多，不同公司所处的行业和从事的业务五花八门，每家公司的具体情况也各不相同。那么，投资者面对形形色色的公司该如何入手呢？如何才能认识一家公司进而做出评价呢？战略管理的理论和工具总结了不同公司的普遍规律，提供了认识公司的通用方法，可以帮助投资者更好地理解和把握不同的公司。因此，本部分在介绍分析公司的战略三角的基础上，说明如何使用包括五力模型、杜邦分析等在内的六大工具对公司进行分析。

第九章

分析公司的战略三角

战略分析是"战略管理"课程的核心内容。与该课程关注公司战略的制定和执行不同，本书不关注公司应该如何制定战略，也不探究公司应该如何执行战略，而是介绍对公司进行战略分析时常用且好用的六种工具。[⊖]在介绍这些工具前，需要对战略分析的理论基础进行说明，因为理论基础是使用这些工具的前提条件。本章重点介绍战略管理的三大基础理论：产业组织理论、资源基础观和制度基础观。这三个理论关注不同层面，组成了战略三角，是战略分析的基石，三者相辅相成，是使用六种工具前必须打好的基础。

相比于真正地制定和执行战略，战略分析的难度只是零头，甚至连零头都不到。通过一些基本工具，我们就可以对一家公司形成一定的认识；通过组合使用三大理论和六种工具，我们就可以较好地理解一家公司。这是投资者的幸事。但是，战略分析更多是纸上谈兵，比实际操作容易得多。

⊖ 战略管理相关领域更多使用"企业"而不是"公司"一词，如企业战略、企业绩效等。本书多使用"公司"一词，如公司战略、公司绩效，但为保持与现有表述习惯一致，本书也使用"企业"一词。若无专门说明，本书中"企业"和"公司"具有相同含义。

公司管理层在日常经营中需要考量和处理的问题要复杂很多，实际操作难度也大得多。因此，投资者不要沉溺于评价公司的经营策略。如果认为公司的管理层不合格，那么投资者用脚投票就可以了，没必要指望他们改正。

产业组织理论

介绍产业组织理论前，先看表 9-1 展示的部分汽车企业 2004 年的数据（后续年份数据也差不多）。可以看到，汽车企业的利润率有很大差别。这就引出两个问题：为什么汽车企业的利润率会有如此大的差异？福特、大众等企业为什么不生产利润率更高的豪华甚至超级豪华汽车？对这两个问题，产业组织理论给出了很好的解答。

表 9-1　部分汽车企业 2004 年的利润率情况

汽车企业	市场定位	利润率
克莱斯勒、福特、现代、日产、雷诺、丰田、大众	大众汽车	5%
奥迪、宝马、奔驰	豪华汽车	10%
法拉利、兰博基尼、劳斯莱斯	超级豪华汽车	20%

资料来源：彭维刚 . 全球企业战略 [M]. 孙卫，刘新梅，等译 . 北京：人民邮电出版社，2007.

在介绍产业组织理论之前，首先要界定什么叫产业。产业由提供相互密切替代的产品或服务、满足相同基本顾客需求的一组企业所构成，其中满足的顾客需求决定了产业的边界。产业组织理论界定的产业比我们日常所说的产业要小很多。例如，2017 年 4 月 6 日，工业和信息化部、国家发展和改革委员会以及科学技术部印发的《汽车产业中长期发展规划》强调："大力发展汽车先进技术，形成新能源汽车、智能网联汽车和先进节能汽车梯次合理的产业格局以及完善的产业配套体系，引领汽车产业转型升级。"这里的产业是一个广阔的概念。然而，在产业组织理论中，产业的范围小很多。表 9-1 中汽车企业的例子，就根据目标市场的不同分成大众汽车、豪华汽车和超级豪华汽车三个产业，这三个产业所满足的顾客需求不同。同样，虽然都生产白酒，不同企业所满足的顾客需求也常常是截然不同的。

例如，贵州茅台和二锅头满足的顾客需求相同吗？两者存在竞争关系吗？如果简单地认为贵州茅台和二锅头都是白酒，可以放到一起分析，那就大错特错了。

产业界定对分析公司至关重要。例如，可口可乐的竞争对手是谁？估计很多人会回答百事可乐。根据这个回答，可口可乐所处的产业是什么样的？还有增长空间吗？可口可乐还能提高市场占有率吗？可口可乐是一个好的投资标的吗？有人曾告诉可口可乐公司已故的CEO罗伯托·郭思达，可口可乐的市场占有率已经达到极限。郭思达反驳说：可乐消费量在成人的每日平均饮水量中不到2%，可乐的竞争对手是咖啡、牛奶、茶和水。从这个角度出发，对可口可乐所处产业会有不同的界定，得到的结论也不同。同时，产业边界会随着顾客需求和技术变化而变动。例如，在功能手机时代，手机和计算机基本没有交集；现在，手机可以实现很多计算机的功能。

从实用角度出发，投资者不需要知道产业组织理论的来龙去脉等，只需要知道其核心的"结构—管理—绩效"模型。其中，结构是指产业的结构特征，管理是指企业行为，也就是产业结构决定企业行为，进而影响企业绩效。基于该模型，企业要取得好的业绩，就要选择一个好的产业，或在产业中有一个好的定位，因为在不同产业中或处于产业中不同的位置，赚钱的难度是不同的。例如，调味品中的酱油和醋有什么不同？不同人有不同的说法，但一个重要不同就是：醋存在明显的地域特征，而酱油不存在。山西老陈醋和江苏恒顺香醋明显不同，山西人大概率不吃恒顺香醋，江苏人也通常不吃老陈醋。但是，山西人和江苏人都用老抽和生抽，对酱油没有那么明显的偏好。这会产生什么影响？酱油和醋的不同会影响相关公司。考虑到酱油没有地域偏好，无论海天味业、中炬高新（厨邦酱油的制造商），还是千禾味业，都可以既在江苏又在山西卖酱油，实现全国扩张。但是，恒顺醋业受制于地域差异，难以进行全国扩张。这导致海天味业和恒顺醋业在发展、赢利等方面存在不同，而造成不同的最主要原因就是所处产业的不同。

　　除产业外，产业中的独特定位也可以帮助企业取得好的业绩。回到酱油产业：海天味业、中炬高新、千禾味业是 A 股上市的三家公司。海天味业是行业龙头，在市场占有率等方面遥遥领先。中炬高新和千禾味业都采取了相对独特的定位来避免与海天味业的激烈竞争。其中，厨邦酱油主推高品质酱油。市场普遍接受的看法是：酱油的品质取决于氨基酸态氮含量。厨邦酱油的氨基酸态氮含量达 1.3g/100mL，属目前行业最高。随着生活水平的提升和健康意识的增强，消费者越来越注重调味品的营养与健康，千禾味业以"零添加"为特色进行独特定位。相同的例子还有很多，例如白酒行业一直有"老酒"的说法，舍得酒业基于拥有的"12 万吨优质陈年基酒"，打出"每一瓶都是老酒"的口号，以建立独特定位。

　　投资者怎么用产业组织理论呢？一个典型例子是近两年流行的"赛道论"。雷军有句话：站在风口，猪都能飞上天！这意味着：选择一个好行业，想不赚钱都难。有人总结了高瓴资本的投资方法，也诠释了产业组织理论的威力。高瓴资本擅长生物医疗、医药消费、TMT（科技、媒体、通信）、高端制造四个赛道。这四个赛道具备高净资产收益率、高资本回报率的特点，在美股、港股、A 股市场都产生了非常多的牛股。高瓴资本的投资方法是赛道投资法：押注成长赛道的头部公司。高瓴资本在 2016 年投资了四家创新药的头部公司：百济神州、恒瑞医药、君实生物、信达生物，收益均在 2 倍以上。近几年的锂电池、光伏、风电、新能源车、医美等赛道都获得了较好的发展。因此，投资者用产业组织理论的一个方法就是：选择好的产业，选有风的产业。那么，怎么选择好产业呢？第十章至第十五章会提供具体指导。

资源基础观

　　产业组织理论认为产业决定了企业业绩。那么，同一产业中的企业业绩为什么也会有巨大差异？如果所处的产业不好，企业该怎么办呢？这些问题产业组织理论都无法给出答案，也就引出了战略管理的第二个理论：

资源基础观。

　　表 9-2 列出了 2008 年国内主要公募基金公司的情况，包括基金数量、管理基金总规模、管理基金平均规模。基金公司的主要收入是基金管理费，管理规模越大，赚取的管理费越多。为保证投资活动的开展，基金公司需要建立投研平台、支持后台等，这些平台可以支持很多基金产品。因此，基金公司存在规模效应。通过表 9-2 中的数据可以发现：不同公司的管理基金总规模、平均规模都存在巨大差异。

表 9-2　2008 年基金公司的管理基金规模情况

基金公司	基金数量/只	管理基金总规模/亿元	管理基金平均规模/亿元	基金公司	基金数量/只	管理基金总规模/亿元	管理基金平均规模/亿元
博时基金	13	2 140	164	长城基金	8	577	72
华夏基金	15	2 111	140	工银瑞信	7	545	77
易方达	15	1 822	121	富国基金	11	543	49
嘉实基金	13	1 821	140	中邮创业	2	534	267
南方基金	13	1 814	139	招商基金	8	531	66
广发基金	6	1 209	201	交银施罗德	5	495	99
景顺长城	7	1 118	159	光大保德信	4	373	93
银华基金	9	1 093	121	国投瑞银	5	361	112
华安基金	10	1 026	102	长信基金	4	354	88
鹏华基金	11	895	81	长盛基金	8	349	43
融通基金	10	884	88	兴业基金	4	348	87
大成基金	11	827	75	海富通	7	679	97
上投摩根	7	795	113	泰达荷银	8	264	33
诺安基金	5	754	150	建信基金	4	304	76
华宝兴业	9	749	83	友邦华泰	4	287	71
汇添富	4	689	172	中海基金	3	283	94
中银国际	4	303	75				

注：目前市面上基金公司的产品太多，有些特征不够明显，典型性不如 2008 年的数据。

　　资源基础观关注企业拥有和可以使用的资源，认为企业由各种资源构成，这些资源包括但不限于现金等财务资源、厂房设备等实物资源、专利技术等知识资源、各种人力资源、品牌声誉等无形资源、联系外界的社会资源等。这些资源有两个特点：异质性和不可流动性。异质性是指每家企业的资源是不同的。例如，两家企业都有由 30 名博士构成的科研团队，是重要的人力资源。但是，博士团队中的人是有差异的，因此两家企业的人力资源并不相同。不可流动性是指一家企业的资源并不能轻易地被另一家企业获得；即使获得了，资源价值也会发生变化。例如，上面一家企业要挖另一家企业的某位博士，这个挖角并不会轻易成功；即使成功了，挖去的那位博士的价值也会变化，因为他的价值不仅取决于他自己，还和所在的科研团队、科研平台、签订的工作任务、两家企业的文化氛围等因素有关。因此，资源并不能在企业间很好地流动。

基于资源的异质性和不可流动性特点，资源基础观强调企业竞争优势和业绩取决于它拥有与可以使用的资源。企业要取得长期竞争优势和高水平绩效，资源必须有价值、稀缺、难于模仿和不可替代、被有效利用。首先，资源必须有价值，如果没有价值，就不能建立竞争优势、创造利润。例如，一家公司能靠售卖空气赚钱吗？正常情况下不能，因为正常情况下空气的经济价值非常有限。因此，能帮公司赚钱的资源要有的第一个特征是有价值。

资源有价值就够了吗？能保证企业获得好业绩吗？答案是：不够、不能。例如，水是生命之源，某公司拥有大量的水，能靠卖水取得好的业绩吗？水是有价值的，公司也对水进行利用，生产纯净水。那么，公司可能会获得行业平均业绩。水虽然有价值，但不稀缺，大量公司可以生产纯净水。公司依靠拥有的水只能建立竞争平价，而不能获得高于行业平均水平的业绩，核心原因就是资源不稀缺。相反，如果公司位于沙漠地区，大概率能有好的业绩，因为在沙漠地区水是稀缺资源。因此，帮公司赚钱的资源要有的第二个特征是稀缺。

有价值和稀缺的资源可以帮企业赚钱，但企业要持久赚钱，资源必须有第三个特征：难于模仿和不可替代。继续上面的例子，这家公司在沙漠地区有大量的水，是因为发明了一种海水淡化技术，可以非常便宜地淡化海水。依靠这项技术，这家公司可以赚取大量利润。但某一天，海水淡化技术被模仿了，其他公司发明了类似技术，可以以更低的成本淡化海水。

随着新公司进入，这家公司的业绩必然下滑，赚取的利润也会越来越少。相反，如果海水淡化技术无法被模仿，也不可被其他技术替代，这家公司就可以长久保持赚钱能力。因此，有价值、稀缺、难于模仿和不可替代的资源，可以帮助企业建立长期竞争优势，持续获得高水平业绩；仅仅有价值、稀缺的资源，只能帮企业建立短期竞争优势，短时间内获得好的业绩。

资源的第四个特征是可以被有效利用。如果没有被有效利用，资源并不能帮助企业赚钱。例如，公司发明了低成本海水淡化技术，但并没有利用这项技术（申请完专利就扔在一边了），或者没有很好地利用这项技术（如把淡化的海水当成中水出售，而不是更赚钱的纯净水），那业绩也会不尽如人意。因此，帮企业持久赚钱的资源必须被有效利用。

综上所述，资源基础观认为有价值、稀缺、难于模仿和不可替代、被有效利用的资源可以帮企业建立长期竞争优势，持续取得好的业绩。企业资源与绩效的关系如表9-3所示。

表9-3　企业资源与绩效的关系

有价值	稀缺	难于模仿和不可替代	被有效利用	竞争意义	企业绩效
否	—	—	否	竞争劣势	低于平均水平
是	否	—	是	竞争平价	平均水平
是	是	否	是	短期竞争优势	高于平均水平
是	是	是	是	持续竞争优势	持续高于平均水平

掌握资源基础观能帮投资者发现优秀公司，以个股为例进行说明。赤水河的独特环境、茅台品牌等都是贵州茅台拥有的有价值、稀缺、难于模仿和不可替代、被有效利用的资源，使贵州茅台卖出了最贵的"水"。农夫山泉重要的竞争优势之一就是占据了基本均匀覆盖主要消费市场的10个优质水源地。其他公司的水源地要么少，要么集中于少数地区，产品铺向全国会有巨大的运输成本。因此，通过对优质水源地的均匀布局，农夫山泉的水资源不仅有价值、稀缺，而且难于模仿和不可替代（后续有可能被模仿）。同样，云南白药、片仔癀的国家绝密配方，为两家公司打下了良好

的资源基础。类似例子还有很多，而且这些公司的资源可能不是那么明显。例如，有些化药企业的资源是受到专利保护的创新药，有些化工企业的资源是秘而不宣的工艺。泰和新材在 2022 年 1 月 10 日的投资者关系活动中表示："芳纶的技术门槛和市场门槛非常高，我们在 2008 年对对位芳纶进行中试，2011 年开始产业化，但一直到 2017 年技术和产品才完全达到我们自己的要求。"也有企业的资源是文化、组织机制等"看不见、摸不着"的东西，但这些资源发挥了比"看得见、摸得着"的具体资源更大的作用。

在实际操作中，投资者可以从资源基础观强调的四个特征寻找投资标的。需要强调的是，由于资源基础观被越来越多的投资者使用，具有显性资源优势的公司通常被投资者所熟知，很难获得超额收益，因此，更需要发现并不是依赖某一个或某一种资源，而是综合运用很多资源形成优势进而获得成功的公司。这些公司的资源优势难以识别，也难以被模仿。例如，鸿路钢构通过内部培训机制等，具备了行业领先的成本管控能力，盈利能力明显高于行业平均水平；密尔克卫具备了行业领先的危化品物流安全管控能力。这些公司的资源优势难以被识别和模仿，但通过对公司进行具体分析是可以发现其独到之处的。那么，怎么才能识别公司的优势资源，发现有资源优势的公司？后续介绍的工具会有帮助。

制度基础观

除了行业特征和企业资源，制度也会对企业产生重要影响。我国是一个重视教育的国家，教育培训支出在家庭日常开销中占据了很大的份额。在这样的环境下，教育培训集团新东方走出了长牛趋势，从 2015 年 9 月的不到 20 美元涨到 2021 年 2 月的近 200 美元。2021 年 7 月，国家出台"双减"政策，对教育培训进行严格限制，新东方的股价大幅跳水（见图 9-1）。新东方的走势很好地体现了制度对企业的影响，引出了战略管理的第三个理论：制度基础观。

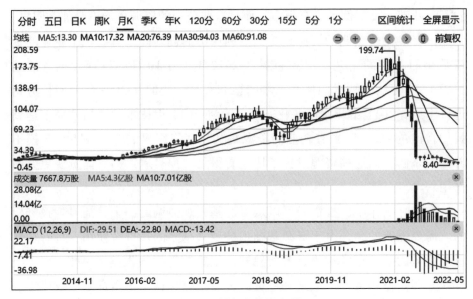

图 9-1 新东方的月 K 线

再看集中采购（以下简称"集采"）制度对医药企业的影响。在医药行业，很多药品的"消费者"三分离。开药的是医生（消费决定者），决定吃哪些药；吃药的是患者（消费者），是消费的人；买单的是医保（消费支付者），是花钱的人（也有很多自费药和没医保的人）。这种分离造成药品价格畸高。为解决价格畸高问题，国家医保局进行药品集采。首先，国家医保局试点"4+7"集采，对 4 个直辖市和 7 个主要城市公立医院药品需求量的 70% 进行招标，价低者得到这个份额（实际要复杂很多）。面对国家医保局的巨大购买量，相关药企进行价格"血拼"。比如乙肝常用药恩替卡韦，"4+7"以前原研药价格是 26 元 / 片，仿制药最低近 10 元 / 片。"4+7"集采时，中标的正大天晴报价 0.62 元 / 片，降幅超 90%。"4+7"试点后，国家医保局推行全国集采，恩替卡韦的中标公司是苏州东瑞，中标价格是 0.18 元 / 片。价格变化来自集采制度。集采对医药企业产生了巨大影响，很多医药公司的业绩都大幅下滑。股票市场上，长期被看好的"喝酒吃药"也变成了"只喝不吃"，有些股票甚至开启连续跌停走势，可见制度对企业的巨大影响。

制度基础观将制度定义为：人为制定的社会运行规则。制度包含正式和非正式制度。其中，正式制度是以某种明确的形式被确定下来的规则，如各种法律、法规、政策等；非正式制度是指对人的行为不成文的限制，主要是社会文化、传统、习俗等，被大众普遍接受，影响社会运行。制度基础观关注制度对企业的影响，核心观点有：企业会对制度做出理性反应，有些企业还会主动影响制度。

第一，企业会对制度做出理性反应。例如，政府出台法律提高污水排放标准，企业会怎么做？有些企业会采用新污水处理设备，保证排放达标；有些企业会选择停止运营，因为新标准会导致成本大幅上升产生亏损；也有些企业会采取偷排的方式应对。不管企业做出什么选择，都是它们认为对自身经济利益最好的做法。

第二，企业可以主动影响制度。利用制度已成为很多企业的做法，例如积极参与行业标准制定，通过制定行业标准来降低行业竞争。某知名乳品企业就是行业标准主要制定者，通过不断提高行业标准，将很多小企业挤出市场，从而提高自身市场占有率。2021年下半年多省份的拉闸限电，表面看是煤电企业间的矛盾，何尝没有火电企业试图改变电价定价机制的目的在里面。

同样的制度对不同企业可能有不同影响，而且影响可能很复杂，甚至与预期目标不一致。例如，我国的供给侧结构性改革使得很多高污染、高能耗企业被淘汰出局，而这对行业龙头有重大利好，因为加快了行业出清，提高了行业集中度。当年争议颇大的家电下乡政策，虽然刺激了需求，但也有人认为该政策延缓了对落后产能的淘汰，反而利空行业龙头。总之，制度会对企业产生重大影响，而且该影响绝非表面反映得那么简单，需要进行更加具体、深入的分析。

制度是投资者必须关注的因素，无论分析企业，还是研究市场趋势，都必须把握制度的影响。投资者可以从多方面利用制度基础观。

- 关注宏观政策，尤其是货币政策、财政政策等，因为这些政策不仅影响宏观经济环境，也对企业产生影响。例如，提高利率会增加高财务杠杆企业的成本，对这些企业形成利空。

- 关注长期、持续性政策。碳达峰、碳中和这一"双碳"目标会持续产生影响，除了直接受益的新能源企业外，很多企业会间接、逐渐受益。例如，生产能效水平更高压缩机的企业，随着"双碳"目标的推进也大概率受益。然而，这些间接受益企业还没被市场发掘，何尝不是后续投资机会。
- 选择制度长期鼓励方向的企业。
- 分析企业对制度的应对，选择积极应对型企业。例如，集采及后续的指导文件，有利于推动医药企业向创新方向转型，积极转型的医药企业是更好的选择。
- 关注主动影响、利用制度的企业。

战略三角：三种理论的融合

产业、资源、制度都对企业有重要影响，而且会共同作用。例如，集采政策使很多药企的仿制药失去了价值，供给侧结构性改革使有成本优势的企业更受益。因此，对企业的分析不能仅用一种理论，而要将三种理论结合起来进行全面、系统的分析，这样才能真正发现企业的价值。例如，光伏需求爆发，谁真正受益？硅料企业。光伏产业链分为硅料、硅片、电池、组件、应用产品五大环节。受光伏抢装潮影响，2020 年我国光伏新增装机 48.2GW，同比增长 60%；2021 年光伏装机量持续增加，硅料供不应求，价格跳涨。光伏行业历史上多次出现"拥硅为王"的局面，直接原因都是短期需求超预期而供给没跟上。硅料作为技术／资金壁垒高、产能刚性且扩产周期长的环节，叠加例行检修、生产事故等不确定因素，比其他环节更容易出现因供不应求而涨价的情况。仅考虑制度因素，投资者会重点关注应用产品环节的企业，并不会想到硅料环节。硅料环节需要运用产业组织理论来发现。硅料环节的哪家企业最受益？这就需要运用资源基础观来分析了。同样，新能源汽车需求增长导致电池需求急剧增加，哪家企业最受益？是锂电池王者宁德时代，还是上游锂矿企业？这些问题都要综合运用产业组织理论、资源基础观、制度基础观回答。

由产业组织理论、资源基础观、制度基础观构成的战略三角，有强大的分析能力。投资者可以综合利用战略三角对企业进行分析。为了更好地利用战略三角，一方面，需要理解三种理论的基本观点，从不同角度进行分析；另一方面，需要掌握后续介绍的从这些理论衍生出来的六种工具，提高实际运用能力。

第十章

解析外部力量的五力模型

分析公司时用得最多的工具是五力模型和杜邦分析。投资界资深人士也经常提到这两种工具最好用。例如，高毅资产董事长邱国鹭在《投资中最简单的事》一书中这样写道：

> 我的投资理念很简单：在好行业中挑选好公司，然后等待好价格出现时买入。与之相对应的投资分析工具也同样简单。①波特五力分析。不要孤立地看待一只股票，而要把一个公司放到行业的上下游产业链和行业竞争格局的大背景中分析，重点搞清三个问题：公司对上下游的议价权、与竞争对手的比较优势、行业对潜在进入者的门槛。②杜邦分析。弄清公司过去五年究竟靠什么模式赚钱，然后看公司战略规划、团队背景和管理执行力等是否与其商业模式一致。③估值分析。通过同业横比和历史纵比，加上市值与未来成长空间比，在显著低估时买入。这"三板斧"分别解决的是好行业、好公司和好价格的问题，挑出来的"三好学生"就是值得长期持有的好股票了。

本章介绍五力模型，第十五章会说明杜邦分析，估值是第三部分的内容。与现有战略管理教材的出发点不同，本章从投资者角度说明五力模型及如何应用。

五力模型的框架

五力模型源于产业组织理论，如图10-1所示，有五种力量决定了产业竞争状况，影响产业吸引力和盈利情况，进而影响企业战略和绩效。这五种力量分别是：替代者的威胁、竞争者的威胁、新进入威胁、顾客的讨价还价能力和供应商的讨价还价能力（不分先后）。

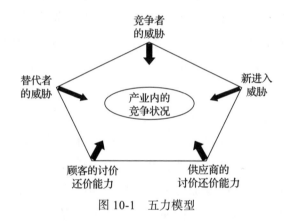

图10-1 五力模型

替代者的威胁

替代者的威胁关注企业的产品或服务是否会被其他企业的产品或服务所替代。如果被替代的威胁小，来自替代者的威胁就弱，行业竞争就处于较好的状况，企业盈利也较好；如果被替代的威胁大，来自替代者的竞争就强，行业竞争就比较激烈，企业盈利也会受到影响。这使替代者的威胁比较低的行业更有吸引力，也更容易赚钱。

例如，京沪高铁开通前，北京到上海的主要交通工具是飞机和火车。

飞机大概飞行两个小时，从北京市区到首都机场要预留两三个小时的时间，虹桥机场落地后一个小时可以到达上海主要地区。因此，从北京金融街到上海陆家嘴全程大概要六七个小时。Z 或 T 字头火车大概要十四五个小时，加上去北京火车站及上海火车站到目的地的时间，全程大概十七八个小时。飞机和火车存在明显的时间差，对很多旅客尤其是商务旅客而言，用火车代替飞机不是一个好的选择。在很长一段时间内，京沪航线是国内最繁忙也最赚钱的航线，机票的折扣很少。而现在，京沪高铁最快只要四个多小时可以跑完全程，加上北京市区到北京南站及虹桥火车站到上海市区的时间，七个小时就差不多。高铁比飞机更准时、乘坐更舒适，已成为很多人往返京沪的首选。因此，高铁对飞机产生了很强的替代威胁。最直接的结果是，机票折扣从"八折很少见"变成了"四折很常见"。虽然京沪航线仍是国内最繁忙的航线之一，但航空公司在京沪线上的盈利由于高铁的冲击而明显下滑。由此可见，替代者的威胁会严重影响企业的盈利。

现实中，产品或服务替代对产业和企业造成影响的例子比比皆是。评估替代关系的核心是：提供的产品或服务满足同样的需求。例如，方便面在一定程度上被外卖替代，因为外卖和方便面都可以满足时间紧张等情况下吃饭的需求。很多饮料被饮品店替代，因为饮料和饮品店满足的需求是一样的。新能源汽车的出现加速了替代燃油车的趋势，功能手机和数码相机已经被智能手机所替代，手机和计算机间也出现了一定的替代关系。上海机场以前的核心利润来源是免税业务，2016—2019 年上海机场免税租金收入平均增速 28%，2019 年免税收入占总营业收入的 37%，利润占比达 56.8%。受到海南离岛免税政策和新冠疫情的影响，上海机场免税业务遭受冲击。2020 年，上海机场与中国中免修订合同，签署了《上海浦东国际机场免税店项目经营权转让合同之补充协议》（简称《补充协议》），该协议的核心是将提成和国际客流量挂钩，如果客流量过少可以少交租金。《补充协议》直接导致上海机场的估值逻辑发生变化，股价大幅下跌。上海机场能接受《补充协议》也与海南离岛免税店对机场免税店的替代有密切关系。

　　替代品对盈利的侵蚀程度取决于买方在替代品与原产品间选择的偏好，这种偏好主要体现在功能或经济性上。例如，现在的代糖食品，特点是不加糖而有甜味，包装上通常标着无糖。由于代糖宣称"甜得更健康"，因此被广泛用于食品行业，对糖形成替代威胁。股票市场的相关公司如金禾实业，不论业绩还是股价都受益于代糖的替代趋势。经济性因素也影响替代关系。例如，电动车代替燃油车是多重原因共同推动的结果，其中成本差异是一个重要原因。

　　投资者在用替代者的威胁分析企业时，需要重点关注四个方面。

　　第一，关注替代关系的不同主体。替代关系的出现，对替代企业往往意味着利好，对业绩和估值都有提升作用；对被替代企业往往意味着利空，对业绩和估值都会产生负面影响。2022 年 2 月 8 日，特斯拉总市值9528.94 亿美元，丰田总市值 2774.59 亿美元，市值的巨大差距与电动车替代燃油车的趋势密不可分，替代者享受了更高的业绩增速和估值，被替代者则在市场上处于不利位置。

　　第二，关注替代的范围和幅度。替代关系的范围和幅度不同，有些替代是大范围甚至完全替代，会对整个产业和相关企业产生深远甚至颠覆性影响。例如，智能手机基本上完全替代了功能手机，导致功能手机时代玩家集体没落（三星除外），也使得新手机厂家崛起。有些替代关系只会在一定范围内产生，或者发生一定幅度的替代。例如代糖与糖，目前来看，代糖会在一定范围内、一定程度上替代糖，不会大范围地取而代之。对代糖企业进行分析与估值时，用代糖会大规模替代糖的假设来估计市场规模，进而估计企业盈利就是错误的，会出现高估。人造肉、预制菜等，在可见时间内，它们的替代作用在范围和幅度上都是有限的。然而有报道称："2021 年，中国预制菜市场规模为 3459 亿元，按每年 20% 的复合增长速度估算，未来 6～7 年预制菜市场或超万亿元规模，长期来看预制菜市场有望实现 3 万亿元以上的规模。"这明显是过高的估计，会对预估企业业绩造成误导。

　　第三，关注替代的速度和频率。有些替代会在短时间内完成，有些需要较长时间。替代速度会影响被替代企业能否有足够的时间转型，进而对相关企业产生影响。例如，智能手机在较短时间内完成了对功能手机的替代，给功能手机企业留下的转型时间非常短，造成大量功能手机企业倒闭，也使智能手机企业迅速崛起。相反，有些替代需要较长时间，给被替代企业较充裕的时间转型。例如，新能源汽车替代燃油车已是大势所趋，世界各国纷纷给出禁售燃油车时间表，燃油车企业有较长的转型时间。投资者可以利用这个时间观察和分析，发现投资机会。市场可能过度担心被替代企业，给企业过低估值，当发现被替代企业在进行有效转型时，就有好的投资机会。

另外，投资者要关注替代的频率，因为有些产业替代经常发生，而有些产业替代事件却很少。比如电视机产业，过去 20 年发生了多次替代，从 CRT 到等离子再到液晶电视等。多轮替代给企业带来了沉重负担，不进行固定资产投资更新换代，就会被市场淘汰；进行大规模的更新换代后，不仅会背上沉重的债务负担，而且更新的资产还没怎么用，就出现了替代技术。相反，空调、洗衣机等家电产业，技术虽在进步，却没有频繁的替代威胁，企业不需要频繁进行大规模固定资产投资，使得白电企业的经营比电视机企业好很多。投资者要远离频繁被替代的产业和企业，选择替代频率低的产业和企业。

第四，关注各种潜在的替代关系。科学技术快速发展，各种新事物层出不穷，各种潜在的替代关系可能突然出现，进而对产业和企业产生影响。因此，投资者要关注潜在的替代关系，尤其有明确趋势，只是短时受制于功能或经济原因还没有发生的替代。例如，从性能来看，氢燃料电池有巨大优势，会对锂电池在一定范围内产生替代。受制于产业链发展，包括制氢成本、存储、运输等因素，氢燃料电池目前使用范围小。但与此同时，通过观察技术不断进步、大量政策支持、行业巨头深度介入等因素，可以判断在可预见的未来，氢燃料电池会在经济性上出现竞争力，形成对锂电池的替代。投资者对这种较明确的替代关系应保持关注，在替代关系拐点明确时进入，可以获得好的投资收益（不要提前进入，因为拐点什么时候出现、哪些企业会做得更好都无法预知。等拐点出现、表现优异的企业清晰浮现时再投资，是更好的选择）。

　　总之，替代者的威胁是五力模型中的一个重要力量，会对产业和相关企业产生影响。投资者通过关注替代关系的不同主体、范围与幅度、速度与频率、潜在关系等，进行细致分析后就有可能发现好的投资机会。

竞争者的威胁

　　五力模型的第二种力量来自竞争者的威胁。多数产业中，企业间的竞争直接影响产业及企业的盈利状况。例如，PC（Personal Computer，个人计算机）产业竞争激烈，企业的边际利润通常微薄；相反，操作系统主要是微软一家企业，CPU（Central Processing Unit，中央处理器）是英特尔和AMD两家企业，竞争激烈程度弱很多，也使这些企业的盈利状况好很多。家电行业中，白电的空调、洗衣机、冰箱及厨电的油烟机等细分产业，都存在龙头企业，产业中竞争相对有序，企业的盈利状况也相对较好；黑电中的电视机等，企业众多，产品差异不明显，企业间竞争激烈，盈利状况也差很多。医药行业也一样，创新药有专利保护，面临的竞争较弱，企业的盈利状况也较好；相反，生产仿制药的企业很多，主要竞争手段就是比价格，尤其在集采后，企业盈利大幅下滑。

　　在分析竞争者的威胁时要关注四个要素：产品间的差异化程度、竞争对手的数量和力量对比、产业增长率、固定成本水平。

　　一是产品间的差异化程度。产品间的差异化程度低，不存在明显区别，相互之间就存在明显的竞争关系，使企业面临的竞争激烈。相反，企业产品和其他企业产品的差异化程度高时，这家企业可以通过产品差异把自己和竞争对手区分开来，避免激烈竞争。例如，虽然苹果手机和安卓手机存在竞争关系，但两者存在明显差异。相反，各种安卓手机，如华为、小米、OPPO等，它们的差异化程度弱很多，使安卓阵营内存在激烈竞争。根据Counterpoint报告，2022年第四季度，苹果手机出货量虽然只占全球手机市场的 18%，却占全球手机市场 85% 的利润。

二是竞争对手的数量和力量对比。竞争对手的数量越多，竞争越激烈；竞争对手越少，企业间的竞争越克制，还可能形成勾结或达成默契，降低产业内的竞争，进而使各家都获益。另外，竞争对手的力量对比也影响竞争状况。如果企业实力接近，更可能开展竞争；企业实力差距悬殊，实力弱的企业不敢或没能力与实力强的企业竞争，实力强的企业也没有意愿与实力弱的企业竞争。但是，实力强的企业会对挑战者发动竞争，维护自己的市场地位和优势。因此，竞争对手的数量和力量对比会导致不同的竞争格局，使企业面临不同的竞争者的威胁。

三是产业增长率。不同产业有不同的增长情况，有些产业的需求增长快速，如现在的锂电池和新能源车；有些产业的需求增长较缓慢；有些产业的需求维持稳定，没有增长；有些产业的需求萎缩，出现负增长。在这些产业中，企业间的竞争状况也会不同。在快速增长的产业，企业的主要任务是满足爆发式增长的需求，各家企业不需要通过激烈竞争来争夺市场份额。在没有增长的产业，某企业的市场份额提高必然导致其他企业的市场份额下降，如同各企业切蛋糕，蛋糕是固定的，你多切一点我就少一点。企业为了市场份额会展开激烈竞争，尤其当有企业意图提升市场份额时。在萎缩的产业，市场规模在缩小，为维持自己的销售额，企业要抢其他企业的市场份额，竞争最激烈。也就是，产业增长率常和竞争激烈程度呈负向关系，增长率高的产业竞争不激烈，萎缩产业竞争最激烈。

四是固定成本水平。固定成本水平决定了企业退出的难度。假设一家企业由于多种原因，一直处于亏损状态，有退出市场的计划。但是，这家企业的固定资产投入很大，处置固定资产的难度大，而且处置的损失也大，因此这家企业会选择维持经营而不是退出，尤其当企业的收入大于可变成本时（成本中去掉固定成本的部分）。当产业中的企业固定成本都高时，这些企业由于难以退出都选择继续经营，就造成产业竞争激烈，甚至出现全面亏损，比如钢铁、煤炭、火电、航空等产业的企业很难退出市场。相反，固定成本低的企业可以容易地退出。例如软件企业，其固定成本主要是一些计算机和办公室设备。当企业亏损或不想继续经营时，企业退出难度低且成本不高。在这样的产业中，市场竞争激烈程度会随着企业退出而降低。

为应对竞争者的威胁，企业会采取各种方法，尤其是通过差异化产品和服务来降低顾客转向竞争者的可能（影响产业竞争强度的四个因素中，产品间的差异化程度对企业最可控）。例如，企业通过会员计划提高顾客黏性，减少顾客转向竞争者的可能，包括航空公司的常旅客计划，银行给顾客办理金卡、黑卡，等等。企业还通过品牌等建立顾客忠诚，减少被替代的可能。企业还会尽可能地给顾客提供满意，如更新的款式、更舒适的购物体验、更优质的服务、更低的价格等。但是，这些策略会提高企业的成本，影响企业的盈利能力。

投资者在分析企业时要关注竞争者的威胁情况，选择竞争者威胁小或能降低竞争者威胁的企业。例如，高端白酒主要有贵州茅台、五粮液和泸州老窖。贵州茅台作为一个特殊的存在，面临的竞争者的威胁小很多。五粮液和泸州老窖之间的竞争更明显，两者还要面对其他企业高端产品的挑战，如水井坊的菁翠、今世缘的国缘 V9 等。品牌效应弱化使中端白酒间的竞争更激烈。低端白酒市场的消费者主要关注价格，使低端白酒竞争白热化。随着消费升级，白酒行业有"少喝酒、喝好酒"的说法，低端酒也开始关注品牌。同时，一些知名酒企也加入低端酒竞争，推出光瓶产品，如山西汾酒的玻汾、舍得酒业的 T68 等。最后形成高端白酒靠品牌、中端白酒看渠道、低端白酒看成本的局面。因此，从竞争者的威胁出发，投资者在分析白酒企业时就必须注意高、中、低端白酒的差异。

投资者利用竞争者的威胁开展分析时，最需要关注的是市场结构，也就是市场上的竞争状况。现实中，常见的市场结构有一盘散沙、一超、一超多强、双龙头、群雄逐鹿等。对于不同的市场结构，投资者应有不同的投资策略。

在一盘散沙的市场结构中有大量的企业相互竞争，但没有龙头企业或鹤立鸡群者，这可能是由产业处于早期发展阶段或行业特点决定的。例如，团购出现时，大量企业如雨后春笋般出现，形成了"千团大战"的格局。服装产业出于流行趋势变化快、产品难以建立差异度、品牌形成需要时间积累等多方面原因，少有龙头企业或鹤立鸡群者。对这样的产业，投资者最好的选择就是等待或回避。在产业早期，无法判断"千团大战"的最终胜利者是谁。等产业格局改善，龙头企业或鹤立鸡群者显现时，再进行投资就可以很好地享受产业和企业发展的红利。同样，长期处于一盘散沙的市场结构中的企业赚钱不容易，很难出现长期大牛股（有，但很少，需要企业有独特的定位和很强的实力），因此更好的策略是回避。

一超的市场结构是指产业内只有一个主要玩家，在垄断行业或存在网络效应的行业中容易出现。例如，微软、腾讯等企业是得益于网络效应成为一超的。理论上一超赚钱很容易，优势地位也容易长期保持。但实际上一超分两种情况。一种是关系国计民生的公共服务企业，面临政府限价问题，如电、自来水等的价格都是政府限价，赚钱并不轻松，也不是好的投资标的。另一种是靠网络效应通过竞争成为一超的企业，赚钱较容易，面临的最大风险就是反垄断。因此，这些企业赚钱也相对克制。同时，如果受到反垄断关注，企业估值会面临巨大压力。一超企业是不错的长期投资标的，最好的介入时机是反垄断末期，政策风险充分释放后，股价大概率会出现黄金坑。

对于一超多强的市场结构，需要重点考虑产业增长情况和上下游的讨价还价能力。产业快速增长时，一超和多强都致力于满足爆发的市场需求，大幅扩产；增速下滑后，一超和多强会激烈争夺市场份额，同时大幅扩产容易导致产能过剩，加剧企业间的竞争。另外，上下游的讨价还价能力也影响行业竞争。例如，在一超多强的市场结构中，有影响力的上下游企业会致力于培养多强，提高多强的竞争力，进而提高对一超的讨价还价能力。苹果公司就对供应商提供帮助，使供应商的实力相对均衡，然后采取二供打一供，三供打一、二供的方法，压低供应商的讨价还价能力。宁德时代当前就面临如此情况，下游整车厂商扶持其他电池企业，提高其他企业的竞争能力。比如小鹏汽车曾表示，宁德时代的电池价格涨幅太大，为应对成本上涨压力，未来会逐渐将宁德时代的电池换为中航锂电的电池。因此，面对一超多强的格局，投资时必须关注行业增长情况和上下游的讨价还价能力，规避由于行业增速下降或上下游采取行动而导致的业绩与估值的双杀。

双龙头的市场结构通常出现在稳定产业中，龙头企业在市场竞争中脱颖而出，有强劲的竞争力，如空调行业的格力、美的。由于龙头企业竞争多年，互相了解，也知道自己无法战胜对手，因此更愿意采取偃旗息鼓的策略，很少主动发起竞争，而将更多精力用于清扫残兵剩将及扼杀新的挑战者。同时，两家企业也容易达成默契，通过提价等方式来提高盈利水平。双龙头是一个相对稳定的市场结构。这种结构形成以后，通常会出现好的投资机会。例如，2005 年，空调产业基本形成了格力和美的双龙头结构，两者的盈利能力大幅提升，股价也走出了长牛走势。

在群雄逐鹿的市场结构中，企业间的竞争很激烈，需要长期厮杀才会出现最后的赢家，而且最后赢家难以判断。对这种局面，投资者最好选择等待。需要注意的是，由于一些原因，存在一些表面看似群雄逐鹿实际却是诸侯割据的局面。例如，啤酒企业和水泥企业都因运输成本存在竞争半径问题，这使很多区域内存在龙头的啤酒和水泥企业，区域内的竞争不激烈。对这种局面，投资者要区别对待。

在考虑竞争者的威胁时，投资者需要关注龙头企业，因为行业集中度提升是一个大趋势。市场以前认为相对于行业老大，老二和老三更有弹性，投资价值更大。近年来，这种思路效果并不好，因为行业逐渐向龙头集中，竞争力强才会成为龙头。

新进入威胁

新进入威胁是五力模型中的第三种力量，关注是否有新企业进入该产业，进而影响产业内的竞争状况和企业的盈利能力。新进入威胁低的产业，新企业难以进入，产业竞争格局会比较好，企业间的竞争不激烈（因为难进入，产业内的企业数量不多，企业相对稳定且相互了解，不容易发生激烈竞争)，使得企业的盈利更有保障；相反，在新进入威胁高的产业中，当产业的盈利状况较好时，会有大量企业进入，引起产业内的激烈竞争，降低产业的盈利能力。

大飞机产业目前主要有波音和空客两家企业，竞争格局稳定，两家企业的盈利状况也比较好。2008 年 5 月 11 日成立的中国商飞是产业的新进入者。直到今天，中国商飞的首款大飞机 C919 还没有正式投入运营。如果没有强大股东的支持，很难想象哪家企业可以承受如此巨额的前期投入和漫长的开发进程，这也恰恰体现了大飞机产业的进入难度。相反，服装产业的竞争异常激烈，大量服装企业没有品牌，都是给知名企业代工，导致企业间主要的竞争方式就是价格，利润微薄。2005 年在中国市场曾流传一句话："八亿件衬衫才能换一架飞机。"那时廉价的中国衬衫每件利润只有 2.4 元，而一架空客 A380 飞机值 2.4 亿美元。可见生产衬衫的企业利润有多微薄，而这么微薄的利润和产业进入壁垒低有着必然的联系。

类似的例子还很多。比如，2004 年，福特、现代、日产、丰田、大众等面向大众市场车企的利润率大概只有 5%，而法拉利、兰博基尼、劳斯莱斯等超级豪华汽车企业的利润率大概有 20%。为什么汽车企业利润率有如此大的差异？福特、大众等企业为什么不生产利润更高的超级豪华汽车？新进入威胁可以提供一些答案。相对于超级豪华汽车产业而言，大众汽车产业进入相对容易。为什么？先不考虑技术等因素，只考虑品牌。两辆性能一样的跑车，一辆是法拉利，另一辆是丰田，不差钱的买家会选择更出名的法拉利。这也是国内自主品牌车企，无法轻易进入豪华车产业的原因：品牌难以树立。另外，丰田、本田等车企为了进入豪华车产业，都使用了新的品牌，如雷克萨斯、讴歌等。受品牌的影响，大众辉腾销量很不好，被迫停产。据报道，"大众辉腾从诞生到停产，给大众集团亏损了160 亿元"。可见，豪华车产业进入壁垒很高，大众汽车产业壁垒低很多。这个壁垒不光是技术因素造成的，品牌等更难突破的因素也会使壁垒长期存在。

哪些因素影响新进入威胁？如何帮助产业内的企业限制新企业进入，又如何帮助企业进入新的产业呢？这都与进入障碍相关。进入障碍有七个主要来源。

规模经济。当规模化生产某产品能带来更低的平均成本时，该产品就具备规模经济。例如，液晶生产线投资巨大，需要几十亿元，甚至上百亿元。如果产量巨大，生产线投资可以分摊到大量的产品中，使每单位液晶产品分摊的成本很小；如果产量有限，每单位液晶产品需分摊的生产线投资金额就很大，成本很高。因此，液晶面板生产存在规模经济。由于规模经济，新进入者做到与现有企业在成本方面相匹敌非常困难。新企业在进入规模经济强的产业时往往举步维艰，除非愿意接受成本劣势。芯片、操作系统等都存在规模经济，使这些产业面临的新进入威胁小。有些时候，规模经济优势可以被克服。如小型啤酒酿造商可以根据顾客口味酿制啤酒，抵消大啤酒企业的规模经济。西安本地饮料品牌"冰峰"，凭借"从小就喝它"成为西安人的选择，与凉皮和肉夹馍组成"三秦套餐"，在世界级饮料品牌（可口可乐在西安有灌装厂）的强势夹攻下顽强生存。

差异化。品牌与影响力是实现差异化，进而形成进入障碍的一个途径。例如，软饮料企业有强大的品牌和影响力，如果没有巨额的广告投入，新进入者就难以立足。想要与可口可乐或百事可乐竞争，新进入企业必须投入巨额成本，而很少有企业愿意或有能力与可口可乐和百事可乐一较高下。获得差异化的另一个方法是排他性使用权，自己可以独家提供某种产品或服务。由于排他性，其他企业无法提供这些产品和服务，因而形成进入障碍，降低新进入威胁。

巨额的资本需求。巨额的资本需求会让产业形成很高的进入壁垒。参考中国商飞，进入大飞机产业需要巨额的资本投入及很长的回报周期。如此巨额的投入少有企业可以承受，就是经济实力不强的国家也难以承受。因此，巨额的资本投入就为大飞机产业树立了进入壁垒，使产业的新进入威胁很小。

与规模无关的成本优势。产业内的企业可能有新进入者难以获得的与规模无关的成本优势，使新进入企业难以在成本方面与产业内的企业竞争。例如，现有企业可能低价购买了某资产，新进入者无法买到同样的资产或要支付更高价格。光伏电场和风电场都存在与规模无关的成本优势，因为两者对地域有较高要求。产业内的企业率先行动，占据好地域，或以较低价格率先进入后，新进入企业便很难找到好的地域，或以低成本进入这些地域，因此新进入企业在成本方面处于劣势。在发电这个成本敏感行业，成本优势就成为进入壁垒。现有水电站占据了最好或最具有经济性的位置，新进入者或难以找到好位置，或成本巨大，处于劣势。总之，与规模无关的成本优势会成为进入壁垒，降低新进入威胁。

分销渠道。一家企业要把产品出售到消费者手中，必须有分销渠道。新进入者如果没有办法建立分销渠道，就难以成功。然而，获得分销渠道往往是一件棘手的事情，在饱和的市场中更是如此。一种新饮料在便利店上货，就必须挤掉货架上的现有产品，这通常很难。因此，分销渠道成为很多企业的竞争优势。海天味业成为行业龙头的一个重要原因就是建立了遍布全国的分销渠道，而且占据了餐饮这个重要市场。中炬高新和千禾味业等企业，在分销渠道方面都和海天味业存在差距，更难以争夺餐饮市场，因为"厨师不愿换酱油，怕口味不一样了"。新企业要进入酱油市场，分销渠道就是一大挑战。遍布全国的七万多家经销门店是晨光文具的一大竞争优势，新企业要进入文具产业，建立如此庞大的经销网络何其艰难。随着新媒体的崛起，企业有更多渠道选择，但新企业在分销渠道方面仍面临很多挑战，成为产业的进入壁垒。

顾客转移成本。你日常使用的办公软件是 Office 还是 WPS？如果有新办公软件出现，你愿意更换吗？很多人不愿意，因为熟悉新软件需要时间，这个时间是顾客的转移成本。为什么人们很多时候不愿意升级操作系统或软件？因为升级后适应新操作系统和软件需要时间，这也是成本。WPS 为降低顾客的转移成本，对 Office 全面兼容。对比 WPS 和 Office 的界面和功能，你会发现两者很接近，这也是降低顾客转移成本的考虑。如果新进入企业提供的产品和服务的顾客转移成本很高，通常难以成功。同样，产业内企业会努力提高顾客转移成本，增加新企业进入的难度。世界上三家主要芯片设计工具 EDA 软件公司是新思科技（Synopsys）、楷登电子（Cadence）和西门子（Siemens AG）[⊖]，在我国占 95% 的市场份额。国内 EDA 软件企业难以争夺市场的一个重要原因是这三家公司都建立了生态，大大提高了顾客转移成本。因此，顾客转移成本是进入壁垒的一个重要来源，提高顾客转移成本可以降低新进入威胁。

政策和法规障碍。官方许可或知识产权保护等因素使有些产业不能轻易进入，例如电视台、军工、烟草等产业都需要官方许可。新媒股份是广东唯一拥有 IPTV 集成播控服务牌照的企业，其他企业由于没有牌照无法独立进入广东 IPTV 市场，使新媒股份形成进入壁垒。在专利的保护下，健民药业成为国内唯一一家生产体外牛黄的企业。政策和法规障碍也是进入壁垒的来源，可以帮助降低产业的新进入威胁。

投资者如何使用新进入威胁呢？要重点关注以下三种情况。

第一，新企业对产业现有企业的影响，主要有两方面。一是实力雄厚的企业进入的可能，因为实力雄厚的企业进入可以对产业内的企业形成严重威胁。汽车智能化是汽车发展的重要方向，相关上市公司也都享受了红利，业绩快速增长，市场也给予较高估值。但这个方向存在新进入威胁，如华为已全面布局智能汽车方向。2019 年 5 月，华为成立智能汽车解决方案事业部，其定位是：智能汽车领域的端到端业务责任主体，为客户提供智能汽车 ICT（信息与通信技术）部件和解决方案，帮助车企造好车。除华为外，小米、百度等企业也深度介入汽车智能化。这些实力雄厚的企业的进入必然会对现有企业产生冲击。二是突破性产品进入。由于突破性产品在技术、经济等方面对现有产品形成替代甚至碾压，这些产品的进入会对产业内的现有企业形成威胁，尤其是这些产品由实力强劲的企业提供时，它们可能在短时间颠覆产业。例如，以苹果为代表的智能手机企业在短短几年时间就颠覆了以诺基亚为代表的功能手机企业。投资者要从这两

⊖　明导（Mentor Graphics）是全球三大 EDA 软件公司之一，2016 年被西门子收购，并入西门子数字化工业软件部门。

方面出发，考虑现有企业面临的新进入威胁，回避面临实力雄厚的企业进入威胁或突破性产品进入威胁的公司，因为这些公司可能会面临戴维斯双杀。

第二，公司进入新产业。除了面临新进入威胁，很多公司还会进入新产业。投资者要分析公司能否突破进入壁垒。如果突破进入壁垒的可能性很大，公司进入新产业时就加以关注，在进入成功时是好的投资机会。例如，宝信软件在 2014 年进入 IDC（数据中心）领域，推出宝之云 IDC 项目。IDC 项目能耗巨大，能否获取能耗指标、地段等是重要的进入壁垒。宝信软件是宝钢集团旗下企业，依托宝钢集团在上海的土地、电力等资源，宝信软件可以突破进入壁垒。同时，宝信软件在相关技术领域有深厚积累，上海对数据中心也有巨大需求。因此，宝信软件在 IDC 领域形成突破，IDC 业务为宝信软件的业绩增长做出巨大贡献。宝信软件宝之云 IDC 项目一期投产之际，就是一个很好的投资时机。

第三，关注公司的跨行业并购。通过跨行业并购，可以迅速突破进入壁垒，进入新产业。投资者可以通过新进入威胁来考虑跨行业并购的价值。需要注意的是，很多并购并不是为了突破进入壁垒，或突破的进入壁垒不高，这些并购就不值得特别关注。例如，2013—2014 年游戏热潮席卷市场，大量公司收购游戏企业，跨界进入游戏产业。其实，游戏产业进入壁垒不高，跨界收购更多是为了炒概念，对公司业绩没多少贡献。风潮过后，大量公司的游戏不赚钱，开始计提并购形成的商誉，进行"财务大洗澡"[⊖]。从新进入威胁的角度看，这些并购没有产生价值。也有些企业的并购突破了产业进入壁垒，为公司发展注入了长期动力。例如，万业企业通过收购离子注入机厂商北京凯世通半导体有限公司，进入集成电路核心装备产业。这个收购突破了集成电路核心装备产业的进入壁垒，对公司有重要价值。

⊖ "财务大洗澡"是公司采取的财务操作，主要是通过财务调整的方式将历史遗留的财务问题集中爆发出来。例如，公司可能对历史形成的高额商誉，采用一次性计提减值损失的办法，使得商誉大幅缩小甚至归零。

顾客的讨价还价能力

　　五力模型的第四种力量是顾客的讨价还价能力。在说明该能力如何发挥作用前，先介绍索尼的故事。1946 年成立时，索尼旨在为日本重建提供通信设备。创始人井深大和盛田昭夫很快学会如何销售产品，即在与政府采购代表接触中赢得信任。这绝非易事，但他们的努力工作换来了采购代表的订单。某一天，盛田昭夫费尽心思争取到的一位采购代表被调到了新岗位，这令盛田昭夫非常沮丧，因为他不得不重新争取继任者的信任。这样的事情发生多次后，盛田昭夫开始思考这个问题。他为采购代表给予索尼订单感到欣喜，也为销售受制于少数人而忧心忡忡。为避免索尼未来受制于少数采购代表，盛田昭夫决定把索尼带到一个新方向：开拓消费市场。盛田昭夫回忆时说："我们决定与广大百姓做生意，而非几个特殊个人，在此基础上，我们开始生产日本第一台录音机及磁带。"从索尼的故事，可以看到顾客（采购代表）的影响。

　　在实际中，企业产品或服务的价格是通过与顾客直接或间接的讨价还价确定的。顾客的讨价还价能力会影响产品和服务的价格，进而影响企业的利润。顾客的讨价还价能力强，企业利润就少；顾客的讨价还价能力弱，企业利润就多。例如，药品集采后，医药企业的顾客就从分散的患者变成了国家医保局。相对于患者而言，医保局有强大的讨价还价能力，集采招标大幅降低了药品价格。据介绍，国家近三年组织集采节约的费用在 2600 亿元以上。药品、支架等的降价和费用的节约，对应的就是医药企业利润的下滑。

　　哪些因素会影响顾客的讨价还价能力呢？投资者需要重点关注：顾客集中度、对顾客的重要程度、顾客转换成本、顾客成本情况、顾客后向一体化威胁等。顾客集中度主要是指顾客数量和购买量。当顾客数量少或者购买量大时，顾客的讨价还价能力就强。例如，集采后医药企业顾客由分散的患者变成了国家医保局，顾客数量变少、购买量变大，讨价还价能力大幅提高。以前的连锁家电企业也一样。苏宁易购和国美电器凭借庞大的销售网络，具备强大的讨价还价能力，不断压低家电企业的价格和利润。家电企业对两者又爱又恨：一方面，可以依赖两者来巩固和扩大销量；另一方面，两者的讨价还价能力越来越强，自己的利润空间被压缩。

对顾客的重要程度是影响顾客讨价还价能力的一个重要因素。企业提供的产品或服务对顾客越重要，顾客的讨价还价能力越弱。例如，铁矿石是钢铁企业的核心原料，这使作为顾客的钢铁企业在与矿山企业讨价还价时处于劣势。国内多次出现钢铁企业不赚钱，利润都被矿山企业赚走的现象。工业和信息化部原材料司发文显示，2016年国内重点钢铁企业实现销售收入2.8万亿元，赢利303.78亿元，净利润率仅0.11%。相反，控制全球铁矿石的矿山企业的净利润率却高很多。例如，淡水河谷2016财年的营业收入为274.88亿美元，净利润为39.76亿美元，净利润率为14.46%；力拓2016财年的营业收入为337.81亿美元，净利润为46.17亿美元，净利润率为13.67%。

顾客的讨价还价能力还受转换成本的影响。如果顾客可以容易地转换使用其他企业的产品，讨价还价能力就强；如果转换困难，讨价还价能力就弱。例如，大量电子元器件都是标准化的，下游顾客使用元器件时转换成本很低，具备讨价还价能力。因此，很多电子企业不得不在价格上激烈竞争，导致电子企业的利润通常微薄。

顾客成本情况也影响讨价还价能力。企业产品或服务在顾客成本中占比小，顾客对这部分成本不敏感，讨价还价方面就弱很多。一般情况下，买汽车的顾客会愿意多跑几家4S店去比较每家的优惠力度，如果买一只签字笔，还会跑几家店比较价格吗？便利店面临的顾客的讨价还价能力要比汽车4S店面临的顾客的讨价还价能力小很多。因此，现实中，便利店的盈利能力经常比汽车4S店好很多。

顾客后向一体化威胁也影响讨价还价能力。如果顾客有自己生产企业提供的产品或服务的能力或意愿，就形成顾客后向一体化威胁。这会提高顾客的讨价还价能力，因为如果价格不合适，顾客就可能自己生产。在实际中，很多企业采用该策略。锂是锂电池必不可少的原料，近年来价格飙升。作为应对，宁德时代积极入局锂矿产业。2021 年 9 月底，宁德时代参股公司出资 2.4 亿美元入股锂矿项目 Manono。此前，宁德时代通过全资子公司认购澳大利亚锂矿企业 Pilbara Minerals 1.83 亿股，成为第三大股东。宁德时代还收购加拿大锂业公司 Neo Liquitium 逾 1000 万股，成为第三大股东。宁德时代进入锂矿产业，一方面是保证供应安全，另一方面可以提高对锂矿企业的讨价还价能力。

需要注意的是，顾客的讨价还价能力不是静态不变的，而是经常变化的。例如，铁矿石和海运价格存在明显的周期性，需求低迷时，不论钢铁企业还是海运客户都有很强的讨价还价能力；需求高涨时，作为顾客的钢铁企业和海运客户的讨价还价能力被大幅削弱。如果产业内出现新竞争者，顾客的讨价还价能力可能增强；如果顾客所在产业发生新企业进入，顾客的讨价还价能力可能减弱；如果产业内发生并购重组或企业退出，顾客的讨价还价能力可能被削弱；如果顾客所在产业发生了并购重组，顾客的讨价还价能力可能增强。因此，分析顾客的讨价还价能力时必须关注宏观环境、自身情况和顾客所处产业的变化。

投资者使用顾客的讨价还价能力时要关注三个方面。

第一，关注企业相对于顾客的讨价还价能力。这有助于选出优质企业及发现潜在风险。企业和顾客讨价还价，就好比双方切蛋糕，一方多，另一方必然少。如果企业的讨价还价能力强，就可以切到较大的蛋糕；如果顾客的讨价还价能力强，企业得到的蛋糕就小。对比企业与顾客的讨价还价能力，有几个易用指标：和同行相比的毛利率、应收账款和周转天数。一般而言，毛利率高于同行，说明企业相对于顾客的讨价还价能力强；如果应收账款少、账期短，说明企业相对于顾客的讨价还价能力通常强。贵州茅台和海天味业都是先款后货，对顾客有强大的讨价还价能力。海天味业 2020 年、2019 年、2018 年应收账款周转天数是 0.35 天、0.04 天、0.05 天。关注顾客的讨价还价能力还可以发现企业的风险。例如，文科园林在 2022 年年初公告称受恒大集团债务危机影响，预计 2021 年亏损 13 亿～18 亿元，其 2016—2020 年净利润为 1.4 亿元、2.4 亿元、2.5 亿元、2.5 亿元和 1.6 亿元，合计 10.4 亿元。从亏损金额看，"辛辛苦苦很多年，一夜回到解放前"。文科园林在公告中提到，"公司承接恒大集团及其成员企业的园林项目数量多、单个项目合同金额小，且区域高度分散，导致公司对恒大集团项目的结算催款或法律主张难度很大，当兑付风险出现时，公司相对处于弱势地位"。

第二，关注宏观或产业环境变化导致顾客的讨价还价能力发生变化。宏观或产业环境发生变化，企业和顾客的讨价还价能力也会发生变化。投资者要把握这些变化，识别出受益企业，在变化出现时或者提前介入受益的一方。例如，2020—2021 年光伏需求爆发，是不是光伏企业都受益呢？不是。2021 年，光伏行业上下游赢利分化，硅料硅片环节企业赢利较好，但是近七成组件企业亏损。硅料龙头通威股份 2021 年实现归属于上市公司股东净利润 82.03 亿元，同比增长 127.35%，公司称 2021 年受益于下游需求增长，高纯晶硅产品供不应求，市场价格同比大幅提升。相反，多家光伏电池、组件公司 2021 年的业绩由盈转亏，业绩亏损与原材料大幅涨价相关。爱旭股份表示，2021 年上游原材料特别是硅料、硅片等价格持续上涨，电池片价格涨幅不及原材料涨幅，造成电池片销售毛利率下降。分化的重要原因就是光伏产业链不同环节企业的讨价还价能力有差异。硅料企业对顾客有很强的讨价还价能力，需求爆发时硅料价格大幅上涨。电池环节企业对供应商和顾客的讨价还价能力都弱，在需求爆发情况下反而亏损。因此，投资者仅发现光伏行业需求爆发是不够的，还要关注讨价还价能力的变化，才能实现好的收益。

第三，关注企业能否以及是否在改变顾客的讨价还价能力。如果企业能改变顾客的讨价还价能力并积极行动，企业业绩可能出现拐点，产生投资机会。例如，在需求下降的背景下，啤酒企业普遍采取高端化策略寻求突破。高端化提高了啤酒企业对顾客的讨价还价能力，拉高企业业绩。2020 年 12 月，嘉士伯将优质资产注入重庆啤酒，其中包括乌苏啤酒。啤酒市场主流价格 4～6 元；高端啤酒 8 元以上，毛利率近 50%，乌苏啤酒属于高端啤酒。2021 年上半年重庆啤酒营收 71.4 亿元，增长 27.5%，高端产品增长 62.3%，其中乌苏啤酒在新疆以外的销量增加 89%。重庆啤酒

从 2020 年 4 月开启 40 元到 200 多元的走势（见图 10-2）。重庆啤酒在
2020 年 3 月 30 日发布《关于筹划重大资产重组的提示性公告》，开启注
入乌苏啤酒的安排。如果这时发现乌苏啤酒有助于重庆啤酒实现高端化，
提高对顾客的讨价还价能力，投资者就能发现好的投资机会。

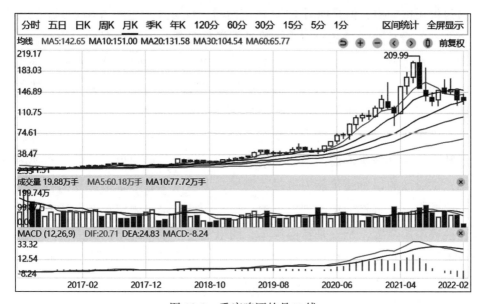

图 10-2　重庆啤酒的月 K 线

供应商的讨价还价能力

　　五力模型中最后介绍的是供应商的讨价还价能力。多数企业在经营中
既要面对下游顾客，受顾客的讨价还价能力的影响，又要面对上游供应商，
受供应商的讨价还价能力的影响。企业同时具备供应商（对顾客而言）和顾
客（对供应商而言）的身份，使供应商和顾客的讨价还价能力有很多相通
之处。通过提高供应品价格或降低供应质量，供应商可以压低产业利润和
削弱企业盈利能力。当供应商的讨价还价能力强时，企业的利润会被压缩；
当供应商的讨价还价能力弱时，企业的利润就好。

　　哪些因素影响供应商的讨价还价能力呢？投资者需要关注的因素有供

应商集中度、转换成本、替代品吸引力、前向一体化威胁等。供应商集中度主要是指供应商数量和供应量。当供应商数量少或供应量大时，供应商的讨价还价能力强。例如，PC 企业（如戴尔、惠普、联想等）的零部件已经标准化，可以选择不同品牌的内存、硬盘等，对内存、硬盘企业有一定的讨价还价能力，但是面对 CPU 供应商时，仅有英特尔和 AMD 可选，PC 企业基本没什么讨价还价能力。另外，微软是操作系统唯一的供应商，还和英特尔组成"Wintel"联盟，主导全球 PC 市场，PC 企业对微软更缺乏讨价还价能力。供应商强大的讨价还价能力导致的结果就是微软、英特尔等企业赚取了丰厚利润，组装 PC 的企业基本都利润微薄。

供应商的讨价还价能力还受企业转换成本的影响。如果企业可以容易地转换使用其他供应商的产品，供应商的讨价还价能力就弱；如果转换困难，供应商的讨价还价能力就强。例如，小鹏汽车表示未来会逐渐将宁德时代动力电池替换为中航锂电电池。那么，是不是小鹏汽车在电池方面的转换成本不高呢？是不是新能源车企的电池转换成本都不高呢？如果转换成本不高，新能源车企对宁德时代、中航锂电等供应商的讨价还价能力会不会变强呢？这都是值得投资者思考的问题。

替代品吸引力也影响供应商的讨价还价能力。如果替代品有吸引力，消费者可能转向替代品，降低供应商的讨价还价能力。例如，京沪高铁对京沪航线形成明显替代，而且在准时性、舒服性方面都有吸引力。为应对高铁的冲击，作为航班供应商的航空公司不仅在票价方面有更多折扣，还通过"京沪快线"等方式提供更好的服务。更多的折扣和更好的服务，也说明航空公司的讨价还价能力在下降。

前向一体化威胁也影响供应商的讨价还价能力。供应商前向一体化是供应商沿产业链向下游用户的方向扩展。例如，通过开设体验店、直营店等，苹果公司可以使用户更直接地体验苹果产品，降低对零售卖场、网上商城等渠道的依赖，提高了苹果公司作为供应商对零售卖场、网上商城等的讨价还价能力；苏宁易购和国美电器凭借销售网络和规模，具备强大的讨价还价能力，使作为供应商的家电企业的利润空间不断被压缩；格力电器通过布局销售渠道，提升了它作为供应商的讨价还价能力，甚至发生过格力电器撤出国美大卖场的事情，格力电器有如此底气，是因为它建设了前向一体化的销售渠道。

供应商的讨价还价能力也经常变化。最明显的例子就是煤电之争。火电企业上网电价由政府定价，火电企业的盈利能力主要取决于煤炭价格。2021 年下半年，由于进口减少、淘汰落后产能等多方面原因，煤炭价格大幅上涨，煤价上涨导致火电企业越发电越亏损。8 月，陕西某发电企业发一千瓦时电亏 0.12 元，8 月发电 10 亿千瓦时，亏损 1.27 亿元。亏损导致火电企业的发电意愿降低，造成多地拉闸限电。随后，国家发展和改革委员会通过约谈煤炭企业、推动长协定价等方式干预煤炭价格，改变了作为供应商的煤炭企业的讨价还价能力，使煤炭价格明显回落。和顾客的讨价还价能力一样，供应商的讨价还价能力也受宏观环境、产业环境和企业自身情况等的影响，会随之变化。

投资者使用供应商的讨价还价能力时要关注如下三个方面。

第一，关注企业相对于其供应商的讨价还价能力。这有助于选出优质企业及发现潜在风险。对比企业与供应商的讨价还价能力，有几个指标可以提供参考：和同行相比的应付账款金额和应付账款周转天数。一般而言，在经营良好、财务健康的情况下，应付账款多、账期长的企业，其讨价还价能力通常强。例如，万科在 2020 年和 2019 年的应付账款周转天数是 341.7 天和 410.3 天，新城控股在 2020 年和 2019 年的应付账款周转天数是 138.8 天和 185.4 天。这些数据无法全面体现万科和新城控股对供应商的讨价还价能力，但能提供一些参考。如果企业经营一般甚至不好，应付账款周转天数等指标恶化，预示存在风险。中国恒大在 2018 年、2019 年、2020 年应付账款周转天数是 267 天、370 天、420 天，存在恶化的态势（万科和新城控股 2020 年的应付账款周转天数比 2019 年缩短了）。

第二，关注宏观或产业环境变化导致供应商的讨价还价能力发生变化。宏观或产业环境发生变化，企业和供应商的讨价还价能力也会发生变化。投资者要识别出受益企业，在变化出现时或者提前介入受益方。如前所述，2020—2021 年，光伏需求爆发，受益企业是有更强的讨价还价能力的硅料企业。下游企业对硅料供应商的讨价还价能力弱，多家光伏电池、组件公司 2021 年的业绩亏损，主要原因是原材料大幅涨价。锂电池产业链也如此。锂电池需求呈爆发式增长，核心原料价格也大幅度上涨。由于上游企业的讨价还价能力强，因此锂电池高景气最受益的是上游企业，出现"锂电池材料供应商盈利能力远超宁德时代"的局面。因此，投资者要关注讨价还价能力的变化，在变化出现时介入受益方来实现好的投资收益。

第三，关注企业能否以及是否在改变供应商的讨价还价能力。如果企业能改变供应商的讨价还价能力并积极行动，其业绩可能出现拐点或提升，产生投资机会。很多用电企业为降低成本及减少用电限制，选择搬迁或异地新建产能等方式进行应对，提高自身和电力供应商的讨价还价能力。例如，泰和新材在宁夏进行新产能布局，并将部分产能搬迁到宁夏。电容企业江海股份在内蒙古有大量产能，艾华集团也将很多产能放在新疆，这是因为生产电容需要使用大量的电，而内蒙古和新疆有着充沛的电力供应，且企业可以获得优惠电价，这给用电企业带来了利润的提升。

五力模型的五种力量并不是相互独立的，它们会共同作用来影响产业的吸引力和盈利情况，进而影响企业业绩。同时，五种力量会相互影响，如随着竞争者的威胁增大，企业与顾客和供应商的讨价还价能力也容易被削弱。因此，利用五力模型时不仅要注重五种力量的共同作用，还要关注五种力量的演化。

第六种力量：互补者

除了五力模型的五种力量外，有些情况还存在第六种力量：互补者。互补者是指能增加企业产品或服务价值的产品或服务的提供者。例如，App 开发者就是智能手机的互补者。智能手机的功能越来越强大，重要原因就是 App 提供了越来越多的功能。假如某企业推出新的操作系统，性能比现有系统强很多，但是，如果与这个操作系统匹配的 App 很少，消费者会买吗？大多数人不会，因为缺乏 App 这种互补品，会严重降低该系统的价值，进而影响企业业绩。

互补者既直接影响企业产品的价值，也影响五力模型的力量。例如，大量软件都基于微软公司的操作系统开发，不存在其他操作系统的版本，软件使用者只能用微软公司的操作系统。这些软件间接降低了微软公司面临的替代威胁，提高了微软公司对顾客的讨价还价能力。因此，分析互补者时，既要关注直接影响，也要关注其间接作用。

投资者利用互补者力量时可以从三个方面着手。

- 关注互补者对企业的影响有多大。有些企业受互补者的影响很大，分析时必须关注互补者；有些企业受互补者的影响小，可以较少关注互补者。

- 关注互补者方面出现的趋势。如果互补者方面出现好的发展趋势，对企业也有促进作用；如果互补者方面没形成突破，企业也会受到限制。

- 考虑企业推出新产品或服务是否依赖互补者。如果不依赖互补者，这些产品和服务的推广更可控，也容易估计；如果依赖互补者，对新产品和服务的预期要根据互补者情况进行调整。

例如，电动车和充电站是互补关系。电动车多，会建更多充电站；充电站多，充电方便，会有更多用户选择电动车。目前，电动车和充电站已进入良性循环。因此，电动车渗透率提升也带来充电桩企业业绩的提升。相反，目前氢能方面就没有形成良性循环，氢能车少，加氢站也少；加氢站少，氢能车用户也少。当氢能车和加氢站进入良性循环时，两者互相促进，需求会快速爆发。因此，投资者可以关注氢能车和加氢站的发展，在开始进入良性循环时投资，进而获得投资收益。受互补者影响而没发展起来的例子很多。裸眼 3D 在功能方面很有吸引力，但它需要的图片或片源与现有图片和片源不同，受图片和片源的限制，裸眼 3D 没被消费者接受，市场也没发展起来。投资新兴技术时，除了关注新技术本身的性能和吸引力，还要考虑互补者。如果没有互补者的支撑，投资时要慎之又慎。例如，对于 AR、VR 企业，在互补者相对完善后才是好的投资机会。

五力模型与护城河

巴菲特在长期投资实践中提出："护城河是一个伟大企业的首要标准。"1993 年，巴菲特在致股东的信中首次提到"护城河"，"近几年，可口可乐和吉列剃须刀在全球的市场份额还在增加，它们的品牌、产品特性及销售能力，赋予它们巨大的竞争优势，在它们的经济堡垒周围形成了一条护城河"。巴菲特后续对"护城河"加以解释，"我们指的护城河是其他人指的竞争优势，是公司与其竞争对手不同的地方，或是服务，或是低价，或是口味，或是产品在消费者心目中的感知，这些都是护城河"。"我们希望企业护城河每年都能不断加宽，这不是非要企业利润一年比一年多，因为有时做不到。然而，如果企业护城河每年能不断加宽，这家企业会经营得很好"。"我们把护城河保持宽度和不被跨越，作为一个伟大企业的首要标准"。"伟大企业必须有持久的护城河，保护出色的资本回报率。持久的标准使我们排除了容易发生快速变化行业中的公司。尽管创造性破坏对社会非常有利，但它妨碍了投资的确定性。必须不断重建的护城河根本就不是护城河"。"投资的关键不是评估一个行业如何影响社会或成长的空间多大，而是判断这个公司的竞争优势和优势的持久性。能给投资者创造回报的是有宽广护城河的产品和服务"。芒格也认为企业的竞争优势是护城河，是保护企业免遭入侵的无形壕沟。优秀公司有很深的护城河，不断加宽的护城河能为公司提供长久保护。

如何判断企业是否有护城河？如何判断护城河的宽度、深度？如何判断护城河是不是在变宽、加深呢？先看巴菲特 1998 年在佛罗里达大学演讲时举的例子。

　　30年前，柯达的护城河和可口可乐的护城河一样宽。那时你想给自己六个月大的孩子照一张相，希望20年或50年后，相片还能一样清晰。你不是专业摄影师，不知道照片到底能不能保留到20年或50年后，只能选择最值得信赖的胶卷公司。你要拍的照片对你有纪念意义，不能马虎。柯达承诺今天拍的照片在20年到50年后仍栩栩如生。30年前，柯达深受人们信任，拥有护城河。柯达的黄色小盒子在美国、在全世界所有人心里都有一席之地，人们都知道柯达是最好的，柯达拥有的是心理份额，这是用多少钱都买不来的。后来，柯达的护城河还在，但被削弱了。这不是乔治·费舍尔的错，乔治做得很好，但柯达的护城河变窄了。柯达眼看着富士攻了过来，富士不断蚕食柯达的护城河。柯达眼看着富士成为奥运会赞助商。过去在人们心目中，只有柯达才配得上拍摄奥运会，富士把柯达的光环抢走了。富士抢了柯达的声誉，也抢走了柯达在人们心目中的份额。富士逐渐开始和柯达平起平坐。

　　柯达的护城河是什么？护城河为什么变窄了？根据巴菲特的表述可以得出答案。柯达最明显的护城河是"心理份额"。在与富士的竞争中，柯达逐渐失去了"心理份额"。富士成为奥运会赞助商，"抢了柯达的声誉，也抢走了柯达在人们心目中的份额"。在当时用五力模型分析，能否发现柯达面临的变化和威胁，发现柯达护城河变窄了呢？五力模型中新进入威胁和竞争者的威胁可以提供参考。现在，无论柯达还是富士的胶片都被数码相机所替代，数码相机又被智能手机所替代。这些变化，五力模型中替代者的威胁可以做出解释。看巴菲特的下一个例子。

　　迪士尼出品的电影在音像店售价大概是16.95美元，或是18.95美元。全世界的人，特别是母亲们，心里都对迪士尼有好感。我一说迪士尼这个名字，在座各位的脑海里都能浮现出一些特别的东西。要是我说环球影业或20世纪福克斯，大家的脑海里就不会出现什么特别的东西。全世界都如此。假设你在带几个小孩，希望每天能给他们找点事做，让他们老实一会儿，自己好清静清静。大家都知道小孩子能把一部电影看20遍，所以你去音像店买电影。你会拿10部电影，坐在那把每一部都花一个半小时看一遍，决定哪部适合小孩吗？不会。假设有一部电影售价16.95美元，但迪士尼那部售价17.95美元，你知道选迪士尼那部错不了，所以你买迪士尼的。你不想在这样的事上花时间，也不会精挑细选。这样的话，迪士尼每部电影能多赚一些，而且卖得更火。因此，迪士尼做的是特别好的生意，竞争对手很难赶上。如何能打造一个在全世界与迪士尼分庭抗礼的品牌？梦工厂正在做这件事。如何才能取代迪士尼在人们心中的地位？怎么能让人们脑海里想的是环球影业而不是迪士尼？怎么能让家长到音像店选环球影业而不是迪士尼的电影？这些都做不到。

迪士尼的护城河是什么？为什么环球影业和20世纪福克斯难以撼动迪士尼的护城河？为什么梦工厂可以威胁到迪士尼？面对梦工厂的威胁，迪士尼该怎么做？这些问题，五力模型都可以提供分析思路。投资者通过分析这些问题，就可以判断迪士尼是不是好的投资标的。

晨星公司前首席证券策略分析师马克·塞勒斯曾对护城河进行阐述，认为持久的护城河是一种结构性的竞争优势。如果竞争对手明知你的秘密却无法模仿，你就有结构性的竞争优势，是真正的护城河。具体而言，他认为企业的护城河分四类：无形资产护城河，包括品牌、专利、政府授权；转换成本护城河，就是客户转移到竞争对手的成本高或转移有难度；网络效应护城河，用户越多、越便利，平台企业护城河越宽，用户越离不开；成本优势护城河，包括流程优化、地理位置、独占资源、较大规模等。上面四类护城河在五力模型中都有涉及。晨星公司股票研究部前主管帕特·多尔西说明了哪些不是护城河，指出人们常犯错误是把"产品好""市场份额高""执行力强""管理团队优秀"等当成护城河。其实，这些都是投资陷阱，不是护城河。五力模型对上述有涉及吗？没有，因为这些因素对五种力量的影响不明显。

企业的护城河有多宽多深，不好用具体数字说明，但可以通过一些财务数字来管中窥豹。第一，毛利率。有护城河的企业有定价权。护城河越宽越深，定价权越强，企业毛利率越高。第二，三费占比，就是营业费用、管理费用、财务费用在营业收入中的比重。有护城河的企业，有比同行更低的三费占比，能低到多少取决于护城河的宽度、深度。需要注意的是，这两个指标要从横纵两个维度看。一方面，纵向要将至少五年的指标结合起来，通过多年比较来发现指标的变动趋势。如果指标变好，说明护城河在变宽、变深；如果指标恶化，说明护城河可能在变窄、变浅。另一方面，横向和同行比较。例如，如果行业毛利率都在提高，纵向看企业的毛利率也在提高，但实际上企业毛利率的提高可能低于行业的平均水平，护城河是在变窄、变浅。同时，某些事件可能对行业产生影响，造成毛利率水平的波动。通过和同行进行比较，可以规避事件的影响，更好地判断企业护城河的变化。

表 10-1 是部分白酒企业 2016—2020 年的销售毛利率和销售净利率情况。通过纵向 5 年比较及横向比较，可以得到很多有意思的发现。贵州茅台销售毛利率和销售净利率都远高于同行，对应着贵州茅台的护城河更宽更深。5 年来，贵州茅台销售净利率在稳步提高，说明护城河在变宽变深。对比五粮液和泸州老窖，可以发现泸州老窖的销售净利率涨幅大于五粮液。5 年间，泸州老窖的股价涨幅为 835.65%，大于五粮液的 699.09%。洋河股份 5 年的销售毛利率有提升，但销售净利率却没有显著提高，说明其销售效果差很多，其股价 5 年涨幅为 261.02%。山西汾酒 5 年间销售毛利率提升明显，说明盈利能力增强明显，护城河变宽变深很多，5 年股价的涨幅达 1852.08%。

表 10-1　部分白酒企业 2016—2020 年的销售毛利率和销售净利率情况

企业名称	项目	2020 年	2019 年	2018 年	2017 年	2016 年
贵州茅台	销售毛利率	91.41%	91.30%	91.14%	89.80%	91.23%
	销售净利率	52.18%	51.47%	51.37%	49.82%	46.14%
五粮液	销售毛利率	74.16%	74.46%	73.80%	72.01%	70.20%
	销售净利率	36.48%	36.37%	35.07%	33.41%	28.75%
泸州老窖	销售毛利率	83.05%	80.62%	77.53%	71.93%	62.43%
	销售净利率	35.78%	29.35%	26.89%	25.03%	23.48%
洋河股份	销售毛利率	72.27%	71.35%	73.70%	66.46%	63.90%
	销售净利率	35.47%	31.94%	33.59%	33.23%	33.78%
山西汾酒	销售毛利率	72.15%	71.92%	66.21%	69.84%	68.68%
	销售净利率	22.27%	17.29%	16.63%	16.63%	14.56%
古井贡酒	销售毛利率	75.23%	76.71%	77.76%	76.43%	74.68%
	销售净利率	17.95%	20.71%	20.04%	17.01%	14.13%
口子窖	销售毛利率	75.17%	74.97%	74.37%	72.90%	72.44%
	销售净利率	31.80%	36.82%	35.90%	30.91%	27.68%
今世缘	销售毛利率	71.12%	72.79%	72.87%	71.71%	70.96%
	销售净利率	30.61%	29.94%	30.80%	30.33%	29.50%
迎驾贡酒	销售毛利率	67.13%	64.36%	60.92%	60.64%	61.77%
	销售净利率	27.72%	24.66%	22.34%	21.26%	22.49%

　　瑞士信贷曾对 MSCI 全球 68 个行业投资现金流收益和资本成本进行分析并发布报告，样本包括 1 万多家上市公司 2011—2016 年的数据，它发现：有些行业天然创造价值（如食品饮料），有些行业天然毁灭价值（如海运），也有些行业的价值创造是平的（如集装箱和包装）。当然，最好的行业也有毁灭价值的公司，最差的行业也有创造价值的公司。但是，在创造价值的行业，更容易找出有长期回报的公司。从表 10-2 可以发现，航空业的销售毛利率大大低于白酒行业，航空公司赚钱更难。在三大航（中国国航、南方航空、中国东航）中，中国国航 2016—2019 年的数据最优秀，2020 年的数据严重恶化，和国际客流比例最高有关。

表 10-2　部分航空公司 2016—2020 年的销售毛利率和销售净利率情况

企业名称	项目	2020 年	2019 年	2018 年	2017 年	2016 年
中国东航	销售毛利率	−20.74%	11.30%	10.90%	11.24%	16.21%
	销售净利率	−21.41%	2.88%	2.56%	6.70%	5.04%
南方航空	销售毛利率	−2.53%	12.09%	10.45%	12.39%	16.06%
	销售净利率	−12.77%	2.01%	2.41%	5.36%	5.13%
中国国航	销售毛利率	−8.82%	16.84%	15.82%	17.36%	23.48%
	销售净利率	−22.76%	5.33%	6.00%	7.12%	6.81%
海南航空	销售毛利率	−41.13%	7.42%	7.30%	13.54%	22.91%
	销售净利率	−233.81%	1.01%	−5.38%	6.48%	8.38%
吉祥航空	销售毛利率	−1.70%	14.02%	15.02%	20.57%	22.04%
	销售净利率	−4.81%	6.04%	8.63%	10.89%	12.59%
春秋航空	销售毛利率	−6.43%	11.41%	9.68%	12.14%	12.80%
	销售净利率	−6.31%	12.42%	11.46%	11.50%	11.28%

　　春秋航空销售毛利率处于行业的平均水平，与行业竞争同质化相关，但销售净利率明显好于其他公司，是不是春秋航空有成本或效率的护城河呢？是的。图 10-3 是 2018 年部分航空公司的单位营业成本，春秋航空各项成本都明显优于同行，树立了"成本优势护城河"。

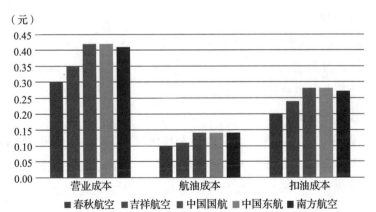

图 10-3　2018 年部分航空公司的单位营业成本

资料来源："市值风云"微信公众号。

　　上述例子说明：有些指标有助于发现和评价企业的护城河，尤其通过纵向和横向比较；不同产业中企业构建护城河的难度差别很大，导致不同产业中企业的盈利有巨大差距；产业内企业在护城河宽度、深度方面不同，导致企业盈利能力的差异；护城河变宽变深会带来企业价值的增加，有助于发现投资机会。

五力模型是发现和评价企业护城河的有用工具，通过分析替代者的威胁、竞争者的威胁、新进入威胁、顾客的讨价还价能力和供应商的讨价还价能力，投资者可以基本判断企业的护城河情况。通过分析五种力量的变化，可以发现企业护城河是变宽变深，还是变窄变浅，甚至消失。分析事件时，通过分析其对五种力量的影响，可以帮助投资者识别其对企业的作用。但是，五力模型在识别企业护城河方面有两点不足。第一,五力模型是一个相对静态的工具，需要在不同时间段进行分析，进行不同时间段的比较，才可以发现企业护城河的变化。第二,五力模型重点关注企业和外部的互动，对内部因素缺乏关注和解释，而对企业的分析和评估必须关注内部因素。

| 案例分析 | **宁德时代和贵州茅台的对比**

宁德时代和贵州茅台是目前市场上最具代表性的企业，分别有"宁指数"和"茅指数"。宁德时代和贵州茅台都是非常优秀的企业，但是通过五力模型，还是可以发现两者之间有着巨大的差距。下面对两者进行简略对比，演示对五力模型的使用。

1. 替代者的威胁

中国传统文化习俗等决定了白酒有很强的社交属性，这个属性使白酒具备强大的延续性。市场竞争证明，红酒、啤酒难以替代白酒的社交功能。同时，贵州茅台还附加了金融属性，贵州茅台能保值增值已被市场广泛接受，金融属性进一步强化了贵州茅台的地位与需求。因此，贵州茅台在替代者的威胁方面的压力很小。相反，宁德时代不可避免地面临科技进步带来的替代者的威胁。除了新电池，新能源也会带来冲击。例如，氢电池如果在技术上出现突破，经济性能更突出，其性能优势可能对锂电池形成替代。虽然宁德时代也在积极布局,但替代者的威胁必然存在。一些颠覆性技术的出现,可能对宁德时代形成巨大冲击。因此,宁德时代面临的替代者的威胁更大。

2. 竞争者的威胁

贵州茅台牢牢树立了高端形象,通过社交属性、金融属性等把自己和其他白酒区别开,面临的竞争者的威胁很小;相反,宁德时代面临的竞争者的威胁要大很多。如果消费者要买电动车,必然先考虑汽车品牌,而不是电池。不同电池企业的电池有差异,但差异不是特别大,电池企业也会通过学习来缩短差距。同时,汽车企业不会依赖单一供应商,会培养多个供应商,削弱电池企业间的差距。另外,电池是中间产品,不是最终消费品,消费者对它的关注要小很多。因此,电池企业间存在着明显的竞争者的威胁。这种竞争关系在行业需求旺盛时不明显,随着企业大规模扩产,未来会供给过剩。竞争者的威胁的影响在供给过剩时会凸显,导致激烈的价格战,削弱企业的盈利能力。从2021年市场份额看,宁德时代占据最高份额,其他企业在努力追赶。第二名LG新能源上市融资扩充产能,必将对宁德时代形成压力。因此,在竞争者的威胁方面,宁德时代的压力要大于贵州茅台。

3. 新进入威胁

高端白酒靠品牌,而品牌需要积淀。虽然白酒企业都在努力进入高端领域,如水井坊菁翠、今世缘的国缘V9等,这些产品短期对贵州茅台的威胁很小。同时,贵州茅台的金融属性是新进入者难以建立的,无法对其形成挑战。相反,新企业在不断进入电池领域,中创新航的快速崛起就是典型例子,还有其他产业巨头也在积极布局。因此,宁德时代面临的新进入威胁比贵州茅台大很多。

4. 顾客的讨价还价能力

贵州茅台对顾客有强大的讨价还价能力,不论是先款后货,还是市场价和指导价的巨大差异,都显示出贵州茅台强大的讨价还价能力。宁德时代虽然也有讨价还价能力,但电池的中间品属性及产品的非根本性差异,使宁德时代不可能形成市场掌控力。作为顾客的车企也会打压宁德时代的讨价还价能力。小鹏汽车表示会逐渐将宁德时代电池替换为中航锂电电池，体现了宁德时代不具备市场掌控力，也说明顾客遏制宁德时代讨价还价能力的意图。

5. 供应商的讨价还价能力

贵州茅台对供应商有强大的讨价还价能力，无须说明。宁德时代虽然通过长单协议、资源回收、进军上游等方式来保证核心原料供应稳定及提高对供应商的讨价还价能力，但锂等资源相对稀缺，市场供需存在缺口，供应商方面的讨价还价能力更强。2022 年四个季度电池级碳酸锂均价分别为 40 万元 / 吨、47.17 万元 / 吨、47.99 万元 / 吨和 54.72 万元 / 吨。从全年来看，2022 年国内电池级碳酸锂价格累计涨幅约为 84%。原材料价格飙升，体现的是宁德时代的供应商而不是宁德时代更有讨价还价能力。

因此，从五力模型分析，宁德时代和贵州茅台存在明显差距。需要注意的是，宁德时代和贵州茅台所处产业的发展阶段不同。贵州茅台的高端白酒接近成熟期，行业增长更多靠"少喝酒、喝好酒"，行业竞争相对稳定，格局相对清晰。宁德时代处于行业成长期，行业需求爆发，竞争格局并未清晰稳定。从投资的角度看，宁德时代和贵州茅台的成长性与稳定性是不同的，估值方法也不同。投资者要看到宁德时代所处的行业格局未清晰、不稳定，后续有不确定性，此时采用"终局"思维是错误的。

为了构建更宽更深的护城河，宁德时代可以学习微软，逐步提升自己的"不可替代"属性。对于贵州茅台又宽又深的护城河，攻破的方法很少。但堡垒常从内部攻破，投资者需要关注贵州茅台的公司治理等问题。一些根本性变革也可能危及贵州茅台的护城河，如果国家对白酒产业的政策发生变化，或气候变化、自然灾害等导致赤水河环境发生变化，这些变化产生的影响也是投资者要关注的。

第十一章

识别内在优势的竞争优势分析

五力模型评价企业面临的竞争情况，有助于理解外部原因所导致的企业盈利能力的差异。除了外部因素，投资者分析企业时还要考虑内部因素，进行竞争优势分析，识别影响企业盈利能力的内在原因。竞争优势分析也有助于理解外部因素对企业影响的差异，如为什么有些企业的讨价还价能力强，有些企业的讨价还价能力弱。竞争优势分析通常分三步进行：理解企业价值创造的过程和竞争优势的来源，识别可以帮助企业建立竞争优势的因素，分析企业竞争优势能否长期保持。

企业价值创造的能力主要取决于三个因素：顾客对企业产品或服务的价值判断、企业给产品或服务制定的价格、企业提供产品或服务的成本。顾客对产品或服务的价值判断，决定了顾客愿意付多少钱。顾客通过比较产品或服务的效用与价格进行选择。例如两家白酒企业，第一家白酒的顾客效用是 1500 元，市场价格是 1299 元；第二家白酒的顾客效用是 1400 元，市场价格是 1099 元。顾客会怎么选？在不考虑支付能力的情况下，顾客会选择第二家，因为 301（=1400−1099）大于 201（=1500−1299）。这是理论情况。然而，由于不同顾客对产品或服务的评价不同、支付能力不一样等原因，实际情况会复杂很多，但基本道理不变：产品或服务给顾客提供的效用和价格的差越大，产品或服务越有竞争力。另外，企业出售产品或服务赚到的钱取决于价格与成本的差。因此，企业盈利由顾客效用与价格的差带来的销量及价格与成本的差共同决定。企业会综合分析顾客效用和成本来制定价格，实现利润最大化；顾客效用和成本的差越大，定价选择空间越大。所以，影响企业盈利的因素包括：顾客对企业产品或服务的价值判断、企业提供产品或服务的成本。通过提供差异化产品和服务，企业可以提高顾客的价值判断；通过降低成本，企业也可以获取利润。因此，企业价值创造的能力主要基于差异化或低成本。

2003 年，丰田在北美生产一辆汽车的平均利润为 2402 美元，通用生产每辆车的平均利润仅为 178 美元。导致差距的原因是什么？一方面，丰田产品的口碑好，消费者对丰田的价值判断高，丰田同型号汽车价格比通用高 5%～10%。另一方面，丰田的劳动生产率高，丰田在北美生产一部车平均花费的时间与人力都比通用少。通过提供高品质车实现差异化，并通过高效率达到低成本，丰田有更高的价值创造能力。贵州茅台不仅树立了第一高端白酒形象，而且附加金融属性，使贵州茅台实现明显的差异化，带来更高的顾客价值判断。对比市场价格及成本，贵州茅台有着巨大的定价选择空间。因此，贵州茅台形成了竞争优势，有强大的盈利能力。苹果公司通过独特的定位将自己和其他品牌区别开来，使顾客有更高的价值判断。通过将生产外包给富士康等企业，苹果公司压低了成本。因此，苹果公司也具备更大的定价空间和定价权，形成竞争优势。

不同企业面临不同的差异化和低成本选择。生产标准化产品的企业，如钢铁、水泥企业，主要在成本方面竞争，低成本对企业有重要的意义；很多消费品和服务企业通过差异化和竞争对手区分开。对于差异化和低成本的关系，不同企业也面临不同情况。有些企业的差异化和低成本是相互矛盾的，难以兼得。例如，高端服装企业主要通过差异化方式竞争。大批量生产同一款衣服可以降低成本，尤其是设计成本、营销成本等，但是，大批量生产会导致"撞衫"，这是客户不愿看到的。因此，这些企业会更多地追求差异化，对低成本的要求弱很多（也通过外包等方式降低成本，但不追求绝对的低成本）。还有企业同时寻求差异化和低成本，通过柔性制造、引入数字技术、利用工业机器人等方式，同时实现差异化和低成本，如定制家居企业。总之，企业在差异化和低成本之间如何选择、如何实现，都要结合自身特点进行。

企业如何实现差异化或低成本目标，建立竞争优势呢？需要企业有独特竞争力。独特竞争力是企业相对于竞争对手独有的、引导企业差异化或实现低成本的力量。丰田的精益生产、JIT 库存系统、自我管理团队等都曾是其独特竞争力，帮助丰田构建了竞争优势；苹果公司的软硬件组合，也构建了苹果公司的独特竞争力，支持其竞争优势。通常，独特竞争力有两个来源：资源与能力。其中，资源是企业拥有的、能为顾客创造价值的要素禀赋。例如，风电、太阳能、水电等企业占据的地理位置越好，就越能帮助企业构建竞争力，形成竞争优势。能力是企业协调各种资源并将其投入到生产性用途的技能，是组织结构、流程、控制系统等的产物。相对于资源而言，能力难以被清晰地识别，是更多企业构建独特竞争力的基础。例如，创新药企的核心竞争力之一是研发能力。

企业主要通过效率、品质、创新和顾客响应四个方面来实现差异化或低成本，建立竞争优势。接下来，我们将讨论这四个方面是如何发挥作用的。

效率

效率可以用给定产出所消耗投入品数量或给定投入的产出数量衡量。例如，张三用四个小时可以组装一部手机，而李四用三个小时就可以，那么李四的效率更高。再如，生产一台同样的笔记本电脑，甲公司要投入 3000 元，乙公司要投入 3500 元，那么甲公司的效率更高。对多数企业而言，效率最重要的组成部分是劳动生产率和资本生产率，代表每位员工平均创造多少价值和每投入一单位资本平均创造多少价值。冗员严重、效率低下，主要是劳动生产率低；企业资本回报低，主要是资本生产率低。

通过提高效率，企业能降低成本，获得竞争优势。低成本是航空公司主要的竞争优势来源。通过效率分析，可以发现哪些航空公司更有竞争优势。例如，美国西南航空是全球航空公司的标杆，1973—2019 年保持连续 47 年赢利的记录（由于新冠疫情的影响，西南航空 2020 年发生亏损）。西南航空广为人知的是低成本，但其成功是建立在高效率的基础上的。在劳动生产率方面，西南航空遥遥领先其他公司。西南航空的员工顾客比是 1∶2424，阿拉斯加航空是 1∶1518，达美航空是 1∶1493，行业最差是 1∶938。西南航空并没通过降低服务品质来压低成本，依然提供免费取消订票、两件行李免费托运等不低于同行的服务。

国内航空公司在效率方面也存在巨大差异。图 11-1 是一些航空公司主要运营指标的对比，可以看到春秋航空的效率最高。春秋航空的高效率也体现到业绩上。2021 年上半年，春秋航空营业收入 54.54 亿元，归母净利润 1040.73 万元，成功扭亏。2021 年第三季度，南方航空、中国国航、中国东航、春秋航空、吉祥航空五家公司，仅春秋航空赢利。春秋航空 2021 年上半年客运量为 2019 年上半年的 103.41%，是唯一恢复到新冠疫情前水平的公司。2021 年下半年，春秋航空客座率始终领先，7 月上座率超九成；受疫情反弹影响，航空公司 8 月客座率均有下降，而春秋航空下降最小，保持在 78.62%。2021 年，春秋航空净利润 3911.19 万元，中国东航净利润 –122.14 亿元，南方航空净利润 –121.03 亿元；中国国航净利润 –166.42 亿元，吉祥航空净利润 –4.98 亿元。春秋航空成为唯一一家赢利的航空公司，这与其高效率密不可分。

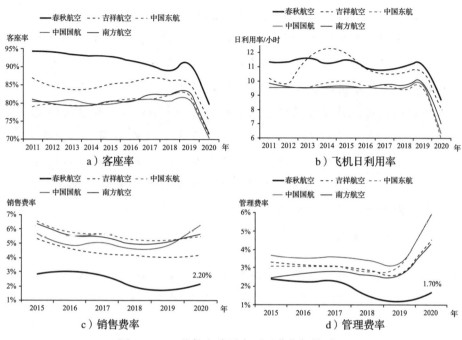

图 11-1　一些航空公司主要运营指标的对比

资料来源：国海证券研报。

除了航空公司，也有不少企业依靠高效率来构建竞争优势。以鸿路钢构为例，其 2022 年 1 月 26 日和 2 月 15 日投资者关系活动记录表显示：

公司做钢结构加工相比其他企业有比较独特的优势。第一，公司成立之初就是以钢结构加工为主，在钢结构制造的生产管理及成本控制上有较丰富的经验。第二，公司有十大制造基地，规模化优势逐步显现，盈利能力不断增强。第三，公司的生产管理得到实践与升华，具备管理大规模生产基地的能力，管理效率已经逐步显现。第四，公司的生产成本及采购成本控制能力得到快速提升。公司的产能规模及生产管控能力已经成为隐性的行业壁垒，大型制造基地的准入门槛较高，不但要有大量资金的投入及行业管理经验，更需要有钢结构制造的多基地管控能力。

公司信息化管理初具规模并逐步产生效益，核心系统为有自主知识产权的数模二维码溯源系统、项目信息管理平台等，并实现了与 OA 系统及财务管理系统的数据直连，管理效率得到有效的提高，对生产经营提供了很大的帮助……通过信息化系统实现全过程管控，不仅减少了人力成本，还能避免人为因素的干扰，大大提高了管理效率，降低了管理成本。通过数字化信息实现对采购、生产领料、入库、决算、物流等全过程的有效快速管控，不仅大大降低了生产成本，提高了物资周转及生产效率，同时也有效突破了管理半径的限制。

可以发现，鸿路钢构通过高效率降低成本，构建了竞争优势，从而在行业中脱颖而出。因此，高效率是企业竞争优势的一个重要来源。

品质

企业通过提供高品质的产品与服务也可以建立竞争优势。如果顾客认为一种产品或服务的属性有更大价值，该产品或服务就有高品质。高品质不等于高端，可能是质量更可靠、性能更先进、使用更方便、服务更好等。例如，海底捞的高品质更多是通过良好的服务体现的，而不是口味、价格等；格力的高品质与过硬的产品质量挂钩；被称为"创意小家电第一股"的小熊电器，主推高颜值、方便精致的小家电。

高品质主要通过两条路径对竞争优势产生影响。

第一，高品质增加了产品或服务对顾客的价值，有助于实现差异化。例如，通过近乎完美的外观、流畅的使用体验及强大的功能等，苹果公司提供高品质的 iPhone，提高对顾客的价值，实现与安卓手机的差异化。再如，晨光股份通过提高品质强化竞争优势，其 2022 年 2 月 15 日的投资者关系活动记录表显示：

晨光股份新五年战略提出的高端化，是上一轮战略中精品文创的升级。2016—2017年，晨光股份面临一个挑战，就是中高价值的文具占比较低，不能很好地满足消费升级的趋势。当时我们把传统业务分成四个赛道，给予精品文创更大的支持和动力。过去几年，精品文创的增长大幅超过传统核心业务增速，占比有了显著提高。晨光股份的调结构选择了更难的"通过产品升级拉动整体品牌升级"的做法，使用晨光主品牌，通过提升消费体验和增加品牌露出，提升晨光股份的品牌认知。

第二，高品质可以与高效率和低成本相关。为保证汉堡品质统一，麦当劳等快餐企业采取标准化做法。标准化可以使快餐企业集中采购、集中供货，实现效率提高和成本降低。"三聚氰胺"事件后，不少乳品企业开始自养奶牛来保证奶源品质，提供高质量牛奶产品。乳品企业的规模化养殖，提高了养殖效率、降低了奶源成本。养猪、养鸡企业通过规模化养殖，不仅可以保证产品品质，而且实现了规模化的高效率、低成本优势。定制家居企业采用类标准化做法，构建相对标准的基础模块，在基础模块上进行个性化设计，一方面满足消费者个性化需求，提升品质认知；另一方面，基础模块能保证生产相对标准化，达成高效率、低成本的目标。总之，通过提高品质，企业可以建立竞争优势。

创新

创新对企业建立竞争优势有重要意义。创新是一个宽泛的概念，不仅包括技术方面的创新，也包括管理方面的创新，还有商业模式的创新，等等。精益管理、准时制生产方式都是管理创新。商业模式创新也不少，网约车（如神州专车）、社区团购（如兴盛优选）、民宿平台（如爱彼迎），都是用新的商业模式满足顾客需求。技术创新是最普遍的，包括产品创新（开发新产品与服务）和工艺创新（采用新工艺与流程），这里主要用技术创新进行说明。

技术创新对企业实现差异化和低成本都有帮助,可以使企业建立竞争优势。通过产品创新,企业可以创造出顾客认为价值更高的产品,增加企业的定价选择。例如,通过对产品不断创新,苹果公司每年提供一款功能越来越强大的 iPhone,与之相伴的是 iPhone 价格节节高升,iPhone 3G、3GS 起售价 599 美元,iPhone 4、4S、5、5S、6、6S 和 7 起售价均为 649 美元。2017 年后 iPhone 售价越来越高,iPhone XS Max、12Pro Max 起售价达 1099 美元。除了科技行业,其他行业也在不断创新。肯德基针对中国消费者不断推出中式食品,油条、豆浆、粥、米饭等都进入菜单。汽车企业不断推出新车型,电池企业不断研发能量密度更高的电池,芯片功能日益强大,医药企业开发新药物和治疗方法……这些创新给顾客提供了更有价值的产品,也使企业建立了竞争优势。

企业在工艺方面的创新也可以降低成本、增加差异化。很多化工企业通过工艺创新来构建竞争优势。例如,泰和新材 2022 年 1 月 10 的投资者关系活动记录表显示:

> 间位芳纶对我们来说相当于是一个半引进项目,最初技术源于苏联在哈萨克斯坦的研究院,研究院破产后有一套设备要出售,当时我们感觉技术路线可行,但是装备太差,于是就把图纸买回来重新设计开发。2004 年开始产业化,产品一出来就赢利,整个过程非常顺利。国内跟我们同期开始做间位芳纶的一个厂家在2017 年关停,产品用于低端领域;2005 年左右国内出现了第三家,但是产品一般,主要用于过滤领域,芳纶纸也是在低端复合领域运用;2009 年左右又出现一家,客户不认可它的产品,也在2017 年关停,目前国内间位芳纶除了我们还有一家。现在这个行业从全球来看主要是国际龙头和我们,从产品性能来说各有千秋,国际龙头产品的共性是比较白,质量指标比较稳定,有一些特色产品;我们的特点是色丝多,色号很全,从性能上来看我们的阻

燃性好。其他同行和我们的差距非常大，而且我们的新项目在不断更新，对于每一期新项目都有新的要求，要出新品种，要有新特点。在降成本方面，我们也有要求，投资密度要下降，还要提高生产效率。我们在不断进步，也在逐步加大质量、成本、市场方面的优势。

泰和新材通过工艺创新建立竞争优势和壁垒。类似的例子有很多，江海股份在与投资者交流的环节曾提到，不同电容企业的工艺是不同的，每家都有独特工艺在里面，工艺对企业有重要价值，不断的工艺创新对电容企业有重要意义。基于上述分析可以发现，创新对企业竞争优势有促进作用，也是竞争优势的主要来源之一。

顾客响应

顾客响应是指企业要主动且迅速地发现、理解、把握并满足顾客需求。顾客响应有很多形式，可以是满足顾客的个性化需求，可以是快速解决顾客的问题，还可以是为顾客提供系统解决方案，等等。例如，很多车企进入我国后，针对中国消费者的偏好，对车型进行加大、加长处理，如奥迪A4L、A6L，就是典型的顾客响应。

通过顾客响应，企业可以为顾客提供更有价值的产品与服务，产生差异化来形成竞争优势。工程机械损坏可能会导致工地停工，因此快速响应顾客需求对工程机械企业至关重要，各企业也在这个方面努力。例如，内蒙古山推工程机械有限公司始终坚持积极关注、重点维护的标准，把产品回馈、问题解决放在首位。公司会派遣服务人员跟随设备前往客户公司所在地，进行操作保养、维修指导。遇到客户购买的设备缺配件时，服务人员会快速与总部联络，协调运输，或就近实地采购，用最短的时间将设备修复至可正常使用。

招商银行秉承"因您而变"的服务理念，大力发展被喻为"站在财富管理服务金字塔顶端"的私人银行业务，使自己在银行业脱颖而出，成为国内最成功的商业银行之一，建立了竞争优势。

综上所述，企业可以通过卓越的效率、品质、创新和顾客响应，实现差异化和/或低成本目标，建立竞争优势。同时，这四个方面相辅相成。例如，对顾客个性化需求的响应可能需要通过创新来实现；企业对效率的追求可能会推动工艺创新；优秀品质可以减少产品故障，降低售后压力，实现更好的顾客响应。因此，企业要对效率、品质、创新和顾客响应都加以关注，通过这四个方面的共同作用来建立竞争优势。

识别出竞争优势来源后，还要考虑竞争优势能否长时间保持，是否有持续性。竞争优势的持续性主要取决于三个方面。

第一，模仿壁垒。有些企业的竞争优势比较容易被模仿，有些企业的竞争优势很难被模仿。例如，如果餐饮店的核心优势是秘方，被模仿的压力就很大，必须防止秘方流失；可口可乐配方也非常重要，但可口可乐的竞争优势已不是配方，还有强大的品牌优势等，被超越的压力很小。

第二，竞争对手的能力。如果竞争对手的能力很强，企业的竞争优势就容易受到冲击。例如，专利是药企保护创新成果的重要手段，专利保护的创新药是药企竞争优势的重要来源。如果竞争对手的能力强，就可能绕开专利保护，甚至研发更好的药物，进而威胁企业的竞争优势。

第三，产业动态机制。考虑到技术进步、需求变化等原因，有些企业的竞争优势可能被取代，甚至会阻碍企业发展。例如，由于面板技术不断进步，企业斥巨资建立的液晶面板生产线经常换代。生产线不仅不是竞争优势来源，反而妨碍企业采用新技术。因此，投资者在分析时必须考虑企业竞争优势的可持续性，不要被不可持续或容易被取代的竞争优势所迷惑。

投资者如何开展竞争优势分析呢？首先，投资者要知道企业竞争优势是如何建立的，主要是通过效率、品质、创新、顾客响应，或是通过这四个方面的组合；然后，判断竞争优势能否长期保持，可以通过分析竞争优势是基于企业的哪些资源和能力来判断。如果竞争优势能长期保持，投资者才需要关注这家企业。例如，养猪企业的产品是"标准化"的生猪，竞争优势主要是基于效率。哪家企业效率高，养猪成本低，哪家企业就有竞争优势。对投资者很友好的是，各家公司都会在披露信息中说明成本情况。

牧原股份：2020年商品猪完全成本为15元/千克，2021年第一季度完全成本为16元/千克（完全成本包含养殖生产成本、销售费用、管理费用、研发费用、财务费用等）。牧原各个场区成本存在一定差异，领先区域完全成本在14元/千克左右，部分场线完全成本在13元/千克以内，部分新建子公司成本在20元/千克左右。公司希望在2021年第四季度时点或阶段性达到14元/千克的成本目标。

温氏股份：2020年肉猪完全成本为22～23元/千克，2021年上半年肉猪养殖完全成本为25元/千克（不含淘汰母猪等其他盈亏）。2021年第一季度肉猪完全成本为30元/千克，2021年全年肉猪完全成本目标为20元/千克，2022年肉猪养殖完全成本目标为14～16元/千克。

正邦科技：2020年公司自产仔猪育肥成本为20.09元/千克。2021年第二季度完全成本包含淘汰低效母猪在内，成本为19.9元/千克，剔除淘汰低效母猪，育肥猪完全成本为19.55元/千克。

通过以上数据，投资者可以发现哪家企业效率更高、更有竞争优势。需要注意的是：股票市场更关注变化，除了当前成本，投资者还要考虑成本变化的情况。除了养猪企业，很多企业的竞争优势也主要基于效率，如生产标准化产品的钢铁、水泥企业。分析企业效率可以发现优质企业。消费品企业注重品质，投资者在分析时就要考虑产品、服务的品质问题；服务类企业的顾客响应很重要，投资者就要关注顾客响应；高科技企业依赖创新，投资者就要看企业在创新方面的做法，如研发人员、研发投入等。

　　投资者还要判断企业竞争优势能否持续。招商银行通过卓越的顾客响应建立了竞争优势，"因您而变"是基于组织文化、管理机制、人力资源等很多要素共同构建的能力，该能力绝非一朝一夕形成，难以被模仿。因此，招商银行的竞争优势具有很好的可持续性。有些企业的竞争优势缺乏持续性，或保持竞争优势需要巨大努力。京东方拥有"北京第 5 代和第 8.5 代 TFT-LCD 生产线、成都第 4.5 代 TFT-LCD 生产线、合肥第 6 代 TFT-LCD 生产线和第 8.5 代 TFT-LCD 生产线、鄂尔多斯第 5.5 代 AMOLED 生产线，以及重庆第 8.5 代 TFT-LCD 生产线等 7 条半导体显示生产线，还有一条建设中的成都第 6 代 LTPS/AMOLED 生产线和一条建设中的福州第 8.5 代 TFT-LCD 生产线，是中国大陆唯一能够自主研发、生产和制造 1.5 英寸—110 英寸全系列半导体显示产品的企业"。这些生产线在技术变革时可能落伍，甚至被淘汰，京东方在此基础上建立的竞争优势可能缺乏可持续性。招商银行（见图 11-2）和京东方（见图 11-3）的长期股价走势也体现了竞争优势可持续性的差异。

图 11-2　招商银行的季 K 线

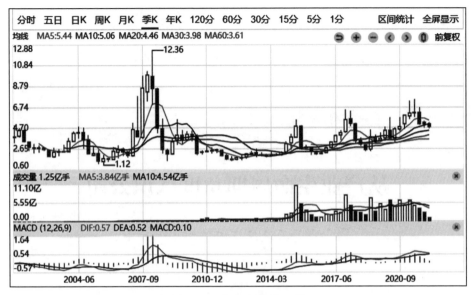

图 11-3 京东方的季 K 线

投资者要关注企业有没有努力保持竞争优势。益方生物在科创板的上市申请于 2022 年 1 月 20 日被审核通过。自有公开数据以来，公司只有 2019 年取得 5530 万元的收入，剩余各期收入均为零，截至 2021 年 6 月累计亏损 13.47 亿元。亏损主要与研发投入有关，益方生物 2019—2021 年累计研发投入 13.85 亿元。但是，研发投入中有 8.68 亿元是员工股权激励，其中 8.56 亿元股权激励给了实控人及一致行动人。某游戏公司以修建研发中心的名义巨额定增，最后却买地盖楼。对这些日常做法和保持竞争优势方向不符的企业，还是敬而远之为妙。

识别内在优势的竞争优势分析对投资者选择投资标的很有帮助，是分析企业时需要采用的方法之一。

第十二章

从产业生命周期角度认识公司

产业发展呈现周期性特征，周期的不同阶段会对企业产生不同的影响。企业需要主动适应和应对产业生命周期的影响。分析产业生命周期可以使投资者理解和预测企业后续的发展潜力、面临的机会和威胁，评价企业应对策略是否得当等。通过分析产业生命周期，投资者可以发现产业爆发期什么时候出现，找到好的投资时点。投资者还可以弄清楚很多问题，如为什么近两年市场会选择光伏、风电、新能源汽车等赛道，而不是其他？氢能、元宇宙、区块链会不会成为下一个热门赛道？现在是不是介入的好时机？如果不是，介入时机在什么时候出现？本章对产业生命周期进行介绍，并说明在产业生命周期不同阶段的投资策略。

产业生命周期简介

通过总结产业发展历程，基于需求、增长率、市场集中度、竞争状况、技术成熟度等，产业生命周期将产业演变分为如图 12-1 所示的萌芽、成长、震荡、成熟、衰退五个阶段。

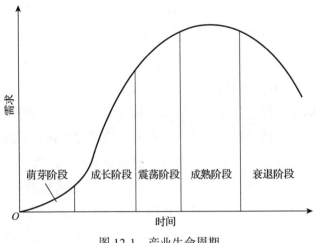

图 12-1　产业生命周期

产业生命周期是普遍规律，但不是所有产业都严格遵循该周期。有些产业没有经历完整的生命周期，可能在萌芽或成长阶段，受技术突破或环境变化的影响，直接进入衰退阶段，甚至消失了。有的产业成长迅速，萌芽阶段很短，甚至被跳过。例如，智能手机迅速取代功能手机，基本跳过了萌芽阶段。有的产业由于技术创新、社会变革等因素，在经历一段时间的衰退之后又会重新焕发活力。例如，床垫产业常被认为处于成熟阶段。然而，技术进步、人口老龄化、提高睡眠质量等因素让人们对高质量床垫有了新需求，床垫产业重新焕发活力。美国《商业周刊》"最佳小企业百强榜"就曾包括两家床垫企业，谁能想到床垫企业在美国能跻身高科技企业林立的百强榜。需要注意的是：产业生命周期每一阶段的时间跨度不同，没有统一的时间表，要结合具体情况具体分析；技术创新等会使产业呈现动态性；产业生命周期忽略了企业间差异，等等。这些在使用产业生命周期进行分析时都要加以留心。

萌芽阶段

萌芽阶段是产业发展的最初阶段。在萌芽阶段，产业刚开始发展，出于初始产品需要不断完善、顾客不熟悉新产品、分销渠道没有建立、缺乏互补性产品、成本居高不下等原因，产业发展缓慢。

在萌芽阶段，产品或服务的早期使用者被称为"创新者"，主要是"技术迷"。他们通常有相关的技术经验，出于技术原因而购买和使用产品，不太关心产品的完善程度和价格，注重从新技术、新产品的使用体验中获得乐趣。由于群体规模有限，因此产业在萌芽阶段的市场规模通常很小，而且发展缓慢。但这个群体对产业的后续发展至关重要，因为新技术、新产品的完善始于这个群体。在产品完善的过程中，早期使用者会进入市场。这些使用者知道产品和技术有重要价值，希望优先获得使用经验。这些使用者出现后，产品需求开始出现较大增长，产品性能更加完善，成本开始下降。

很多产业都没能或需要很长时间才能度过萌芽阶段。这主要由于新技术不被市场接受、成本下降太慢、互补品发展慢等。因此，萌芽阶段的产业有着巨大的不确定性。该阶段的很多企业无法度过萌芽阶段。近两年热门的元宇宙、区块链等概念，也都处于产业发展的萌芽阶段。萌芽产业将如何发展、能否度过萌芽阶段、什么时候度过萌芽阶段等都不明晰。2022年3月2日，国金证券研报指出：元宇宙仍处于初期投资庞大且获利不易阶段。除了产业发展情况不明，哪些企业将在产业发展中获益更难以预计。大概率事件是目前的多数企业都难以通过有效转型来把握新的产业机会。因此，对投资者而言：萌芽阶段的产业和企业不是好的投资选择，应等产业度过萌芽阶段进入成长阶段再考虑，规避萌芽阶段的不确定性。

成长阶段

随着需求上升，产业进入成长阶段。成长阶段的典型特征是：顾客逐渐熟悉产品，产品价格快速下降，销售渠道逐渐建立。产业进入成长阶段要满足三个条件：产品性能相对完善，对消费者有重要价值且易于使用；关键互补品大量出现并完善；产品成本和价格大幅下降，产品吸引力逐渐增强。例如，电动车很好地满足了这三个条件：续航里程不断提升，充电桩越来越普及，价格大幅下降，等等，使电动车产业进入成长阶段。

在成长阶段，根据进入市场时间的不同，消费者被分为早期从众者和晚期从众者。早期从众者是大众市场上较前沿的消费者，乐于尝试新事物，经过评估后对新技术和新产品感到满意，愿意使用。这个群体使市场规模快速扩大，需求增长会推动成本进一步下降。随着早期从众者的使用，新技术、新产品的市场渗透率会快速提升。渗透率达到一定程度后，新技术、新产品会被市场普遍接受，成为主流的技术和产品。这时，更多的消费者会接受新技术、新产品，选择购买。这些消费者被称为晚期从众者。晚期从众者是市场上规模最大的群体，他们的出现通常意味着产业进入了成长最快的阶段。

由于需求不同，早期使用者和早期从众者之间存在一个鸿沟，这个鸿沟对企业有着巨大的影响。如果不能跨越这个鸿沟，企业就无法享受市场需求的快速增长。早期使用者知道技术的未来价值，通过率先使用来获得经验，他们具备专业能力，不是特别在乎产品的缺陷和不足，可以通过专业分销渠道获得产品，对价格不敏感。游戏上市前会进行内测，很多内测者都是早期使用者，他们帮助寻找漏洞，对游戏进行完善。而早期从众者要求产品性能便捷可靠，可以通过大众渠道购买，注重产品性价比等，他们在产品开发、营销渠道、制造能力等方面对企业的要求和早期使用者完全不同，进而产生鸿沟。因此，企业要尽早注意到这个鸿沟，识别早期从众者的需求，建立分销渠道，完善产品以满足他们的需求等。通过这些调整，企业才能真正享受到市场成长的红利。

对投资者而言，成长阶段是最好也最容易的投资阶段，因为这个阶段的市场需求快速增长，产业中的企业致力于满足市场需求，企业间的竞争不激烈。需求爆发使企业具备较强的讨价还价能力，利润可以维持在较高水平。大量生产还使企业享受到累积效应（随着生产数量增加，单位成本会下降）等。在这个阶段，企业可以容易地维持高增速。因此，成长阶段产业容易被市场选为优质赛道。风电、新能源汽车等产业正处于成长阶段，产业中的不少企业备受市场青睐，涌现了大批"十倍股"。

投资者在分析成长阶段产业中的企业时，首先要确认企业已越过早期使用者和早期从众者间的鸿沟，能享受到市场需求爆发的红利。其次，要关注产业中存在的规格和路线之争，如光伏的182mm硅片与210mm硅片的尺寸之争、动力电池的路线之争等。再次，投资者要关注产业链中不同环节的讨价还价能力，选择讨价还价能力强的环节。例如，光伏需求爆发，硅料环节讨价还价能力最强，硅料企业最受益；电池链条中锂电原料等企业最受益。最后，选择具体企业时重点关注的指标就是产能。面对爆发的需求，具备更多有效产能的企业能享受到市场红利；产能跟不上的企业，只能眼睁睁地看着，无法享受红利。例如，拓普集团前几年大规模扩产，正好赶上了新能源汽车轻量化需求爆发的红利。

震荡阶段

需求终有天花板。市场需求快速增长时，企业会保持乐观，努力扩大产能。当产业成长进行到一定程度、新产品大规模渗透后，产业增速会降低。同时，企业扩大的产能陆续达产，使产业供给大于需求，出现供给过剩。这时，震荡阶段就到来了，如图12-2所示。震荡阶段介于成长阶段和成熟阶段之间，这一阶段对投资分析而言至关重要。

在震荡阶段，需求减速和供给增加会导致供给过剩。各企业为充分利用产能，会主动降价，导致价格战出现。供给过剩还会降低企业的讨价还价能力。同时，过剩的供给会导致企业开工不足，成本上升。因此，在震荡阶段，企业盈利增速下滑，甚至利润也可能下滑。为了在竞争中胜出，企业不仅要进行成本控制，而且要开展差异化竞争。然而，能做到这些的企业有限，尤其是有些企业在成长阶段的管理过于粗放，不具备精细化管理能力，使部分企业在竞争中败下阵来，最终产业供给降低，使市场回到供需平衡状态。

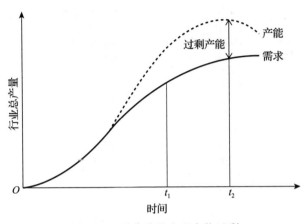

图 12-2　震荡阶段出现产能过剩

　　投资者最好回避震荡阶段。在震荡阶段，供给过剩导致的价格战不仅会使企业盈利增速下滑，还可能使利润下滑，形成戴维斯双杀。同时，震荡阶段对企业管理能力也提出了更高的要求，但管理能力难以被投资者认识和评价，使投资者难以选出最后的赢家。即使选出具备最好管理能力的企业，这些企业也可能面临戴维斯双杀的局面，其股价在震荡阶段也会面临巨大压力，因此，处于震荡阶段的企业不是好的投资选择。

　　光伏已经进入产业震荡阶段。表 12-1 是 2021—2023 年国内单晶硅片的产能汇总。光伏产业目前虽然仍保持较高增速，但这些产能达产后大概率会出现供给过剩。企业间的竞争会激烈很多，价格战也可能发生。光伏企业的股价前景并不乐观。不可否认，优秀的企业可能会顺利进入成熟阶段，但进入震荡阶段的产业更多是加速了小企业和竞争力不强的企业的出清。震荡阶段的持续时间、竞争激烈程度及谁能笑到最后都难以判断。投资者选择回避可能是更明智的做法。

表 12-1 2021—2023 年国内单晶硅片产能汇总

企业	2021 年单晶硅片产能	2022 年单晶硅片产能	2023 年单晶硅片产能
隆基股份	105GW	125GW	145GW
TCL 中环	55GW	115GW	135GW
晶科能源	28GW	50GW	70GW
晶澳科技	18GW	32GW	32GW+
广东高景	15GW	30GW	50GW
上机数控	20GW	30GW	40GW
双良节能	20GW	40GW	40GW+
内蒙古弘元	26GW	30GW	30GW+
包头美科	18GW	35GW	35GW+
京运通	15GW	34GW	34GW+
通威永祥	7.5GW	15GW	15GW+
楚雄宇泽	3GW	13GW	20GW
协鑫科技	10GW	10GW	10GW
东方希望	0GW	10GW	20GW
阿特斯太阳能	6GW	11GW	11GW
内蒙古豪安	7GW	12GW	12GW
宁夏矽晶	4GW	4GW	4GW
安徽阜兴	0GW	10GW	10GW
阳光能源	5GW	5GW	5GW
清电能源	0GW	10GW	10GW
东方日升	0GW	0GW	10GW
宝丰能源	0GW	0GW	2.5GW
其他	10GW	10GW	20GW
合计	372.5GW	631GW	760.5GW+

　　动力电池也有向震荡阶段过渡的征兆。无论宁德时代的规划产能，还是 LG 新能源 IPO 募资扩大生产，抑或是其他企业的规划，都在"疯狂上产能"。第十章在介绍五力模型时提到，电池企业的顾客不仅讨价还价能力强，而且会主动扶持其他企业，规避产业中出现某家企业独占鳌头的局面。电池企业产能大幅提升后，未来产业大概率会迎来激烈的竞争。如果投资者抱着产业长久增长的看法，忽略震荡阶段的靠近，就会面临损失。

成熟阶段

　　震荡阶段的激烈竞争会让企业出现优胜劣汰及企业合并，化解过剩产能的产业逐步进入成熟阶段。在成熟阶段，市场需求接近饱和，基本没有增长或增长很小。在这个阶段，产业中存在不少中型企业和有特色的小企业，但产业由少数大企业主导。前期竞争后的主导大企业选择相互依赖，通过集体行动来降低产业中的竞争，采取策略阻止新企业进入及控制产业内的对抗，保护产业盈利能力。

主导大企业阻止新企业进入的策略主要有产品多样化、降价、保留过剩产能等。通过产品多样化，压缩新进入企业的市场空间；通过降价，使新进入企业很难实现盈亏平衡，从而建立进入壁垒；保留过剩产能，造成产业内产能增加的威胁，从而阻止新企业进入。为控制产业内的对抗，主导大企业主要采取价格信号、价格领导、产能控制、非价格竞争等手段。价格信号是企业改变价格传递信号，告诉对手它会对竞争行动以牙还牙，阻止对手行动；价格领导是一家企业负责产业定价，如白酒行业的贵州茅台、钢铁行业的宝钢股份；产能控制是主导大企业达成协议或默契，约定各自产能，避免供过于求，比如 OPEC（石油输出国组织）对产能的协商；非价格竞争主要是企业通过差异化方式竞争，如新产品替换现有产品、开发新细分市场等。

成熟产业中的主导大企业有更大的话语权、更多的策略选择，因为它们是从激烈的竞争中脱颖而出的赢家，具备强大的竞争力。因此，成熟产业中的主导大企业不仅可以维持盈利水平，还可以实现盈利增长。例如，晨光文具 2021 年营业收入达 176.07 亿元，同比增长 34.02%；归母净利润 15.18 亿元，同比增长 20.90%。在 2020 年同期高基数、"双减"政策冲击、新冠疫情反复及原材料价格上涨的背景下，晨光文具的收入和利润仍保持较好增速，业绩表现超市场预期。在文具这个成熟产业中，晨光文具依靠强大的竞争力，通过开发新产品、进军高端市场、进入细分市场等策略实现了盈利增长。

相反，成熟产业中的中小企业会受到主导大企业的压制。中小企业通常采取差异化策略，在细分市场竞争，这会限制企业的成长空间。如果这些企业取得较好增长，不断提升规模和市场份额，威胁到主导大企业，就会招致打压。中小企业的竞争力不如主导大企业，也限制了企业的成长。

因此，在成熟产业中，如果没有发生剧烈变化，主导大企业只要不犯错，就可以较容易地维持优势地位；中小企业做大、做强需要付出巨大努力，甚至还需要一点运气。

对投资者而言，成熟产业好的投资标的是主导大企业，尤其是行业龙头。具体标的选择要看市场结构。根据第十章介绍的主要的市场结构，成熟产业最可能的结构是一超、一超多强和双龙头结构。其中，一超结构分两种情况：一些关系国计民生的公共服务企业面临政府限价，赚钱不容易，不是好的投资标的；通过竞争成为一超的企业，赚钱较容易，最大风险是反垄断。长期来看，一超企业是不错的投资标的，最好的介入时机是在反垄断末期，政策风险充分释放后。一超多强的结构竞争激烈，市场格局也容易向一超或双龙头演化。对投资者而言，这种结构存在不确定性，不如另外两种结构好。双龙头是一个稳定的结构，市场格局确立后，会出现好的投资时机。

衰退阶段

任何产业都有由盛转衰的时候，市场需求下降，规模开始缩小，产业进入衰退阶段。造成衰退的主要原因是技术变革、社会风尚变化、人口变迁等。例如，新技术出现导致原有技术被替代，使产业衰退，如智能手机不仅替代了功能手机，还取代了数码相机。衰退会导致产业竞争变激烈，产业利润下降。影响竞争强度的主要因素有衰退速度、产业固定成本、退出壁垒和产品大路货性质。衰退速度越快，产业固定成本越高，退出壁垒越高，产品大路货性质越强，竞争会越激烈，产业和企业的利润受影响越大。

投资者通常要规避衰退产业，因为产业前景不乐观。但是，衰退产业中也蕴含三种投资机会。

第一，有些企业可以在衰退较慢的产业中通过提升市场占有率等方式保持增长。例如，菲利普·莫里斯国际公司在衰退的烟草产业走出长牛趋势。因此，投资者可以在缓慢衰退的产业中寻找有竞争力、能提升市场份额的企业。

第二，衰退产业中的企业可以通过重组、并购、内部拓展等方式转型进入新产业。例如，杉杉股份由服装企业逐渐变为电池负极材料企业。转型会给企业带来新的发展机遇。对这些企业的投资策略是：等转型初见成效后再考虑，而不是赌企业会转型或企业刚转型就介入。这样可以规避企业转型失败的风险，且转型成功后企业依然有很大的发展空间。

第三，在淘汰落后产能的大背景下，去产能政策可能会改变产业供需关系，使产业中的在位企业享受政策红利，企业利润出现好转甚至增长。因此，投资者可以关注淘汰落后产能政策带来的机会，如煤炭企业就受益于关停小煤矿的政策，出现了不错的投资机会。

总之，通过分析产业生命周期，投资者可以认识产业发展规律，针对产业的不同阶段选择不同的投资策略。需要注意的是，产业生命周期不关注具体企业，无法帮助投资者发现企业间的差异。因此，运用产业生命周期分析时要结合其他工具，选择处于好产业阶段的好企业进行投资，才能取得高胜率和好收益。

第十三章

识别价值来源的价值链分析

第十一章指出：企业的竞争优势源自通过创新、品质、效率和顾客响应所达成的低成本和/或差异化。在此基础上，投资者需要进一步分析并发现具体是哪些环节或活动对企业竞争优势有用，或者对企业创造价值、实现好业绩有意义。比如，苹果手机背面或包装上有如下字样：Designed by Apple in California，Assembled in China。翻译如下：加利福尼亚州苹果公司设计，中国组装。这就引出问题：苹果手机为什么要在美国加利福尼亚州设计而在中国组装呢？很多人会想到中国人力成本便宜，在中国组装可以降低成本。那苹果手机为什么不在中国设计呢？用中国人力资源也能降低设计成本啊！其他跨国公司为什么不在本国生产，而是在中国生产？为什么又把生产从中国搬到越南、缅甸等东南亚国家？设计环节为什么没有放到中国，更没有放到越南、缅甸呢？如果中国人力资源无法满足研发的要求，为什么又有大量跨国公司在中国设立研发中心甚至全球研发中心呢？价值链分析可以回答上述问题。

价值链分析简介

　　价值链分析是解析和确定企业竞争优势的重要工具。企业有很多活动，如果把企业作为整体考察，就无法识别出是哪些环节或活动对竞争优势有用，因此要把企业分解，通过考察单个环节或活动及它们间的关系来确定竞争优势的来源。价值链是企业将投入转化为产出的一系列活动链，包含为产品增加价值的基本活动和支持活动（见图 13-1）。基本活动包括研发、生产、营销与销售、客户服务等，支持活动主要有企业基础设施（如组织结构、控制系统、组织文化）、信息系统、物料管理、人力资源等。

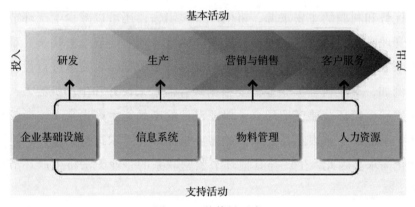

图 13-1　价值链示意

价值链分析主要关注如下几个方面。

　　不同环节或活动价值创造能力的大小。企业的各个环节或活动都很重要，对竞争优势及业绩都有作用，但各个环节和活动创造价值的能力是有差异的。如图 13-1 所示，你认为在基本活动中哪个环节对微软公司更重要，创造价值更大？应该是研发，因为微软需要不断更新、升级操作系统，保证操作系统的竞争力。在网络环境下，微软的很多软件都不需要生产环节了。此外，微软的主要客户是戴尔、惠普等企业，消费者遇到问题会找销售产品的企业而不是微软，因此客户服务环节对微软而言不那么重要。在支持活动中，微软在线销售软件需要确保高速下载，而不会过于重视物料管理。对制造企业而言，各个环节和活动的重要程度及价值创造能力就不一样了。在客户服务方面，工程机械企业必须为客户提供快速响应，避免客户由于机械故障而停工，需要向快速响应方向努力，且需要提升物料管理环节的重要性。因此，进行价值链分析时，要分析不同环节或活动价值创造能力的大小，发现这些环节和活动对企业的重要性。

各个环节之间的联系。 价值链分析还要关注各个环节和活动的联系，尤其是有些环节和活动相对独立，有些环节和活动联系紧密，难以独立出来。例如，苹果手机是标准品，设计出来后可以按照图纸进行标准化生产。服装等企业也一样。这些企业可以将产品生产环节独立出来，因为这个环节和其他环节的联系不太紧密。同时，对苹果等企业而言，生产环节不是竞争优势和利润的主要来源，将生产外包出去，还可以减少生产环节的投资及管理成本。相反，有些企业的生产环节与其他环节紧密联系，难以独立出来。不少制造企业的产品并非标准品，要根据顾客需求进行设计、生产。例如，工业机器人企业需要根据顾客需求来设计和生产机器人，企业的研发和生产环节要密切配合，保证设计的产品能生产出来。埃斯顿在投资者关系活动中就表示，公司产品需要根据顾客需求进行调整，满足顾客个性化需求。因此，生产与其他环节紧密联系的企业无法将生产环节外包出去。

关注产业与群组的价值链差异。 不同产业的价值链不同，投资者需要考虑这些差异，针对产业特点进行价值链分析。例如，化学药产业中的企业呈现两大战略群组：创新药企和仿制药企。创新药企专注于创新药物研发，通过高额研发投入来开发有创新性、有专利保护的药物，通过高价销售创新药来获取利润；仿制药企的目标是仿制过期的专利药，研发费用低，主要通过低价销售仿制药来获取利润。这两类企业的价值链就有所不同。创新药企的核心竞争力是开发创新药的能力，研发对企业至关重要，各种支持活动都为研发服务。仿制药企研发活动的重要性大大下降，企业重要竞争力是低成本生产质量稳定的仿制药，生产环节的重要性大大提高。在营销与销售方面，创新药企要具备强大的推广能力，保证创新药能尽快被消费者使用。仿制药企不太需要强力推广，更注重产品在各个渠道的可达性。可见，创新药企和仿制药企的价值链有着明显差异，在进行分析时必须注意这些差异。

重视价值链的演变和趋势。企业价值链不是一成不变的，环境变化、业务调整、并购重组等都会导致价值链发生变化。投资者要关注价值链的演变，尤其是趋势性变化。例如，医药、医保相关政策的调整，尤其是集采，使医药企业的价值链发生了巨大变化。以往仿制药可以卖高价，使很多医药企业注重开发仿制药，而不是创新药。另外，药品主要通过医生到达患者手中，药品入院有复杂流程，使很多药企重销售、轻研发，医药企业价值链中研发活动的重要性明显低于销售环节。集采后，仿制药价格大幅下降，很多医药企业不得不转型，或成为创新药企，或转为仿制药企。如果转型为创新药企，研发活动在价值链中的作用会大幅提高；如果转型为仿制药企，降低生产成本就对企业至关重要，需要提高生产环节在价值链中的地位。在企业发展过程中，价值链也是不断变化的。例如，很多初创企业早期业务单一、人员较少，会通过将会计、人力资源等支持职能外包来节省成本。随着企业成长，业务越来越复杂，员工越来越多，内部需要有会计、人力资源等职能部门，价值链就发生变化。因此，价值链分析必须重视价值链的演变和趋势，这样才能更好地发现企业竞争优势的来源。

在整个产业链条中分析价值链。由于产业分工越来越细、外包活动等越来越普及，很多企业都不再完成某些业务或活动，而是由其他企业代为完成。同时，由于技术进步等原因，企业价值链会变化，可能对整个产业产生影响。因此，价值链分析要在整个产业链条中进行。例如，近年来医药行业中的BD（Business Development，商务拓展）交易越来越多，对价值链产生一定影响。通过BD交易，一些小型创新药企可以专注于研发，通过将研发成果卖给或授权给大型药企来增强自身实力。那么，小型创新药企的价值链相对简单。同样，大型药企除了自身研发，还要注意市场中的机会，通过BD交易来弥补研发管线的不足或充实研发管线。为更好地通过BD交易来保持竞争优势，这些企业的价值链也会相应发生变化。无论对小型创新药企还是大型药企而言，都要在整个产业链条中分析价值链，这样才能识别并保持竞争优势。产业链中某些企业的变化，尤其是核心企业的变化，可能导致产业链中很多企业受影响。例如，欧菲光被苹果踢出供应链后，营业收入中占 1/5 的摄像头业务难以为继，欧菲光不得不将原特定客户业务出售给闻泰科技，这种变化对欧菲光价值链产生了重大影响。

总之，价值链分析是一种重要的分析工具。通过价值链分析，可以识别竞争优势来源，使企业可以根据价值链对业务和活动进行管理，建立和保持竞争优势。同时，价值链不断变化，投资者需要在整个产业链条中理解价值链，并掌握价值链的变化趋势。

如何用价值链分析

投资者利用价值链分析工具需要关注如下几个方面。

用价值链来认识和理解企业。价值链分析可以帮助投资者深入、具体地认识企业，尤其是发现竞争优势的来源。例如，前面介绍的鸿路钢构是通过高效率运作降低成本，构建竞争优势和壁垒的。那么，高效率、低成本是如何实现的？哪些业务或活动支持了其运作呢？在实践中，企业活动比理论分析或纸面所述要复杂很多，竞争优势来源也更复杂和难以识别，否则竞争优势可能很快被模仿。但是，通过价值链分析，投资者还是可以大概看到鸿路钢构的高效率、低成本优势的来源。作为钢结构加工企业，基本活动中的生产环节对鸿路钢构至关重要，研发、营销与销售、客户服务环节的重要性相对较弱，但必须支持高效率、低成本的目标；支持活动中的信息系统、物料管理、人力资源等，也要为高效率、低成本目标服务。例如，鸿路钢构的高效率、低成本主要是在生产环节实现的，但该目标实现离不开信息系统、物料管理、人力资源等活动的支持（具体见第十一章的竞争优势分析）。

关注变化对企业价值链的影响。无论外部环境还是企业自身的变化，都会对价值链形成影响，进而影响企业业绩。判断业绩变化有利于投资者把握投资机会，规避投资风险。分析变化对企业价值链的影响，可以使投资者更好地认识变化会对企业产生什么影响，进而发现企业业绩可能的变化。新冠疫情的出现对全球产生了深远影响，也给很多公司带来巨大影响，而且影响是多方面的。例如，巨星科技主营业务为手工具、动力工具、激光测量仪器、存储箱柜的研发生产和销售，被称为手工具出海龙头，通过 ODM[⊖]方式向海外销售产品。巨星科技持续推进自有品牌与海外线上业务，不断提高自有品牌占比，还收购了 Arrow、Prime-line、Lista 等国际知名品牌。除了在国内布局，巨星科技还在东南亚建厂。

巨星科技在研发环节享受着国内研发人力成本低、速度快的优势。据巨星科技介绍，国内研发人员的工资大概是国外研发人员的 1/6，甚至更低。新冠疫情发生后，国外很多公司长时间居家办公，导致国外竞争对手的研发效率大大下降，巨星科技的研发优势更加凸显，研发活动的价值被增强。在生产环节，巨星科技基于中国和东南亚成本优势开展竞争。新冠疫情发生后，东南亚的生产受到较大影响。同时，原材料价格上涨对成本产生影响，削弱了生产环节的价值创造能力。在营销与销售环节，新冠疫情导致海运价格大幅上涨，增加了运费成本，挤压了利润。但是，巨星科技表示：工具产业在国外没有太多制造基地，都是中国公司在竞争，在同一环境下，巨星科技拿到的船期、船公司关系、客户关系、船价都比竞争对手好。整体看，新冠疫情对巨星科技价值链产生了很大影响，造成价值链很多环节的价值创造能力下降。但仅关注变化对单一企业价值链的影响是不够的，投资者还要分析变化对竞争对手的影响。通过分析可以发现，新冠疫情对整个工具产业都产生了巨大影响。巨星科技作为产业龙头，价值链受到的冲击是小于同行的，但盈利情况也并不乐观。公司的 2021 年业绩预告也支持了这个判断。

⊖　ODM（Original Design Manufacture）是指一家厂商根据另一家厂商的规格与要求来设计和生产产品。

2021年度，全球经济在新冠疫情不断反复的大背景下，产生了许多深刻的变化，全球工具市场的需求和供应链格局持续发生着一些有利于公司长期竞争力的变化，主要包括：美国房地产市场持续保持景气和繁荣，带来各类工具需求的稳定上行；从第二季度开始，原材料大宗商品价格不断走高，全球运费不断上涨且国际物流出现堵塞，虽然对公司的盈利能力产生了较大的负面影响，但是凸显了公司全球布局全产业链的优势，持续获得了市场份额的提升；国际上一些中小型工具公司虽然依靠市场景气获得了订单，但是由于成本上涨远快于收入上涨，导致现金流持续恶化，行业进一步得到出清。在这一大的背景下，公司凭借稳定的供应链、研发优势和渠道管理能力持续获取市场份额，预计公司营业收入首次超过100亿元，主营业务增长超过30%。（据2021年年报数据，公司营业收入109.2亿元，同比增长27.8%。）

报告期内，人民币持续走强，全年美元兑人民币汇率中间价平均值相比2020年升值6.9%；同时公司国际物流成本大幅上升，国际海运费用和港口滞留费用同比增长100%以上；最后公司主要原材料价格比2020年明显上涨，尽管公司对上游供应商议价能力较强，但各项采购成本仍不可避免地上涨。上述成本因素史无前例地同时发生，对公司盈利能力带来不利变化，且幅度巨大，尽管公司对客户和终端进行了不同程度的涨价，但各项成本超预期增长，无法全部覆盖成本变动带来的影响，导致报告期内公司毛利率创历史最低水平。

判断企业行为是否符合价值链规律。通过判断企业行为是否符合价值链规律，投资者可以判断这些行为对业绩的影响。以日本电影公司为例。日本前三大电影公司是东宝、东映和松竹。受新冠疫情的影响，国内电影公司普遍亏损，按理说日本电影公司也好不了。然而，事实并非如此。这三家日本电影公司虽然利润大打折扣，但东宝和东映没有亏损，主要原因是它们延伸了价值链，提高了应对风险和生存的能力。具体而言，国内电影公司只负责电影产业链中的某一环节，如光线传媒等企业负责制作、万达等院线负责发行。相反，日本电影公司包揽多个环节。这些公司还有相当数量的土地和楼宇，提供餐饮、购物、娱乐等服务，形成了完整的城市商业圈。这些公司通过延伸和丰富价值链，提高了应对风险和生存的能力。想想国内的地铁公司，是不是也应该通过地铁物业来丰富自己的价值链呢？

再看杭氧股份。杭氧股份的主营业务有设备与工程业务、气体业务。设备与工程业务产品主要包括成套空气分离设备及部机、石化设备等，气体业务产品主要有氧、氮、氩、氖、氦、氙、氪、高纯氧、高纯氮、医用氧、二氧化碳、混合气体等。杭氧股份以往主要生产大型空分装置，价值链是围绕大型空分装置的研发、生产、销售、服务等。通过业务转型，装置和气体共同发展后，杭氧股份不断提高气体业务的比重，丰富了自身的价值链，削弱了大型空分装置的周期性，显著提高了公司的业绩和估值。

相反，有些企业的行为不符合价值链规律，给企业带来的是伤害。例如，有些上市公司以建立研发中心的名义增发，然后将募集到的资金拿去盖楼，而不是开发更好的产品。还有一些公司，价值链的核心是研发活动，应采取轻资产模式经营，却斥巨资进行重资产投资。这些公司无视价值链规律，结果也可想而知。

总之，价值链分析不仅可以帮助投资者认识和理解企业，而且可以帮助投资者分析变化对企业的影响以及评价企业行为能否创造价值，更好地预测业绩，开展投资活动。

| 案例分析 | **创新药企与 CRO 的关系**

过去两三年，CRO⊖是资本市场最火的赛道之一，大量企业股价涨幅惊

⊖ CRO（Contract Research Organization）是指通过合同形式为制药企业、医疗机构等机构在基础医学和临床医学研发过程中提供专业化服务的商业性的科学机构。

人。CRO 行业的确有很好的发展空间，但空间有多大，是否像资本市场预判的那样，却值得探讨。CRO 企业的客户是药企，通过分析药企的价值链，投资者可以判断 CRO 行业规模有多大，成长上限在哪里。

药企尤其是创新药企的价值链相对简单，基础活动主要是研发、生产、营销与销售环节，还有信息系统、人力资源等支持活动。新药研发的大概流程如图 13-2 所示。研发环节要特别注意两点：一是在实验室研发阶段，要尽可能研发首创新药，或至少研发更有优势的药物，如果研发的是同类药物，甚至差于同类的药物，即使药物上市，也难以获取好的收益；二是在临床阶段，除了验证药物安全有效，还要发现药物的独特之处，这有助于药物上市后获得商业化成功。整个研发环节对药企尤其是创新药企至关重要，是其价值链最核心的环节，对后续营销与销售等活动都有重要影响。

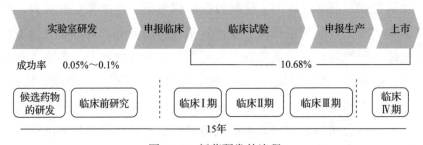

图 13-2　新药研发的流程

资料来源："食药合理健康"微信公众号。

通过价值链分析可以发现：研发活动是创新药企的核心竞争力，而且和后续的营销与销售等活动有着密切的联系。创新药企应该将这个活动把握在自己手中，在实验室研发阶段，创新药企在具备能力的情况下应该主要依赖自己来研发药物，在较低程度上依赖外部协助。在临床试验阶段，药物可能需要开展多次临床试验，或在多个国家开展临床试验。那么，至少在最初的临床试验环节，为发现药物的独特优势，企业需要自己主导，至少高度参与。也就是说，具备相应能力的企业应该主导整个研发环节，不要完全外包给 CRO 企业完成。在不具备研发能力的情况下，大量企业会将研发环节交给 CRO 企业。CRO 企业的确在很多方面有优势，但是，对

CRO 行业过于乐观，甚至夸张地认为以后医药行业的研发、临床等活动将由 CRO 企业主导，用医药行业的研发、临床投资来计算 CRO 的行业空间，导致的结果就是 CRO 企业的估值产生了严重泡沫。

结合价值链分析，可以做出如下基本判断：长期来看，国内医药行业会出现大洗牌。虽然不少企业正在利用手中资金，通过 CRO 放手一搏，但大量没核心能力的企业还是会被市场淘汰，最后活下来的企业都是积累了核心竞争力，尤其是有研发能力的创新药企。这些药企从价值链出发，会主导药物的研发和临床过程，不可能将大多数研发和临床活动外包给 CRO 企业完成。当然，由于 CRO 的优势，CRO 企业依然可以在医药产业中占据一定份额。因此，对于 CRO 行业和企业，投资者更需要理性判断，而不是盲目乐观！

第十四章

从商业模式角度理解公司

近些年，网约车、共享单车、外卖等平台的发展，给人们的生活带来极大的便利，也为投资者创造了不菲的收益。与传统企业的发展模式相比，这些平台背后的企业有一个明显的不同：不是通过开发新产品进入市场，而是采用新方法把已有产品、资源等整合起来，通过新商业模式进入市场。商业模式直接影响创业结果及一级市场估值。股票市场对商业模式的讨论较少，但商业模式对企业价值有重大影响，是投资者必不可少的关注点。

科学技术的快速发展使越来越多的企业通过设计新颖、高效的资源整合方式，而不是通过开发新产品来满足市场需求。企业也再不局限于通过提供产品来满足顾客需求，而是通过提供服务、解决方案等来解决顾客的问题。大量商业模式的出现导致企业间的竞争不再局限于产品，而是在商业模式层面展开。管理大师彼得·德鲁克曾总结：当今企业之间的竞争，不是产品之间的竞争，而是商业模式之间的竞争。

商业模式

　　商业模式是企业关于如何竞争、如何使用资源、如何构建关系、如何与顾客互动的计划，描述企业创造、传递及获取价值的核心逻辑和运行机制。其中，创造价值是基于客户需求提供解决方案；传递价值是通过资源配置、活动安排来交付价值；获取价值是通过盈利模式来获取利润。因此，商业模式超越了企业的边界。戴尔公司的成功就离不开对商业模式的设计。图 14-1 是戴尔公司与传统计算机制造商的商业模式对比。戴尔公司的整个业务流程更简洁，少了零售商、库存等环节。由于没有中间商赚差价，没有库存对资金的占用及仓储成本，不考虑过时产品的折扣促销等，戴尔公司有更低的成本结构，因此戴尔公司可以把计算机以更低的价格卖给顾客，低价销售有助于提高销量，帮助戴尔公司赚取更多利润。

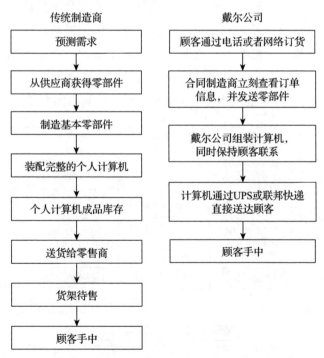

图 14-1　戴尔公司与传统计算机制造商的商业模式对比

苹果公司的成功也离不开其"天衣无缝的软硬结合"。苹果公司的成功不仅仅在于产品创新,更关键的是商业模式。苹果公司的高管曾总结:苹果公司成功的秘密在于把最好的软件装在最好的硬件里。例如,苹果公司凭借 iPod 和 iTunes 组合的商业模式成为市场主导,颠覆了音乐行业。在这个模式中,苹果公司赢利有两个主要来源:通过卖硬件获得一次性的高额利润;通过卖音乐获得重复购买的持续利润,且两个赢利方式互相加强,形成良性循环。

总之,分析和理解企业商业模式有助于认识企业竞争优势和利润的来源。那么,如何分析和理解企业商业模式呢?商业模式画布能给投资者提供指导。

商业模式画布

分析商业模式使用最多的工具是商业模式画布○。商业模式画布将商业运营的主要活动为九个模块,描述如何创造、传递和获取价值,展示创造利润的逻辑。九个模块是客户细分、价值主张、渠道通路、客户关系、收入来源、核心资源、关键业务、重要合作和成本结构,覆盖了四个方面:客户、产品或服务、基础设施及财务能力。具体的商业模式画布如图 14-2 所示。以价值主张为界,左侧的四个模块更重视效率,右侧的四个模块更重视价值。

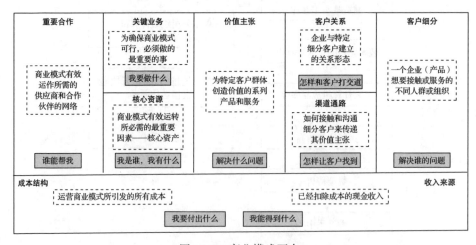

图 14-2　商业模式画布

○ 有关商业模式画布的详细介绍,请参阅机械工业出版社 2011 年出版的《商业模式新生代》。

- **客户细分**描述企业想接触和服务的群体，重点关注：企业在为谁创造价值？谁是企业最重要的客户？
- **价值主张**描述为特定客户创造价值的产品和服务，重点关注：企业该向客户传递什么样的价值？帮助客户解决哪一类难题？满足哪些客户需求？提供给客户哪些产品和服务？
- **渠道通路**描述企业如何沟通、接触客户来传递价值主张，重点关注：通过哪些渠道可以接触客户？如何接触客户？渠道如何整合？哪些渠道最有效？哪些渠道成本效益最好？如何把渠道与客户进行整合？
- **客户关系**描述企业与客户的关系，重点关注：客户希望企业与之建立并保持何种关系？已经建立了哪些关系？关系的成本如何？如何把它们与商业模式的其他部分整合？
- **收入来源**描述企业从客户获取的收入，重点关注：什么价值让客户愿意付费？他们付费买什么？如何支付费用？更愿意如何支付？每个收入来源占比多少？
- **核心资源**描述支持商业模式有效运作的重要因素，重点关注：价值主张、渠道通路、客户关系、收入来源等需要什么核心资源？
- **关键业务**描述企业为确保商业模式可行而必须做的事情，重点关注：价值主张、渠道通路、客户关系、收入来源等需要哪些关键业务？
- **重要合作**描述让商业模式有效运作所必需的供应商与合作伙伴的网络，重点关注：谁是企业重要伙伴？谁是重要供应商？企业从伙伴哪里获取哪些核心资源？合作伙伴执行哪些关键业务？
- *成本结构*描述运营商业模式的所有成本，重点关注：什么是商业模式中最重要的固有成本？哪些核心资源花费最多？哪些关键业务花费最多？

如何用商业模式画布分析企业呢？用两个例子说明。第一个例子是苹果公司 iPod 和 iTunes 的商业模式。2001 年苹果公司发布 iPod，需要和 iTunes

结合使用，客户可以将音乐和其他内容从 iPod 同步到计算机。iTunes 提供了与苹果在线商店的连接，客户可以购买和下载所需内容。这种设备、软件、在线商店的组合颠覆了音乐产业，给苹果公司带来市场主导地位。然而，苹果公司不是第一家推出便携式媒体播放器的企业，它如何实现这种优势的呢？一方面，苹果公司通过设备、软件和在线商店组合，为客户提供无缝音乐体验。苹果公司的价值主张是让客户轻松搜索、购买和享受音乐。另一方面，为使价值主张成为可能，苹果公司与大型唱片公司谈判，建立世界最大的在线音乐库。关键点在于苹果公司通过销售 iPod 赚取收入，同时整合设备与在线商店，把竞争对手挡在门外。苹果公司 iPod 和 iTunes 的商业模式画布如图 14-3 所示。该商业模式的客户细分是有音乐需求的大众市场；价值主张是提供无缝音乐体验；渠道通路是苹果在线商店；客户关系是挚爱品牌的"果粉"，有很高的转换成本；收入来源是出售 iPod 的硬件收入及在线商店出售音乐的收入；核心资源是苹果公司的品牌、软硬件、提供的内容等；关键业务是硬件设计和营销；重要合作是通过 OEM[⊖]方式生产，以及与唱片公司合作的音乐版权；成本结构包括人力、制造、营销与销售成本等。

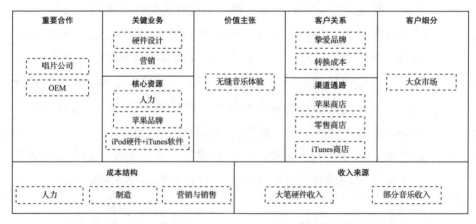

图 14-3　苹果公司 iPod 和 iTunes 的商业模式画布

⊖　OEM（Original Equipment Manufacture）是指一家厂商根据另一家厂商的规格和要求来生产产品，但不参与设计。

第二个例子是共享单车的商业模式。共享单车的客户细分是通过公共交通出行，但"最后一公里"要步行的人；价值主张是为客户提供方便、便宜的短距离交通工具，解决"最后一公里"问题；渠道通路是扫码支付，提供随用随停的自行车租赁服务，在人员密集区投放自行车同客户接触；客户关系主要通过注册会员，提供低廉价格和便捷使用，与客户建立无须维护但相对稳固的关系；收入来源主要有两块，客户使用自行车获得的计时或计次收入以及客户押金成为可免费使用的沉淀资金；核心资源是通过推广建立的庞大客户群体；关键业务是提供共享单车租赁业务及可能的拓展；重要合作包括投资方提供的启动和推广资金，从设备方定制购买的共享单车；成本结构主要是车辆购置和维护费用及业务运营拓展费用。整合起来得到如图 14-4 所示的共享单车的商业模式画布。通过画布可以清晰地理解共享单车的商业模式是如何运作的，了解创造价值和产生利润的主要来源。

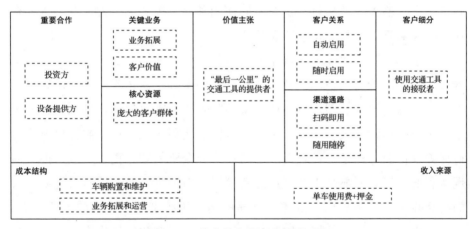

图 14-4　共享单车的商业模式画布

投资者如何进行商业模式分析

商业模式是分析企业的重要工具。投资者可以从商业模式的角度分析企业，了解企业如何创造价值并产生利润、利润能否增长、增长速度如何等。具体而言，投资者对企业商业模式的分析主要有如下五个方面。

理解商业模式，发现企业利润来源。投资任何一家企业都是看重企业未来创造价值并产生利润的能力与潜力。那么，投资者首先必须弄清楚企业如何创造价值并产生利润，这恰恰是商业模式的核心。通过商业模式画布这个工具，投资者可以描述企业商业模式，发现利润来源。共享单车商业模式通过满足"最后一公里"出行需求来收取租赁费用，减去车辆购置和维护费用、业务运营拓展费用等产生利润。共享单车商业模式听上去很美好，直击出行痛点，但实际看，这个模式并不成功，至少在很长一段时间内没有为共享单车企业和投资人创造利润，为什么？可以通过对共享单车和网约车的商业模式进行比较来发现原因。表面看，网约车和共享单车的商业模式有很多相似之处，都依赖信息技术来满足消费者的出行需求，收入来源、渠道通路、客户关系、关键业务等都比较接近。但是，网约车和共享单车的商业模式里最重要的一个不同是：网约车车辆由车主自带，共享单车车辆由企业提供。这个不同使两种商业模式的关键业务、重要合作、收入来源、成本结构等明显不同。

共享单车的主要收入来源是消费者扫码租车费用，成本包括共享单车购买、维护、折旧等费用，及业务运营拓展费等。总体看，共享单车是一种重资产运营模式。网约车商业模式的收入主要来自对司机的抽成，成本主要是业务运营拓展费用等，不需投入巨资购买车辆，也不需要对车辆进行保养、折旧等，是一种轻资产运营模式。众所周知，重资产运营模式实现盈利的难度要明显高于轻资产运营模式，因为重资产运营模式需要巨大的初始投资、高额的财务成本、高昂的运营维护费用、庞大的折旧费等。这些费用相对固定，并不会因为企业运营等方面变化而发生大的改变，导致企业日常经营中背负沉重负担。当市场竞争、环境变化等因素导致企业收入波动时，企业利润也会剧烈波动，很容易出现由盈转亏的局面。相反，轻资产运营模式的企业没有庞大的初始投入、高昂的运营维护费及高额的资产折旧费，企业日常运营的负担轻，应对收入波动更有弹性，实现盈利也更容易。共享单车的重资产运营模式面临巨大负担，实现盈利难度大，尤其在市场激烈竞争时；网约车采用轻资产运营模式，负担小、弹性大，实现盈利也轻松很多。投资者依据基本的商业常识就可以判断，共享单车的这种商业模式赚钱不容易，且赚钱以前需要持续投入大量资金；网约车的这种商业模式，虽然也要花钱形成网络效应，但不存在巨额的资产负担，实现盈利难度小很多。综合比较，网约车的商业模式明显优于共享单车。

投资者通过分析商业模式，可以发现企业如何盈利及盈利难度有多大，判断是不是好的投资选择。例如，航空公司的商业模式和共享单车有不少类似之处，也是重资产运营模式，而且，竞争同质化、容易受外部环境影响等原因让航空公司的盈利难度更大。总之，通过分析理解企业的商业模式，弄清企业是如何创造价值并生产利润的，有助于投资者判断企业未来创造价值并产生利润的能力与潜力，进而进行投资选择。

评价商业模式，发现内外部潜在威胁。投资者需要对企业的商业模式进行评价，尤其是发现内外部的潜在威胁。还以共享单车为例，共享单车存在被肆意破坏、强占私用的问题，这都增加了企业的运营成本，降低了资产运用效率。在设计商业模式时，在投资者决定是否投资时，他们大概率没有考虑到这些情形发生的可能及对企业盈利的影响，进而导致对共享单车企业成本估计过低，高估了盈利的可能性和金额。共享汽车也存在类似的问题。而网约车企业面临的成本支出小很多，企业盈利难度也大大降低。

投资者分析上市公司时需要全面评价企业商业模式，发现内外部潜在威胁。例如，南极电商的主要商业模式是"品牌授权＋流量打法"。品牌授权就是"卖吊牌"。南极电商目前自有品牌包括南极人、南极人＋、南极人 HOME、卡帝乐鳄鱼、精典泰迪、PONYTIMES、PONY COLLECTION等，通过授权电商店铺、售卖吊牌从中盈利。此外，南极电商通过购买流量来提高品牌曝光度和销量。从具体运作看，品牌授权和流量打法相辅相成，看似商业模式很完美。但是，这个商业模式有一个明显缺点是过于寄生于电商平台，这导致南极电商在电商大战中遭遇困境。近几年，在淘宝和拼多多的竞争中，南极电商的淘宝店受到巨大冲击，网站成交金额大幅下降，流量变现能力大幅下滑。同时，拼多多的低价竞争导致南极电商吊牌价格下降。在这种情况下，南极电商的商业模式遭遇了流量变现和品牌价值的戴维斯双杀局面，进而导致业绩和股价大幅下跌。投资者在分析南极电商时，如果能全面评价其商业模式，尤其发现其商业模式依赖电商平台这一不足，就可以更好地理解南极电商面临的内外部潜在威胁，进而回避业绩下滑带来的股价大幅下跌风险。

关注企业在其他企业商业模式中的角色。每家企业都会将其他企业纳入自己的商业模式中；同时，每家企业也处于其他企业的商业模式中。分析企业时还必须考虑这些企业在其他企业的商业模式中的角色。例如，北汽蓝谷推出新能源品牌极狐，"麦格纳+华为"一度被认为是极狐的核心竞争优势。麦格纳是汽车制造行业的顶流，拥有超百年高端汽车制造经验，产品不乏奔驰 G 级、阿斯顿·马丁 Rapide 等顶级豪车的身影。极狐表示，麦格纳的多项先进造车工艺为极狐带来了行业领先的品质，阿尔法 S 和阿尔法 T 的整车扭转刚度甚至高于劳斯莱斯幻影。华为是极狐的另一个核心优势，无论技术还是品牌知名度上，华为也是业界和跨界顶流。有这两大顶流加持，极狐的市场表现如何呢？2020 年，极狐卖出 1000 多辆；2021 年，极狐定下 1.2 万辆的销售目标，卖出 4993 辆，销售目标完成率为 41.6%；2022 年，极狐定下更宏伟的销售目标：4 万辆，卖出 1.19 万辆，销售目标完成率不到 30%。北汽蓝谷董事、戴姆勒大中华区投资有限公司执行副总裁冷炎对 2022 年的经营计划投了弃权票（2021 年也投了弃权票）。根据年报数据，2021 年北汽蓝谷营业收入达 86.97 亿元，亏损 52.44 亿元。2021 年，北汽蓝谷生产 6369 辆电动车，每辆车平均亏损 82.33 万元。因此，有投资者戏言："一辆特斯拉 Model 3 标准版售价 28 万元，如果有人去买北汽蓝谷的极狐电动车，北汽蓝谷不生产，而是免费送客户一辆 Model 3，是不是就可以赚 50 多万元？"

北汽蓝谷亏损是多方面原因造成的，品牌、渠道、产品设计、客户体验等都有待完善。但极狐刚推出时，市场给予其极大想象，股价飙升。华为智能驾驶产品部原部长苏菁曾对造车发表如下看法："传统车厂是把车作为一个基础，试图把计算机嵌进去，这是传统车厂的看法。我们的看法不一样，基础是计算机，车是计算机控制的外设，这个本质看法不一样，会导致所有事情的看法都不一样。"通过这个表述，可以看到北汽蓝谷在华为造车的商业模式中所处的位置，也就可以比较清楚地预见极狐的未来。

对于"果链""拉链"企业，投资者将其放到苹果、特斯拉的商业模式中思考，才能判断这些企业的投资价值。例如，2022 年 3 月 29 日市场传言苹果砍单，"果链"龙头之一的立讯精密马上辟谣，股价还是跌了 6.11%，另一龙头歌尔股份跌 7.76%。市场表现充分说明了苹果商业模式对两家企业的影响。因此，在进行分析时，投资者不仅要关注企业自身的商业模式，也要考虑在其他企业商业模式中的位置。

判断商业模式可复制性和可延展性。投资成长股的核心是企业的成长空间和潜力，商业模式可以帮投资者进行判断。具体而言，投资者需要关注商业模式的可复制性和可延展性。可复制性强调商业模式支持企业复制所从事业务。典型例子就是连锁超市，这种商业模式具备强大的可复制性，通过对店铺不断复制就可以拓展经营地域，进而带来规模和盈利的增长。苏宁易购曾通过商业模式的可复制性，大量开设新店进行扩张，推动股价在三年时间涨了近 30 倍。可延展性强调商业模式支持企业拓展新业务，发现新盈利增长点。典型例子就是腾讯。腾讯商业模式的核心是通过社交积累庞大的、有很高黏性的用户，通过对用户的挖掘、引流等，腾讯可以不断开拓业务，形成盈利增长点。

再看美团外卖的商业模式。美团是中国的本地化生活服务平台，外卖是其核心业务。外卖模式的核心是连接用户、商家、骑手，让用户吃饭更方便、选择更多；让商家获得更多曝光，突破线下门店的地域限制；让骑手获得就业机会或赚外快。外卖模式有强大的可复制性，可以从城市推广到全国实现规模扩张。外卖模式也具备很好的可延展性，除了饭菜还可以配送药品、生鲜等。外卖商业模式的可复制性和可延展性为美团提供了发展空间。根据财报，美团 2021 年餐饮外卖分部实现营收 963 亿元，同比增长 45.3%；实现净利润 62 亿元，同比增长 117.9%，经营利润率由 4.3% 提高至 6.4%。

  衡量商业模式的壁垒效应和演化方向。投资者需要关注商业模式的壁垒效应，有些商业模式的壁垒效应可以使企业规避竞争威胁。例如，网络平台相关的商业模式存在网络效应，用户数量越多，价值越大，对用户的吸引力越大，创造利润的能力就越强。因此，平台企业都在花钱推广，期望尽快实现网络效应。然而，不是所有平台都可以通过网络效应形成壁垒。例如，共享单车商业模式的确存在网络效应，用户数量不断增多，然而，这个商业模式不存在壁垒效应，无法帮助企业规避竞争威胁。共享单车用户关注的重点是用车是否方便、车况是否良好、使用和归还是否便利，如果价格便宜就更好了，用户不关心使用哪家企业的共享单车。可见，共享单车企业在用户那里难以建立品牌忠诚。共享单车企业前期需要巨大投资，但是巨额投资也不能形成壁垒，阻止其他企业进入。最后，共享单车发展成"颜色大战"，浪费投资人的巨量资金。同样，网约车商业模式的壁垒效应也弱，司机经常选择换平台，哪家平台补贴高就去哪家。在用户端，随着高德等推出多平台同时呼叫服务，网约车平台无法建立用户忠诚。相反，有些商业模式有非常高的壁垒效应，腾讯对社交用户有非常高的黏性，使其他企业难以进入社交领域。

  投资者还要考虑商业模式的演化，因为商业模式在不断变化和发展，有些甚至会被颠覆。比如，零售业商业模式经历了从传统百货到连锁超市到网上电商和新零售再到直播带货等新玩法。原本的商业模式被颠覆，导致大量企业的衰落与兴起。投资者要从动态、发展的角度去看商业模式，只有商业模式不断适应和把握外界变化，企业才能更好地生存与发展。

  分析商业模式可以帮助投资者更好地理解企业如何创造价值产生利润，也可以更好地预估企业未来的盈利能力和发展潜力，更好地选择投资标的和开展投资活动。因此，商业模式也是投资者需要掌握的分析工具之一。

第十五章

解释公司经营模式的杜邦分析

前面各种分析工具都从定性视角出发，本章介绍一种定量工具：杜邦分析。它和前面的定性工具互为补充，也为后续价值评估部分的财务数据和指标做个引子。杜邦分析的核心是将净资产收益率分解为多项和经营相关的财务比率的乘积，综合盈利水平、经营效率和风险承受能力来认识企业业绩。该方法最早由美国杜邦公司使用，故名杜邦分析。

投资圈有句话：三流投资家看利润表，二流投资家看现金流量表，一流投资家看资产负债表，顶级投资家看杜邦分析。话虽有点夸张，但也体现了杜邦分析的价值。那么，杜邦分析是什么样的？该怎么用它来分析企业呢？对投资有什么指导意义呢？本章从杜邦分析关注的核心指标企业净资产收益率开始，说明杜邦分析能发现的经营模式及如何通过经营模式评价企业，再解释投资者如何使用杜邦分析，最后说明要注意的问题。

净资产收益率

净资产收益率（Return on Equity，ROE）的计算公式是：净资产收益

率 = 净利润 / 净资产。由于企业净资产在不断变化，常用的计算公式是：净资产收益率 = 2 × 净利润 / （期初净资产 + 期末净资产）。在一些特殊情况下，如增发后，企业净资产会发生较大变化，这时用加权方式计算更准确。净资产收益率是综合性最强的财务指标之一，可以体现企业的盈利能力。具体而言，净资产收益率可以反映企业用投入的每一元钱创造多少净利润。净资产收益率及其变化应该被投资者重点关注。巴菲特曾说，如果只能挑一个指标选股，他会选净资产收益率。他在致股东的信里数次提到，考察一家公司的盈利，首要指标就是净资产收益率，指标内涵是公司用股东资本创造的收益有多少，股东投入资本创造的回报越大，公司盈利能力越强。很多投资者关注净利润的增长，对净资产收益率却缺乏关注。然而，净利润增长并不能说明公司盈利能力在变强，而净资产收益率可以。巴菲特曾举例，如果把钱存入银行，每年的利息再投入，利息总额将持续增长。因为复利，资产规模不断扩大，如果利率没变，利息收入自然增长。同样的道理，如果资产收益率没变，留存利润会导致资产规模提高，净利润必然增长。因此，净利润增长并不能表明公司的盈利能力变强，可能只是保持正常水平，而净资产收益率能更好地反应盈利能力。

表 15-1 是 2012—2021 年股价涨幅（前复权）靠前的 42 家公司的股价涨幅和净资产收益率。42 家公司 10 年股价累计涨幅都大于 20 倍。这些公司行业各异，既有科技公司，如兆易创新、斯达半导，也有养猪、酿酒、医药公司。这些公司在这 10 年都走出大牛走势，有什么秘诀吗？

这些公司股价涨幅巨大的原因各异，有的进行了资产重组，有的赶上了时代风口。从持续经营角度，看主营业务保持稳定的公司的净资产收益率情况。建材行业的伟星新材和东方雨虹，净资产收益率基本都在 20% 以上，且总体在逐步走高；家电行业的美的集团和老板电器，基本都在 25% 以上。从这张表可以得出如下的基本判断：大牛股通常有好的净资产收益率。因此，用净资产收益率选股是有意义的。

表 15-1　2012—2021 年涨幅靠前个股的股价涨幅和净资产收益率

排名	股票名称	涨幅（前复权，%）	2021 年 ROE	2020 年 ROE	2019 年 ROE	2018 年 ROE	2017 年 ROE	2016 年 ROE	2015 年 ROE	2014 年 ROE	2013 年 ROE	2012 年 ROE
1	牧原股份	646 043.05	12.91	74.43	35.28	2.84	28.12	50.74	26.63	4.27	27.04	37.95
2	伟星新材	26 971.79	27.00	29.95	27.05	29.45	28.19	26.15	21.46	19.12	17.09	13.87
3	天华超净	7 328.91	42.37	27.90	6.86	5.87	3.84	2.01	12.35	16.41	20.14	23.88
4	三七互娱	6 639.20	30.24	34.84	32.66	16.59	28.12	26.56	17.58	4.21	0.49	1.67
5	先导智能	5 859.80	21.03	16.57	20.86	23.95	34.16	35.56	27.34	25.03	16.63	23.47
6	东方财富	5 287.47	22.11	17.89	9.49	6.32	4.86	6.60	66.42	9.38	0.29	2.20
7	隆基股份	4 627.15	21.45	27.23	23.93	16.71	30.14	21.77	11.81	9.48	2.42	-2.13
8	江山股份	4 076.36	36.68	16.30	15.62	22.76	16.83	3.93	0.81	15.77	28.33	3.62
9	亿纬锂能	4 058.89	18.11	18.97	25.49	17.07	18.83	13.88	13.86	9.05	19.98	14.32
10	赣锋锂业	4 048.39	31.04	11.07	4.38	26.93	46.37	21.67	7.86	6.37	8.93	9.26
11	天赐材料	4 017.61	40.92	17.49	0.57	17.03	15.17	28.82	10.71	7.61	15.87	14.01
12	海康威视	3 918.06	28.99	27.72	30.53	33.99	34.96	34.56	35.28	36.27	30.92	27.70
13	康泰生物	3 836.15	15.05	12.56	25.51	30.94	22.90	12.49	10.21	6.32	0.41	2.69
14	同花顺	3 774.70	33.59	38.37	24.93	20.23	24.68	49.61	57.81	5.19	1.94	2.32
15	东方雨虹	3 674.96	19.92	27.37	21.99	20.36	21.91	23.17	19.61	25.32	25.36	16.91
16	兆易创新	3 194.00	19.44	10.64	16.96	22.25	26.27	21.18	31.92	25.78	22.51	29.28
17	华友钴业	3 082.24	23.49	12.73	1.56	22.68	36.50	2.80	-9.97	6.75	6.08	8.66
18	圣邦股份	2 980.24	36.92	22.73	18.25	12.84	17.25	34.50	35.37	35.36	29.93	36.62
19	阳光电源	2 975.97	13.05	20.36	10.93	11.05	15.47	12.50	16.35	13.04	9.37	4.00
20	万泰生物	2 866.30	55.15	32.10	14.36	26.30	15.60	19.40	20.09	26.84	22.81	—
21	福耀玻璃	2 780.17	12.96	12.06	14.11	20.81	17.16	18.62	18.88	27.07	26.10	23.13
22	泰格医药	2 686.83	16.75	18.68	23.65	17.52	13.89	9.34	17.23	15.44	13.20	20.20
23	美的集团	2 634.48	24.09	24.95	26.43	25.66	25.88	26.88	29.06	29.49	24.87	24.32

（续）

排名	股票名称	涨幅 （前复权，%）	2021年 ROE	2020年 ROE	2019年 ROE	2018年 ROE	2017年 ROE	2016年 ROE	2015年 ROE	2014年 ROE	2013年 ROE	2012年 ROE
24	恩捷股份	2 574.84	21.85	17.15	20.36	16.48	9.74	17.16	19.42	17.79	21.19	22.13
25	华夏幸福	2 553.11	-152.66	7.27	35.72	35.19	31.40	29.54	42.07	42.83	44.30	51.42
26	智飞生物	2 500.12	78.01	46.29	47.67	40.78	15.85	1.30	7.94	6.12	6.12	5.50
27	扬农化工	2 433.04	19.08	22.19	25.53	21.08	15.71	13.44	15.52	18.21	17.81	10.37
28	老板电器	2 422.72	15.78	22.39	25.10	26.40	31.66	33.38	29.10	25.55	20.57	16.65
29	立讯精密	2 385.22	22.35	30.29	26.55	17.95	14.09	16.09	21.02	20.30	15.48	13.58
30	星宇股份	2 383.96	14.64	21.76	17.16	14.55	12.09	13.14	14.39	14.07	11.90	10.65
31	通威股份	2 346.42	24.24	16.13	16.14	14.43	16.07	14.38	13.80	14.29	17.28	6.61
32	爱尔眼科	2 321.92	20.58	21.48	22.51	18.55	21.74	21.84	19.66	16.91	14.02	12.80
33	美亚光电	2 309.28	21.70	19.10	23.61	20.14	17.38	15.78	17.56	15.63	14.35	20.59
34	片仔癀	2 270.52	27.68	23.07	23.64	24.98	21.16	16.20	15.43	16.79	21.92	27.47
35	万华化学	2 263.91	42.53	22.20	25.44	36.82	50.66	28.11	14.67	24.17	32.62	31.03
36	昭衍新药	2 251.82	9.42	30.78	24.35	17.99	20.57	22.10	26.82	34.91	20.19	15.54
37	东方电缆	2 196.02	32.18	34.24	23.48	10.37	5.77	6.25	6.39	11.24	12.48	16.96
38	浙江美大	2 152.43	37.04	34.35	33.05	29.28	25.73	18.50	15.32	14.62	12.20	13.92
39	斯达半导	2 135.83	24.71	17.31	27.23	24.90	16.75	7.68	4.89	—	—	—
40	百润股份	2 081.82	19.25	23.82	15.08	6.77	10.80	-15.93	46.22	8.68	6.45	12.11
41	贵州茅台	2 080.36	29.90	31.41	33.09	34.46	32.95	24.44	26.23	31.96	39.43	45.00
42	石大胜华	2 035.40	45.83	13.43	18.23	13.05	12.04	11.86	3.71	4.42	11.29	15.56

注：三七互娱 2015 年借壳顺荣股份；万泰生物和斯达半导上市较晚，部分年份数据缺失。

需要注意的是：不是有高净资产收益率的公司都会成为大牛股。有研究在分析行业长期收益与净资产收益率关系时发现，两者存在差异。有些行业，如食品饮料、家用电器和医药生物等，净资产收益率较高，且长期收益率超过净资产收益率；高净资产收益率的钢铁、化工及纺织服装等行业，长期收益率却低于净资产收益率。同时，净资产收益率长期趋势不能解释全部，因为高净资产收益率可能来自高杠杆，也可能来自高分红或股份回购。

杜邦分析简介

净资产收益率如此重要，那什么影响了它的高低呢？回答这个问题需要对净资产收益率进行拆解，这就引出了杜邦分析。杜邦分析公式是：净资产收益率 = 净利润 / 净资产 =（净利润 / 销售额）×（销售额 / 总资产）×（总资产 / 净资产）= 销售净利率 × 总资产周转率 × 财务杠杆。可以看到，影响净资产收益率的因素有销售净利率、总资产周转率和财务杠杆。其中，销售净利率反映了公司业务的盈利能力，总资产周转率反映了公司资产的使用效率，财务杠杆反映了公司的权益和债务情况。

销售净利率体现了净利润与营业收入（销售额）的关系，表明单位营业收入可以赚多少钱，指标越大表明公司在单位收入上可以赚到更多的利润。表 15-2 是一些行业龙头企业的销售净利率情况，差别非常大。例如，贵州茅台的销售净利率基本在 50% 以上，恒瑞医药的销售净利率在 23% 左右，兆易创新的销售净利率不到 20%，金龙鱼的销售净利率只有 3% 左右。在很多时候，销售净利率差异是行业属性造成的。例如，连锁超市薄利多销，往往只有个位数的净利率；高端白酒的消费人群对价格不敏感，可以有较高的净利率。因此，销售净利率在不同行业之间不具有可比性。但是，一个不容忽视的事实是：股票市场喜欢销售净利率高的行业和公司，愿意给这些行业和公司较高的估值。

表 15-2 部分公司 2017—2021 年的销售净利率

公司名称	2021 年	2020 年	2019 年	2018 年	2017 年
贵州茅台	52.47%	52.18%	51.47%	51.37%	49.82%
海天味业	26.68%	28.12%	27.06%	25.63%	24.21%
恒瑞医药	22.75%	22.87%	23.32%	23.80%	23.74%
兆易创新	19.58%	18.90%	17.99%	19.59%	11.73%
金龙鱼	1.98%	3.37%	3.26%	3.30%	3.50%
宝钢股份	4.93%	4.62%	7.64%	7.06%	4.96%
立讯精密	8.10%	7.88%	7.85%	7.66%	8.59%
工业富联	4.56%	4.04%	4.55%	4.07%	4.57%

虽然在行业间不具有可比性，但销售净利率在行业内的比较可以反映出很多问题，尤其是企业盈利能力的差距。表 10-1 提供了部分白酒企业 2016—2020 年的销售净利率情况。贵州茅台的销售净利率远高于同行，且有稳步提高。泸州老窖的销售净利率涨幅大于五粮液。五年间，泸州老窖股价涨幅为 835.65%，大于五粮液 699.09% 的涨幅。贵州茅台、五粮液及泸州老窖的差异，可能是酿酒工艺造成的，但也是盈利能力差异的来源。

总资产周转率是销售额除以总资产，也就是用营业收入除以期初和期末的平均资产总额，表明公司在单位平均资产基础上可以创造多少营业收入。指标越大，表明公司周转越快，运营效率越高。该指标对薄利多销的公司至关重要。这些公司的销售净利率通常较低，为实现更高的净资产收益率，必须提高总资产周转率。例如，餐饮企业的重要经营指标是翻台率，在利润率一定的情况下，单位时间内翻台率越高，收入越高。海底捞 2021 年亏损约 4.5 亿元，而 2020 年赢利约 3.1 亿元。亏损的一个重要原因就是翻台率下滑。财报显示，2021 年海底捞总体平均翻台率为 3 次 / 天，是 5 年以来的最低水平，2020 年平均翻台率为 3.5 次 / 天。同店翻台率，2021 年为 3.5 次 / 天，2020 年为 3.8 次 / 天。由于翻台率下滑，同店的日均销售额也下降，2020 年为 9.73 万元，2021 年为 8.74 万元。提高总资产周转率能使企业取得好的净资产收益率，尤其在销售净利率较低的时候，更需要通过提高总资产周转率来实现较高的净资产收益率，提高盈利水平。

　　财务杠杆的计算公式是：财务杠杆 = 总资产 / 净资产 = 1/（1- 资产负债率）。通过变换，净资产收益率和资产负债率呈同方向变化，也就是资产负债率越大，净资产收益率越大。财务杠杆可以理解为在单位净资产基础上，可以撬动多大资产为公司所用。根据会计恒等式，资产 = 负债 + 所有者权益，所有者权益就是净资产，想撬动更大的资产，必须提高资产负债率。下面举例说明财务杠杆如何发挥作用。假设某公司目前的销售净利率为 15%，市场贷款利率为 5%。在其他条件不变的情况下，如果公司零负债，靠 100 万元净资产运作可以形成 100 万元的销售收入，每年赢利 15 万元，净资产收益率为 15%。如果贷款 100 万元，用 200 万元资产运作，可以形成 200 万元的销售收入，每年的净利润就是 200×15%-100×5% = 25 万元，净资产收益率是 25%。

　　财务杠杆有双面效应，资产负债率越高，权益乘数越大，带来的杠杆效应也越大，既可能放大盈利，也可能导致更大亏损。现实中，有很多企业通过放大财务杠杆来实现快速发展，也有因财务杠杆过高而导致危机。海航集团 1993 年成立时只有 1000 万元资产。到 2017 年总资产已达 1.2 万亿元，在中国民营企业 500 强榜单中排第二。海航集团曾豪言，要在 2025 年进入世界 500 强前 10 名。它曾是"一头在高速公路上狂奔的大象"，如今破产重整。从 1000 万元到 1 万亿元，用了 25 年；从巅峰跌落谷底，只用了 2 年。"没人确切知道，海航集团这个庞然大物有多大的资金缺口。公众上一次看到海航集团的债务，还是 2019 年上半年，当时财务报告显示，海航集团待偿债务达 7067.26 亿元。"同样的例子还有很多，恒大集团与海航集团有着类似的发展路径，还有"被速度击垮的黑马"融创……

　　资产负债率是一把双刃剑，企业利用它来提高净资产收益率时，必须将资产负债率控制在合适水平，一方面可以让企业享受到财务杠杆的益处实现快速发展，另一方面可以保持稳定的偿债能力。当企业资产负债率过低时，如小于 20%，有些人会认为管理者过于保守、不思进取，或认为管理水平差、竞争力弱，对融资扩大生产、引入新业务等过于谨慎；当资产负债率高时，如大于 80%，企业偿债负担重，在发生突然状况或宏观环境变化时，可能发生债务危机，甚至威胁企业生存。需要注意的是，对不同行业、不同企业并没有放之四海皆准的资产负债率水平。有些企业资产负债率低，可能是盈利好，靠自身盈利就可以良性发展，无须利用负债；有些行业，如银行和房地产，天然有高资产负债率的特性，不能想当然地认为资产负债率高风险就高，因为房地产负债中预付款占很大一部分，银行负债就是储户存款。在分析资产负债率时，要区分短期和长期债务，尤其避免短债长投。总之，财务杠杆是杜邦分析中的重要因素，会影响企业的净资产收益率。在分析时，要结合企业情况考虑财务杠杆，不能笼统地认为财务杠杆越大或越小就越好。

基于杜邦分析的经营模式

根据杜邦公式衍生出三种经营模式，分别重点依赖销售净利率、总资产周转率、财务杠杆，各有特点。

高销售净利率模式。该模式主要靠高销售净利率来实现好的净资产收益率，典型例子是通过专利、品牌或其他方式形成垄断或类垄断情况的企业。如贵州茅台、片仔癀等企业通过品牌、国家绝密配方、专利、技术诀窍等形成垄断或类垄断的市场地位，对上下游有很强的讨价还价能力，面临的竞争者的威胁、替代者的威胁、新进入威胁都很小，可以提高产品价格，进而实现高销售净利率。表 15-3 列出了部分企业 2016—2020 年的销售净利率。

表 15-3　部分企业 2016—2020 年的销售净利率

企业名称	2020 年	2019 年	2018 年	2017 年	2016 年
贵州茅台	52.18%	51.47%	51.37%	49.82%	46.14%
片仔癀	30.72%	25.95%	24.24%	23.68%	21.01%
键凯科技	50.05%	45.91%	45.82%	35.82%	27.46%
爱美客	66.12%	61.10%	53.43%	36.18%	34.49%
欧普康视	45.68%	50.99%	45.58%	45.76%	47.68%
恩捷股份	36.17%	27.45%	29.61%	27.68%	12.78%
纳微科技	41.97%	35.56%	16.51%	16.73%	21.27%

投资者要关注这些企业的高销售净利率是怎么来的、能否保持、能否向更好的方向发展。例如，欧普康视的主打产品是角膜塑形镜，俗称 OK 镜，以前曾是国内唯一的生产企业（昊海生科、爱博医疗现在也在生产）。在儿童近视率越来越高的环境下，欧普康视可以利用近似垄断的地位获取高额收益，维持高销售净利率。但是，如果 OK 镜被集采呢？如果有更多厂商生产呢？再如生产电池隔膜的恩捷股份，在高技术壁垒下通过快速扩张实现规模经济，叠加需求爆发，实现高销售净利率，且该利润率呈逐渐提高的态势。随之而来的，是其股价的大爆发。

高总资产周转率模式。该模式通过高总资产周转率实现高净资产收益率。典型的是薄利多销的行业和企业，如超市和连锁药房。目前，市面上的药店非常多，竞争激烈，且网上药店使价格透明，实体药店更多选择薄利多销模式。表 15-4 列出了几家连锁药房销售净利率和总资产周转率。可以看到，各家销售净利率基本稳定且差别不大，但总资产周转率的差异很明显。孰优孰劣，一目了然。

表 15-4　部分连锁药房 2017—2021 年的销售净利率和总资产周转率

企业名称	项目	2021 年	2020 年	2019 年	2018 年	2017 年
一心堂	销售净利率 总资产周转率	6.29% 1.23 次	6.24% 1.46 次	5.76% 1.37 次	5.66% 1.27 次	5.45% 1.18 次
益丰药房	销售净利率 总资产周转率	6.46% 1.02 次	6.59% 1.19 次	5.93% 1.21 次	6.39% 1.09 次	6.60% 1.07 次
老百姓	销售净利率 总资产周转率	5.01% 1.11 次	5.47% 1.32 次	5.27% 1.27 次	5.32% 1.25 次	5.29% 1.29 次
大参林	销售净利率 总资产周转率	4.80% 1.13 次	7.43% 1.39 次	6.25% 1.47 次	5.93% 1.43 次	6.40% 1.58 次
健之佳	销售净利率 总资产周转率	5.72% 1.21 次	5.58% 1.63 次	4.71% 1.92 次	4.80% 1.74 次	3.99% 1.77 次
漱玉平民	销售净利率 总资产周转率	2.15% 1.32 次	4.73% 1.68 次	3.13% 1.43 次	3.72% 1.35 次	4.54% 1.62 次

对这种模式的企业，投资者要重点关注高总资产周转率是怎么实现的以及能否保持。如果高总资产周转率是通过日常经营实现的，那就是好的

状态；如果高总资产周转率要靠打折、促销才能实现，就不是好的状态。同样，如果总资产周转率可以保持在较高水准，甚至还能提高，那就是个好趋势；如果总资产周转率下降，盈利可能也会受影响。不可否认的是，随着企业规模的扩大，总资产周转率通常会下降，但如果下降幅度过大或过快，投资者就需要小心了。

高财务杠杆模式。该模式主要通过利用外部资金来实现快速发展。因此，企业对财务杠杆的利用就是这种模式的核心。以万科A、保利发展两家房地产企业为例。2022年3月11日，保利发展市值1943亿元，万科A市值1936亿元，保利发展反超万科A成A股房企市值一哥。两家公司市值差距最大的时刻是2016年8月16日，万科A市值2578亿元，保利发展只有875亿元。2021年3月以来，万科A股价下跌48%，而8月以来保利发展股价上涨75%，造成了保利发展的反超。一涨一跌的背后是两家公司过去几年在战略上的全面分野，一家在2017年提出"重回行业前三"，一家在2018年喊出"活下去"，导致双方在销售、土储、融资、管理等方面从量走向质变。保利发展2021年营业收入2850.48亿元，同比增长17.2%；归属上市公司股东净利润275.77亿元，同比下降4.74%。万科A2021年营业收入4528亿元，同比增长8%；归属于上市公司股东净利润225亿元，同比下降45.7%。销售方面，保利发展2021年签约面积3333.02万米^2，同比减少2.23%；签约金额5349.29亿元，同比增加6.38%。万科A2021年合同销售面积3807.8万米^2，同比下降14.3%，合同销售金额6277.8亿元，同比下降10.85%。根据克而瑞数据，2020年年末，保利发展总土储货值超过万科A，达2.52万亿元，其中权益土储1.58万亿元，居行业第二和第三。万科A的两项数据分别为1.88万亿元和1.14万亿元，居行业第五和第七。如表15-5所示，万科A的资产负债率从2018年的84.59%下降到2021年的79.74%，权益乘数也从6.49下降到4.94，符合"活下去"的口号。保利发展的资产负债率稳定在78%左右，权益乘数在4.5~4.7，可见，保利发展还是按以往速度发展，并取得进一步成长。而万科A采取了明显的收缩战略，降低成长速度，这导致公司市值缩水。对财务杠杆的不同使用，可以体现两家公司的不同态度，也导致两者后续发展的差异，进而导致股价表现不同。

表 15-5　万科 A 和保利发展 2017—2021 年的财务杠杆

企业名称	项目	2021 年	2020 年	2019 年	2018 年	2017 年
万科 A	资产负债率	79.74%	81.28%	84.36%	84.59%	83.98%
	流动比率	1.22	1.17	1.13	1.15	1.20
	速动比率	0.33	0.35	0.33	0.40	0.41
	权益乘数	4.94	5.34	6.39	6.49	6.24
保利发展	资产负债率	78.36%	78.69%	77.79%	77.97%	77.28%
	流动比率	1.52	1.51	1.56	1.72	1.78
	速动比率	0.41	0.40	0.46	0.53	0.37
	权益乘数	4.62	4.69	4.50	4.54	4.40

高财务杠杆模式企业需要关注财务安全性。万科 A 和保利发展都保持较高的流动和速动比例，保证财务安全，其中保利发展的指标更好。两者也都明显好于其他房地产企业。同时，高财务杠杆模式企业必须考虑宏观环境变化。最近很多房企爆雷，和宏观环境、货币收紧及"三道红线"等政策有一定关系，但主因还在于企业自身。

虽然杜邦分析将企业分为三种模式，企业实际上都是三种模式的混合体，净资产收益率靠销售净利率、总资产周转率、财务杠杆共同实现。分析企业时，投资者要综合来看。目前，很多网站都提供上市公司的杜邦分析，投资者没必要自己计算，可以通过网站直接查询。

图 15-1 是宁德时代 2021 年年报的杜邦分析，其销售净利率为 10.18%，总资产周转率是 0.72，权益乘数大概是 3.64。宁德时代的销售净利率高吗？总资产周转率是不是有点低？资产是不是太重了？财务杠杆怎么样？与贵州茅台相比，如图 15-2 所示，贵州茅台的销售净利率为 50.90%，总资产周转率为 0.47，权益乘数大概是 1.32。由于贵州茅台的酒需要存储五年才上市销售，因此周转率低是必然的。同时，贵州茅台资金充足，也导致权益乘数小。但通过对比，还是可以看到宁德时代和贵州茅台的差距。

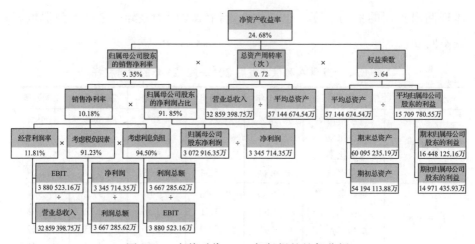

图 15-1 宁德时代 2021 年年报的杜邦分析

资料来源：新浪财经。

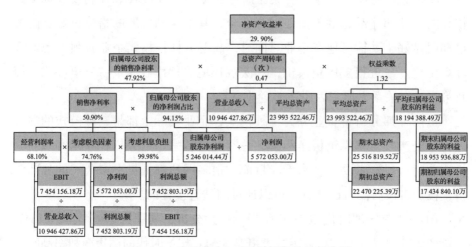

图 15-2 贵州茅台 2021 年年报的杜邦分析

资料来源：新浪财经。

回顾第十章宁德时代和贵州茅台的对比内容，此处杜邦分析的结果很好地支持了五力模型分析的结论。

投资者如何用杜邦分析

作为投资者,在使用杜邦分析时,主要从四个方面进行思考。

第一,通过杜邦分析发现企业是怎么赚钱的。通过杜邦分析,尤其是分析对应的三种经营模式及每种模式的贡献程度,发现企业净资产收益率的构成情况,进而发现企业是如何赚钱的,从而更好地认识和理解一家企业。

第二,和同行比较企业杜邦分析指标。投资时,不能只看一家公司的杜邦分析结论,要比较同行公司,这样可以看清楚公司在行业中的地位、优势与不足等。表 15-6 是海天味业、中炬高新、千和味业 2021 年三季报的杜邦分析结果,可以看出,海天味业的指标好于中炬高新,中炬高新好于千和味业。

表 15-6　海天味业、中炬高新、千和味业 2021 年三季报的杜邦分析

公司名称	净资产收益率	销售净利率	总资产周转率	财务杠杆
海天味业	21.96%	26.16%	0.62 次	1.33
中炬高新	10.61%	10.75%	0.54 次	1.55
千和味业	6.7%	9.73%	0.60 次	1.17

第三,和过去比较企业杜邦分析指标。除了和同行对比外,还要和过去对比,看杜邦分析指标是如何变化的,指标是变好还是变差了。投资是投未来,如果杜邦分析指标变好,公司可能是不错的投资标的;如果变差,就要小心了。表 15-7 是恩捷股份 2017—2021 年的杜邦分析。可以看到,净资产收益率明显提升,和销售净利率提高相关。恩捷股份在 2018—2019 年用财务杠杆进行大规模扩产,提高了盈利,同时导致总资产周转率下降。但整体看,杜邦分析结果很好地解释了近几年恩捷股份股价的大幅上涨。

表 15-7　恩捷股份 2017—2021 年的杜邦分析

年份	净资产收益率	销售净利率	总资产周转率	财务杠杆
2021 年	19.65%	34.05%	0.34 次	1.80
2020 年	10.05%	26.05%	0.26 次	1.77
2019 年	18.67%	26.90%	0.32 次	2.50
2018 年	13.53%	21.10%	0.50 次	1.89
2017 年	9.42%	12.78%	0.62 次	1.23

第四，关注杜邦分析指标有没有提升空间。关注杜邦分析的各项指标有没有提升空间，以及公司是否在合理利用这些指标，才可以更好地判断公司的未来。例如，在销售净利率方面，需要考虑产品的提价能力、原材料成本的变化、规模经济、三费的变化等。在总资产周转率方面，可以考虑固定资产规模的变化、存货周转率的变化、应收账款账期的变化等。在财务杠杆方面，考虑负债比率是否合理、长短期负债的结构变化、偿债能力等。当发现杜邦分析的指标在优化、提升时，一个好的投资标的可能就出现了。

杜邦分析法也有不足，投资者要注意以下几点。

第一，杜邦分析对类似白酒、银行等相对稳定行业有很好的挖掘功能，因为这些行业总趋势相对稳定，不会出现太大波动。

第二，杜邦分析结果需要横向、纵向对比使用，不能孤立地看。只有通过对比，才能发现企业的优点与不足以及发展态势。

第三，杜邦分析是对过去的分析，不能预测未来。对公司未来的变化要结合它们面临的态势分析。例如，最近大宗商品价格大幅上涨，会导致大量公司的杜邦分析结果发生变化，尤其是对不具备涨价能力的公司，就要重新评估依据以往数据对公司形成的认识。

第四，有些公司的业务比较多元化，不是由单一相关业务组成，如顺鑫农业的两大主营业务是白酒和养猪。如果这些公司有足够的数据，可以对它们的不同业务作出杜邦分析并进行比较。

到这里，战略分析常用的六种工具就介绍完了，五力模型、竞争优势分析、产业生命周期、价值链分析、商业模式分析、杜邦分析这些工具各有优势与不足，可以相互补充。综合运用这些工具，投资者可以更好地认识和理解公司，发现它们的潜在价值和发展趋势，有助于做出投资决策。

第三部分

价值评估的六个方法

投资要获得好收益，核心是"好公司 + 好价格"。而现实中，"好公司 + 好价格"的机会却很少。一方面，好公司备受关注，较少被低估，更不用说被严重低估了；另一方面，股票市场出现极端走势时，投资者一般会产生恐慌情绪，即使知道低估也不敢买或没钱买，从而错失好价格的机会。因此，"好公司 + 好价格"的机会非常有限，能够把握的投资者少之又少。基于此，"好公司 + 好价格"出现两种演变形态：一种是"好公司 + 合理价格"，另一种是"一般公司 + 好价格"。

"好公司 + 合理价格"是指在合理价格买入好公司，通过长期持有来享受公司业绩增长带来的价值提升。该方法的盈利条件是："好公司 + 合理价格 + 长期持有"。"一般公司 + 好价格"是指在价格被低估，尤其是被严重低估时，买入一般公司，通过股价回到价值区域来获取收益。这种方法通过价格和价值的差来把握机会，实现投资收益。它的核心是对公司价值的判断，等待被低估的机会或寻找被低估的标的。股票市场上，公司股价围绕内在价值上下波动，就像狗在狗绳的约束下围绕主人前后跑动。我国股票市场的"狗绳"特别长，甚至有不系绳子的，这导致"狗"有时离主人特别远。在低估时买入一般公司，公司股价可能继续下跌，甚至下跌幅度很大。虽然股价最后会回到价值区间，但持股体验很差。因此，需要一些技术方法加以辅助，在股价低估后的价值回归过程中买入，而不是在下跌阶段买入，也就是"右侧交易"。因此，该方法的盈利条件是："一般公司＋好价格＋右侧交易"。这两种演变形态没有好坏之分，只有合适与不合适之分。

第十六章

简单读财报

上市公司每个季度都发布财报,包括一季报、半年报、三季报和年报。其中,一季报、半年报和三季报相对简单,提供的信息通常有限,对公司经营情况及发生的变化较少进行详细说明,也不需要会计师审计;年报需要会计师审计,里面的信息更详细、具体,会解释经营情况及发生的变化。这些报告还会提供三大财务报表:利润表、资产负债表和现金流量表,并解释报表中的重大变化,其中年报提供的信息和解释尤为详细。

三大财务报表不仅可以反映报告期内公司的运营情况,还可以提供一些未来情况的信息。投资者通过分析三大财务报表及对比以往财务报表,可以发现公司的变化。同时,通过分解三大财务报表,投资者可以了解公司的具体运营情况、对上下游的讨价还价能力、发现公司潜在风险和抗风险能力等。总之,分析三大财务报表有助于更好地理解和分析公司。因此,投资者必须学会阅读财务报表,通过财务报表发现公司的运营情况和变化趋势,通过财务报表来支持和佐证战略分析的结论。但是,投资者不能把财务报表作为投资决策的唯一依据。同时,投资者不能对财务报表吹毛求疵,在真实的基础上,允许通过财务手段来合法地调节利润等。投资者怎么阅读财务报表呢？为读懂财务报表，首先要理解会计恒等式和三大财务报表的关系。

会计恒等式

会计普遍采用复式记账法。和日常使用的流水记账法不同，复式记账法将任何一笔财务变动都在"借"和"贷"两个方向进行记录。例如，从银行获得100万元的短期贷款，直接打入存款账户，在会计中就记为"借：银行存款，100万元；贷：短期借款，100万元"。在会计记账中，这笔100万元的短期贷款在借、贷两个方向都进行记录。复式记账法最基本的原则就是"有借必有贷，借贷必相等"。

基于这个原则，公司的任何一笔财务变动都一端计入"资产"，另一端计入"负债"或"所有者权益"。比如上述短期贷款，以100万元的存款形式增加公司资产，也以100万元短期贷款的形式增加公司负债。因此，复式记账法的第一个会计恒等式是：资产＝负债＋所有者权益。这个恒等式对应的是"时间点"的概念，表示在任意一个时间点，资产都等于负债和所有者权益之和。

第二个会计恒等式是：利润＝收入－费用。这个恒等式对应的是"时间段"的概念，表示在一个时间段内利润等于取得的收入减去对应的费用。例如，2022年一季报的利润是2022年1月1日到3月31日这个时间段的利润情况，等于这个时间段内公司取得的收入减去对应的费用。这个恒等式反映的是时间段的概念，因此公司可以通过延迟确认收入或延迟发货等方式调节利润。

第三个会计恒等式衍生自前两个恒等式：期末资产＝期末负债＋期初所有者权益＋本期利润。如果公司把一段时间内实现的利润全部留存，没有向股东分配，这些利润就可以看成股东对公司的追加投资，从而增加了所有者权益，使期初所有者权益＋本期利润＝期末所有者权益，第三个会计恒等式成立。如果向股东分配利润，分红通常用现金股利形式，导致资产相应减少，会计恒等式也成立。第三个会计恒等式是"时间点"和"时间段"的混合体，由两个时间点的情况和两点间时间段内发生的资产变动共同组成。

根据三大会计恒等式，利润表、资产负债表、现金流量表之间有着密切的联系，而不是孤立的。具体而言，三大财务报表的关系如图 16-1 所示。

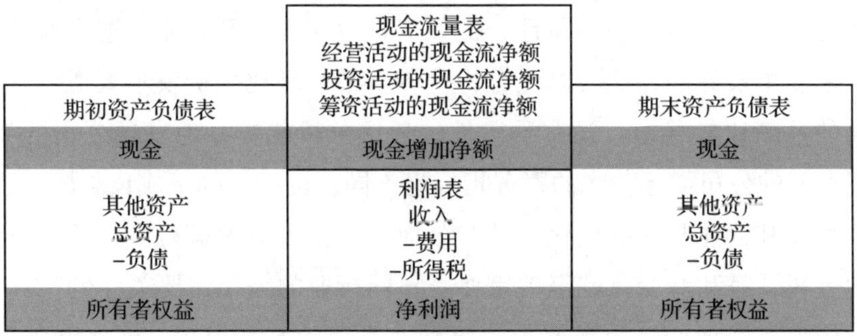

期初资产负债表	现金流量表 经营活动的现金流净额 投资活动的现金流净额 筹资活动的现金流净额	期末资产负债表
现金	现金增加净额	现金
其他资产 总资产 －负债	利润表 收入 －费用 －所得税	其他资产 总资产 －负债
所有者权益	净利润	所有者权益

图 16-1　三大财务报表的关系

财务报表分析主要从五个方面进行。

- 关注一些重要的绝对数据。例如，投资者要关注净利润、每股收益、现金流净额等，这些数据体现了公司在报表周期内的经营成果。
- 关注一些财务比率。财务比率是财务报表分析的重要方面，可以比绝对数字提供更多、更有用的信息。投资者关注的财务比率有销售净利率、各种费用率、流动和速动比率、资产负债率等。
- 关注一些数据的同比变化。同比变化是和去年同一时间段相比的变化，如 2022 年第一季度营业收入及净利润和 2021 年第一季度营业收入及净利润的比较，发现公司同比是否增收和增利。
- 关注一些数据的环比变化。环比变化是和上一个时间段相比的变化，如 2022 年第一季度营业收入及净利润和 2021 年第四季度营业收入及净利润的比较，发现公司环比是否增收和增利。
- 和分析师预测数值比较。分析师预测数值体现了市场预期。市场对公司估值是会考虑预期的，尤其会参考分析师的预测数。如果财务报表数值和分析师预测数值存在较大差异，就会对股价产生很大影响。若财务报表数值远超分析师预测数值，股价可能走出"净利润断层"走势；若财务报表数值不及分析师预测数值，股价则会承受压力，即使营业收入和净利润都取得不错增长（没有市场预期得那么好）。

上述五个方面不需要在分析时全部使用，要具体情况具体分析。有些公司的经营存在明显的季节性，比如节日效应使白酒企业一季报业绩常是四个季度中最好的，此时同比分析比较合适，环比分析就不太适用。有些公司的业绩比较稳定，没有季节性，环比分析能更好地发现公司的变化。不同类型的公司需要关注的财务指标也不同。例如，处于成长阶段的公司，需要关注其营业收入的变化，因为公司处于抢市场份额阶段；处于成熟阶段的公司，净利润变化就至关重要。不同行业的公司需要关注的指标也不同。例如，房地产公司需要关注流动、速动比率等指标，确保财务安全；消费行业公司更需要关注毛利润等。总之，分析财务报表必须结合公司情况，从多角度进行分析，才能得到系统、全面的认识。

利润表

利润表是投资者最关心的报表，反映了公司一段时间的经营成果，可以提供很多关于经营情况的信息。公司发布报告后，很多投资者做的第一件事就是找公司的利润情况，这个信息就是利润表提供的，营业收入、扣除非经常损益的净利润、营业毛利率等指标，都可以在利润表中找到。那么，如何阅读和分析利润表呢？表 16-1 是 2020—2022 年六期信立泰的利润表。相对于定期报告只提供当期和去年同期数据的情况，这张表提供了更多期的数据，便于对比分析。同时，财务数据下方添加了同比变化情况，便于看出数据的变动。

表 16-1　2020—2022 年六期借立泰的利润表

会计科目 同比变化	2022 年 一季报	2021 年 年报	2021 年 三季报	2021 年 半年报	2021 年 一季报	2020 年 年报
营业总收入	9.35 亿元 +22.11%	30.58 亿元 +11.68%	21.87 亿元 +2.50%	13.76 亿元 -10.38%	7.66 亿元 -11.56%	27.39 亿元 -38.74%
其中：营业收入	9.35 亿元 +22.11%	30.58 亿元 +11.68%	21.87 亿元 +2.50%	13.76 亿元 -10.38%	7.66 亿元 -11.56%	27.39 亿元 -38.74%
营业总成本	7.25 亿元 +25.05%	26.60 亿元 -1.61%	17.26 亿元 -6.32%	10.84 亿元 -8.38%	5.80 亿元 -16.88%	27.03 亿元 -26.02%
其中：营业成本	2.33 亿元 +8.49%	7.93 亿元 -6.42%	5.60 亿元 -14.40%	3.71 亿元 -25.37%	2.15 亿元 -3.71%	8.48 亿元 -12.10%
营业税金及附加	1 360.70 万元 +31.85%	4 497.86 万元 +29.75%	3 336.75 万元 +26.09%	2 026.47 万元 +17.70%	1 032.01 万元 +15.53%	3 466.54 万元 -45.18%
销售费用	3.31 亿元 +64.36%	10.36 亿元 +15.20%	6.94 亿元 -3.05%	4.13 亿元 -22.60%	2.01 亿元 -40.10%	8.99 亿元 -42.95%
管理费用	6 410.75 万元 -12.80%	3.04 亿元 +5.74%	2.16 亿元 +12.63%	1.47 亿元 +22.88%	7 351.73 万元 +33.78%	2.88 亿元 +3.29%
研发费用	9 506.17 万元 +27.62%	3.57 亿元 -3.72%	2.14 亿元 -19.87%	1.28 亿元 -26.83%	7 448.81 万元 -2.43%	3.71 亿元 -51.38%
财务费用	-1 226.01 万元 -346.79%	-3 099.58 万元 -157.46%	-1 621.90 万元 -231.45%	241.76 万元 +135.77%	496.78 万元 +319.93%	-1 203.92 万元 -750.32%
其中：利息费用	87.39 万元 -74.07%	1 052.69 万元 -40.08%	834.24 万元 -54.08%	692.71 万元 -43.75%	337.03 万元 -39.51%	1 756.83 万元 +9.74%
利息收入	1 177.63 万元 +671.48%	4 765.86 万元 +34.25%	3 112.93 万元 +23.65%	777.87 万元 -55.07%	152.65 万元 -80.83%	3 550.00 万元 +121.30%

（续）

会计科目 同比变化	2022 年 一季报	2021 年 年报	2021 年 三季报	2021 年 半年报	2021 年 一季报	2020 年 年报
资产减值损失	1.95 亿元 +152.82%	1.47 亿元 -47.97%	2 145.02 万元 +18685.1%	8 109.76 万元 -81.04%	-3.70 亿元 +68.46%	2.83 亿元 +2 432.98%
信用减值损失	1.05 亿元 +332.88%	762.31 万元 +190.69%	325.09 万元 +140.13%	193.08 万元 +124.10%	2418.40 元 —	-840.55 万元 -326.70%
加：投资收益	4 466.68 万元 +993.69%	1.34 亿元 +601.17%	-4 968.75 万元 -224.86%	-2 519.93 万元 -155.92%	-499.80 万元 -45.96%	-2 678.49 万元 +14.14%
其中：对联营企业和合营企业的投资收益	17.29 万元 +102.73%	-6 171.88 万元 -61.12%	-3 117.97 万元 -26.19%	-3 585.37 万元 -120.09%	-634.10 万元 -0.77%	-3 830.70 万元 +18.42%
加：资产处置收益	-6.47 万元 -86 312.9%	-129.65 万元 -721.99%	-128.41 万元 -747.05%	14.77 万元 -77.83%	75.00 万元 -99.92%	20.84 万元 +118.76%
加：其他收益	1 888.12 万元 +99.87%	5 439.15 万元 -22.51%	4 570.00 万元 -12.64%	2 135.79 万元 -38.87%	944.67 万元 -42.37%	7 019.56 万元 +14.07%
营业利润	2.74 亿元 +43.60%	5.86 亿元 +639.95%	4.56 亿元 +38.67%	2.89 亿元 +23.62%	1.91 亿元 +4.93%	7 922.11 万元 -90.64%
加：营业外收入	8.84 万元 +86.34%	2 835.53 万元 +4 319.55%	2 655.55 万元 +5 870.71%	49.83 万元 +68.94%	4.75 万元 -83.49%	64.16 万元 -97.45%
减：营业外支出	624.18 万元 +54.18%	1 470.88 万元 -36.38%	1 025.70 万元 -49.31%	640.52 万元 -1.97%	404.85 万元 +49.88%	2 312.01 万元 +15.92%
利润总额	2.68 亿元 +43.38%	6.00 亿元 +957.13%	4.73 亿元 +52.81%	2.83 亿元 +24.41%	1.87 亿元 +4.11%	5 674.27 万元 -93.33%
减：所得税费用	3 098.57 万元 -11.54%	7 152.01 万元 +982.36%	8 507.46 万元 +77.26%	5 119.98 万元 +46.16%	3 502.71 万元 +16.08%	660.78 万元 -96.10%
净利润	2.37 亿元 +56.06%	5.28 亿元 +953.80%	3.88 亿元 +48.32%	2.32 亿元 +20.45%	1.52 亿元 +1.69%	5 013.49 万元 -92.65%

（续）

会计科目 同比变化	2022 年 一季报	2021 年 年报	2021 年 三季报	2021 年 半年报	2021 年 一季报	2020 年 年报
持续经营净利润	2.37 亿元 +56.06%	5.28 亿元 +953.80%	3.88 亿元 +48.32%	2.32 亿元 +20.45%	1.52 亿元 +1.69%	5 013.49 万元 −92.65%
归属于母公司股东的净利润	2.37 亿元 +53.09%	5.34 亿元 +776.90%	3.92 亿元 +46.53%	2.37 亿元 +20.50%	1.55 亿元 +3.31%	6 086.50 万元 −91.49%
少数股东损益	−55.92 万元 +83.10%	−540.51 万元 +49.63%	−428.64 万元 +30.04%	−516.57 万元 −22.78%	−330.88 万元 −280.03%	−1 073.01 万元 +67.84%
扣除非经常性损益的净利润	1.82 亿元 +22.88%	2.83 亿元 +7 237.88%	3.37 亿元 +45.53%	2.19 亿元 +31.63%	1.48 亿元 +9.30%	386.09 万元 −99.40%
每股收益						
基本每股收益	0.22 元 +46.67%	0.50 元 +733.33%	0.38 元 +46.15%	0.22 元 +15.79%	0.15 元 +7.14%	0.06 元 −91.18%
稀释每股收益	0.22 元 +46.67%	0.50 元 +733.33%	0.38 元 +46.15%	0.22 元 +15.79%	0.15 元 +7.14%	0.06 元 −91.18%
其他综合收益	−364.18 万元 −194.38%	−572.11 万元 +76.97%	884.55 万元 +184.19%	555.69 万元 −4.78%	385.87 万元 −49.17%	−2 484.24 万元 −255.35%
归属于母公司所有者的其他综合收益	−364.18 万元 −194.38%	−572.11 万元 +76.97%	884.55 万元 +184.19%	555.69 万元 −4.78%	385.87 万元 −49.17%	−2 484.24 万元 −255.35%
综合收益总额	2.33 亿元 +49.85%	5.23 亿元 +1966.23%	3.97 亿元 +58.06%	2.37 亿元 +19.71%	1.56 亿元 −0.77%	2 529.24 万元 −96.38%
归属于母公司股东的综合收益总额	2.34 亿元 +47.08%	5.28 亿元 +1 365.76%	4.01 亿元 +55.96%	2.42 亿元 +19.77%	1.59 亿元 −0.78%	3 602.25 万元 −95.07%
归属于少数股东的综合收益总额	−55.92 万元 +83.10%	−540.51 万元 +49.63%	−428.64 万元 +30.04%	−516.57 万元 −22.78%	−330.88 万元 −280.03%	−1 073.01 万元 +67.84%

分析利润表时，利润来源比数值重要。从上到下看利润表的主要科目，要重点关注下面这些指标。

营业收入。它是销售商品、提供劳务等实现的收入。信立泰的营业收入主要包括信立坦、泰嘉在内的多种药品、原料药及器械的销售收入。营业收入主要关注增长情况。从2021年下半年开始，信立泰扭转集采等原因造成的收入下滑，营业收入恢复增长。2022年第一季度，信立泰的营业收入同比增长22.11%（环比增长只有7%，因为高血压等药物有季节性，因此同比更可靠），这是比较好的趋势，表明公司已逐步克服集采的冲击，重新进入"增收"轨道，可能也进入"增利"轨道（要继续看利润情况才能确定）。

营业成本。营业成本代表公司销售商品、提供劳务发生的费用，主要包括料、工、费，也就是生产产品的直接材料成本、生产过程的人工成本及生产过程中机器设备、厂房等的损耗费用。假设信立泰生产价值100元的信立坦，原材料花了2元，工人工资和福利是3元，设备厂房等折旧是1元，则信立坦的生产成本就是6元。卖出信立坦后，6元生产成本就变为6元的营业成本，体现在利润表中。营业成本更多是与营业收入进行比较，关注毛利润和毛利率。毛利润 = 营业收入 − 营业成本，毛利率 = 毛利润 / 营业收入 ×100%。毛利润是公司利润的起点，体现了产品或服务利润的丰厚程度，也可以说明产品或服务是否有竞争力。毛利率低，说明公司盈利能力差；毛利率高，说明公司盈利能力强。相比于同行公司，公司毛利率低，通常说明公司的产品或服务缺乏竞争力。分析时还要关注毛利率的变化，如果毛利率提高，说明盈利能力可能增强了。信立泰2022年第一季度的毛利率是75.08%，2021年同期是71.93%；2021年全年毛利率是74.07%，2020年是69.04%，有向好的趋势。

营业费用。销售费用和管理费用，两者加总为营业费用。营业费用会吞噬利润，因此要找费用控制较好的公司。该费用也体现了公司的管理水平。随着营业收入增加，营业费用也会增加。如果营业费用增长慢于营业收入增长，说明管理较好；如果营业费用增长快于营业收入增长，说明管理效率在下降。例如，销售费用增长 50%，营业收入只增长 30%，可能是公司使用销售费用的效率在降低。同时，还要和同行比较，如果营业费用在营业收入中占比明显高于同行，说明公司管理效率可能较低。在公司发展的不同阶段，营业费用占比也会不同。在扩张阶段，营业费用占比可能较高甚至还会增长以支持公司的扩张；在平稳发展阶段，占比应该较低且最好有下降趋势。同时，一些费用从支出到实现效果需要时间，比如广告从播出到转化为销售需要一定时间，营业费用效果也要考虑时间滞后。回到信立泰，2022 年第一季度销售费用占营业收入的比重为 35.40%，2021年同期为 26.24%；2021 年全年为 33.88%，2020 年全年为 32.82%。管理费用占营业收入的比重，2022 年第一季度为 6.86%，2021 年同期为 9.60%；2021 年全年为 9.94%，2020 年全年为 10.51%。销售费用占比有所提高，这与公司"加大对信立坦的推广力度"的表述相对应，而管理费用占比在下降。

研发费用。研发活动的重要性越来越大，因此投资者需要关注研发投入。研发投入可以进行"费用化"和"资本化"处理。其中，费用化是把研发支出计为费用，会直接影响当期利润；资本化是把研发支出当作无形资产计入资产负债表中，后面逐年摊销，这种处理对当期利润的影响较小。两种处理方法都有合理性，没有明显的优劣之分，不同的公司有不同的选择。但是，公司在研发支出的处理方面要保持稳定，不能随意更改处理方法。对具体研发支出情况，投资者要查找定期报告的专门说明，将费用化和资本化两方面加总计算。对很多公司而言，研发支出对长期发展有重要意义，投资者应倾向于注重研发的公司，尤其比同行注重研发的公司。信立泰是由仿制药转型专利药最坚决、彻底的公司之一。随着多年研发的持续投入，信立泰将进入收获期。对研发支出，投资者不仅要关注绝对金额，也要关注相对比例，更需要进行同比、环比、与同行的比较等，同时还要结合专利申请和授权数量等考虑研发活动的效率。

除上述财务数据和指标外，利润表中比较重要的还有折旧费用、财务费用、资产减值损失、营业外收支等。投资者对这些指标也要给予关注，尤其是当这些指标出现剧烈变化时，要考虑变化的原因、分析变化对利润的影响，尤其对公司未来利润的影响。同时，投资者也需要将这些指标和同行进行比较，判断公司的利润情况。

利润的来源比数值重要。分析利润表时，投资者要特别注意利润的稳定性、增长性和真实性。其中，稳定性强调公司盈利比较稳定且可以长时间持续，不会发生剧烈波动。营业利润的稳定性通常好于营业外利润。如果公司利润主要由营业利润构成，利润稳定性就会较好；如果利润来自营业外利润，如处置资产等，稳定性就会差很多。利润增长主要来自营业收入的增长、毛利率的提高及营业费用使用效率的提高，也是利润表分析重点关注的指标。判断利润真实性是一项复杂专业的工作，超出普通投资者的能力。对此有两个建议：一是回避财报有争议的公司，市场上可选公司很多，没必要单恋争议公司；二是注意公司经营活动的现金流情况，如果经营活动现金流和利润不匹配，也建议回避。

资产负债表

资产负债表体现公司在某时间点的资产、负债和所有者权益情况。这张表可以说明"公司家底厚不厚，抗打击能力强不强"。根据"资产＝负债＋所有者权益"这一恒等式，资产负债表永远是平的。从哪些方面分析资产负债表呢？还是用信立泰举例说明（见表16-2）。

资产负债表从上到下分别是资产、负债和所有者权益，按照流动性从强到弱将具体资产、负债项目进行排列。也有左右结构的资产负债表，资产在左，负债和所有者权益在右，也按流动性从强到弱排列。资产负债表开始是资产端，最先映入眼帘的是货币资金。货币资金是流动性最强的资产，包括库存现金、银行存款和其他货币资金。一般情况下，好公司会有较多的货币资金，毕竟"资产软，负债硬，现金为王"。投资者要从三个方面关注货币资金的质量。

表 16-2 2020—2022 年六期信立泰的资产负债表

会计科目 同比变化	2022 年 一季报	2021 年 年报	2021 年 三季报	2021 年 半年报	2021 年 一季报	2020 年 年报
流动资产						
货币资金	34.13 亿元 +237.70%	32.36 亿元 +274.03%	33.05 亿元 +266.75%	34.13 亿元 +220.37%	10.11 亿元 −15.10%	8.65 亿元 −22.20%
交易性金融资产	9 067.45 万元 +74.82%	6 000.00 万元 −72.04%	4 010.73 万元 −87.85%	2 404.28 万元 −91.99%	5 186.79 万元 −89.58%	2.15 亿元 +3.17%
应收票据及应收账款	4.75 亿元 −6.24%	3.98 亿元 −24.40%	5.06 亿元 +4.78%	5.17 亿元 +0.81%	5.07 亿元 −43.08%	5.27 亿元 −54.85%
其中：应收票据	546.98 万元 −95.71%	253.29 万元 −97.57%	6 697.94 万元 −32.55%	5 975.22 万元 −14.41%	1.28 亿元 −51.47%	1.04 亿元 −79.45%
应收账款	4.70 亿元 +23.81%	3.96 亿元 −6.33%	4.39 亿元 +14.45%	4.57 亿元 +3.21%	3.80 亿元 −39.58%	4.22 亿元 −35.91%
预付款项	2 507.46 万元 +22.71%	1 324.70 万元 −56.75%	2 417.01 万元 −18.97%	3 335.78 万元 −14.84%	2 043.44 万元 −41.71%	3 063.10 万元 +31.36%
其他应收款	—	—	—	2 509.73 万元 −4.36%	—	2 846.31 万元 −7.40%
存货	4.53 亿元 +9.90%	4.20 亿元 +7.38%	3.80 亿元 −5.17%	4.14 亿元 −0.63%	4.12 亿元 −15.57%	3.92 亿元 −22.18%
划分为持有待售的资产	1 173.33 万元 −70.83%	1 173.33 万元 0.00%	1.46 亿元 —	1.45 亿元 —	4 022.59 万元 —	1 173.33 万元 —
其他流动资产	3 399.36 万元 −45.83%	3 301.61 万元 −47.80%	6 263.09 万元 +102.38%	6 056.54 万元 +49.71%	6 275.12 万元 +75.34%	6 324.85 万元 +39.52%
流动资产合计	47.83 亿元 +123.78%	44.04 亿元 +106.57%	44.85 亿元 +102.20%	46.33 亿元 +92.59%	21.37 亿元 −32.42%	21.32 亿元 −31.00%

（续）

会计科目 同比变化	2022年 一季报	2021年 年报	2021年 三季报	2021年 半年报	2021年 一季报	2020年 年报
非流动资产						
长期股权投资	2.79亿元 −32.82%	2.79亿元 −33.72%	2.33亿元 −48.02%	2.57亿元 −44.74%	4.15亿元 −9.75%	4.20亿元 −6.53%
其他权益工具投资	2.00亿元 0.00%	2.00亿元 0.00%	2.00亿元 0.00%	2.00亿元 0.00%	2.00亿元 0.00%	2.00亿元 0.00%
其他非流动金融资产	2.23亿元 +3.36%	2.23亿元 +3.68%	2.19亿元 +0.56%	2.19亿元 −0.47%	2.15亿元 −1.94%	2.15亿元 −1.54%
投资性房地产	3347.53万元 +21.66%	2861.38万元 +2.85%	2874.42万元 +2.75%	2748.43万元 −2.41%	2751.62万元	2782.06万元
固定资产合计	15.03亿元 +29.88%	15.27亿元 +31.26%	15.31亿元 +29.96%	12.06亿元 +5.06%	11.57亿元 −2.21%	11.64亿元 −3.42%
其中：固定资产	—	—	—	12.06亿元 +5.06%	—	11.64亿元 −3.42%
在建工程合计	4979.20万元 −86.51%	9412.86万元 −72.62%	9874.36万元 −65.77%	3.86亿元 +39.72%	3.69亿元 +52.28%	3.44亿元 +66.86%
其中：在建工程	—	—	—	3.86亿元 +39.72%	—	3.44亿元 +66.86%
无形资产	9.92亿元 −18.71%	10.48亿元 −15.70%	12.14亿元 −5.56%	12.25亿元 +12.79%	12.20亿元 +8.96%	12.44亿元 +9.36%
开发支出	11.03亿元 +40.49%	9.63亿元 +30.44%	9.10亿元 +47.37%	8.71亿元 +34.86%	7.85亿元 +25.66%	7.38亿元 +23.51%
商誉	8713.78万元 0.00%	8713.78万元 0.00%	8713.78万元 −76.44%	8713.78万元 −76.44%	8713.78万元 −76.44%	8713.78万元 −76.44%

（续）

会计科目 同比变化	2022年 一季报	2021年 年报	2021年 三季报	2021年 半年报	2021年 一季报	2020年 年报
长期待摊费用	1.32 亿元 +74.86%	8 457.97 万元 +7.21%	9 273.71 万元 +36.57%	7 845.47 万元 +12.75%	7 556.87 万元 +10.09%	7 888.81 万元 +8.48%
递延所得税资产	9 307.74 万元 +33.37%	8 201.29 万元 -16.54%	7 037.86 万元 -4.82%	5 912.31 万元 -25.33%	6 979.09 万元 -12.73%	9 826.37 万元 +56.03%
其他非流动资产	2.06 亿元 +17.84%	2.07 亿元 +22.12%	6 853.13 万元 -52.11%	9 247.31 万元 -68.09%	1.75 亿元 -40.91%	1.70 亿元 +36.81%
非流动资产合计	49.15 亿元 +2.16%	48.40 亿元 +1.12%	47.67 亿元 -3.07%	47.21 亿元 -3.21%	48.11 亿元 -1.07%	47.87 亿元 +3.08%
资产合计	96.98 亿元 +39.57%	92.44 亿元 +33.61%	92.52 亿元 +29.66%	93.54 亿元 +28.44%	69.48 亿元 -13.43%	69.18 亿元 -10.54%
流动负债						
短期借款	1.80 亿元 -44.12%	6 299.85 万元 -79.02%	1.16 亿元 -51.01%	2.30 亿元 -2.39%	3.23 亿元 +83.58%	3.00 亿元 +142.14%
应付票据及应付账款	2.01 亿元 +16.06%	1.88 亿元 -15.99%	2.05 亿元 +96.06%	1.32 亿元 -1.88%	1.73 亿元 -1.03%	2.23 亿元 +55.07%
其中：应付账款	2.01 亿元 +16.06%	1.88 亿元 -15.99%	2.05 亿元 +96.06%	1.32 亿元 -1.88%	1.73 亿元 -1.03%	2.23 亿元 +55.07%
合同负债	7 102.53 万元 +71.21%	9 798.63 万元 +84.08%	8 918.35 万元 +1 474.7%	7 079.10 万元 +78.79%	4 148.40 万元 —	5 322.90 万元 —
应付职工薪酬	1.43 亿元 +77.95%	2.06 亿元 +36.43%	1.51 亿元 +36.15%	1.33 亿元 +52.14%	8 053.90 万元 +23.20%	1.51 亿元 -14.75%
应交税费	9 760.88 万元 +380.59%	6 297.97 万元 +78.61%	9 903.05 万元 +176.46%	3 511.42 万元 -26.26%	2 031.04 万元 -67.20%	3 526.14 万元 -6.66%

（续）

会计科目 同比变化	2022年 一季报	2021年 年报	2021年 三季报	2021年 半年报	2021年 一季报	2020年 年报
应付股利	— —	55.11万元 —	— —	— —	— —	— —
其他应付款	— —	— —	— —	3.58亿元 -23.40%	— —	3.22亿元 +47.84%
一年内到期的非流动负债	692.70万元 -30.73%	698.61万元 -30.74%	— —	1 009.03万元 +28.74%	1 000.00万元 -77.98%	1 008.61万元 -83.30%
其他流动负债	115.50万元 +204.26%	535.06万元 +156.57%	130.59万元	28.34万元	37.96万元	208.54万元
流动负债合计	14.31亿元 +47.89%	10.13亿元 -7.67%	11.30亿元 +8.21%	9.69亿元 -5.19%	9.68亿元 +4.17%	10.97亿元 +41.09%
非流动负债						
长期借款	— —	— —	— —	8 500.00万元 -73.84%	8 500.00万元 -70.42%	9 000.00万元 -43.37%
长期应付款合计	0.00	0.00	0.00	0.00	0.00	0.00
预计负债	6 926.31万元 +3 452.7%	5 228.58万元 +736.74%	— —	— —	194.96万元	624.88万元
递延所得税负债	— —	— —	1 843.65万元 -9.11%	1 889.83万元 -8.90%	1 936.01万元 -8.71%	1 982.19万元 -8.52%
递延收益－非流动负债	1.06亿元 +20.90%	9 371.43万元 +4.58%	9 787.99万元 +9.38%	9 793.47万元 +28.63%	8 727.75万元 +7.88%	8 961.27万元 +6.53%
其他非流动负债	2 963.24万元 +24.79%	3 028.73万元 +25.34%	2 444.40万元 +2.35%	2 444.40万元 +1.17%	2 374.61万元 -3.63%	2 416.35万元 -2.21%
非流动负债合计	2.12亿元 -9.03%	1.85亿元 -19.34%	1.55亿元 -30.62%	2.39亿元 -46.48%	2.33亿元 -43.72%	2.30亿元 -20.58%

（续）

会计科目 同比变化	2022年 一季报	2021年 年报	2021年 三季报	2021年 半年报	2021年 一季报	2020年 年报
负债合计	16.43亿元 +36.84%	11.98亿元 -9.69%	12.86亿元 +1.36%	12.08亿元 -17.73%	12.01亿元 -10.60%	13.27亿元 +24.36%
所有者权益						
实收资本（或股本）	11.15亿元 +6.58%	11.15亿元 +6.58%	11.15亿元 +6.58%	11.15亿元 +6.58%	10.46亿元 0.00%	10.46亿元 0.00%
资本公积	19.28亿元 —	19.30亿元 —	19.24亿元 —	19.24亿元 —	— —	— —
减：库存股	5.50亿元 +67.92%	3.28亿元 +0.03%	2.35亿元 -28.43%	— —	3.28亿元 +61.19%	3.28亿元 +419.14%
其他综合收益	-1 705.46万元 -344.95%	-1 341.28万元 -74.38%	115.38万元 -82.63%	-213.48万元 -109.29%	-383.29万元 -115.49%	-769.17万元 -144.85%
盈余公积	5.26亿元 +6.99%	5.26亿元 +6.99%	4.92亿元 +0.38%	4.92亿元 +0.38%	4.92亿元 -5.94%	4.92亿元 -5.94%
未分配利润	50.41亿元 +13.02%	48.04亿元 +11.56%	46.57亿元 +1.82%	45.38亿元 +0.79%	44.60亿元 -10.30%	43.06亿元 -10.71%
归属于母公司股东权益合计	80.43亿元 +41.94%	80.34亿元 +45.85%	79.54亿元 +37.40%	80.67亿元 +40.68%	56.66亿元 -12.92%	55.08亿元 -15.12%
少数股东权益	1 183.19万元 -85.43%	1 191.05万元 -85.71%	1 255.60万元 -84.07%	7 938.38万元 -1.31%	8 119.18万元 -53.88%	8 333.16万元 -52.90%
所有者权益合计	80.55亿元 +40.14%	80.46亿元 +43.89%	79.66亿元 +35.77%	81.46亿元 +40.10%	57.48亿元 -14.00%	55.92亿元 -16.12%
负债和所有者权益合计	96.98亿元 +39.57%	92.44亿元 +33.61%	92.52亿元 +29.66%	93.54亿元 +28.44%	69.48亿元 -13.43%	69.18亿元 -10.54%

第一，货币资金来源。货币资金有三个来源，分别是经营活动产生的、投资活动产生的和筹资活动产生的，可以和现金流量表对应。三个来源的货币资金持续性不同，经营活动产生的持续性最好，质量最高。

第二，货币资金是否受限。有些公司虽然账面有大量货币资金，但很多资金是受限的，不能自由使用，实际可支配资金并不多，甚至面临较大的流动性压力。

第三，关注"存贷双高"现象。这个现象不是必然有问题，但不太符合一般逻辑，手头有大量闲钱，何必对外借贷而支付高额利息呢？公司有较多货币资金，但仍有一定数量的有息负债，如果是出于维护和银行的关系、获得资金成本低、利用财务杠杆等目的，那么这些通常是合理的。信立泰在2021年第二季度进行了约20亿元的定增后，货币资金数量大幅增加，可以很好地满足后续药物研发和临床的需要，保证公司的长期发展。除去定增获得的资金，公司货币资金也保持在较高且稳定的水平。

货币资金下面可以看到应收票据和应收账款。应收票据和应收账款也是重要的流动资产，表明公司通过赊销方式销售的产品和服务，或者产品和服务销售有回款周期，目前还没有收回资金。通常，好公司应收票据和应收账款较少，如贵州茅台采用"先款后货"的方式，应收票据和应收账款非常少。由于行业特点不同，不同行业的公司通常不具有可比性，但同行公司间可以比较。应收票据和应收账款的比例低，说明公司产品和服务有较好的竞争力，对顾客有较强的讨价还价能力。对于应收账款，也要关注其质量，考虑问题有：应收账款周转率高吗？计提坏账准备充分吗？计提坏账准备的比例任意变更了吗？有没有转回计提的坏账准备来增厚利润？应收账款占总资产的比重高吗？对这些问题，投资者不仅要看同比、环比情况，还要和同行公司比较来综合判断。信立泰在报表周期内，应收票据及应收账款有所波动，但总体较稳定，占总资产比重较低。对于应收票据和应收账款，要注意潜在风险。例如，恒大集团债务危机爆发后，十多家上市公司对恒大集团应收账款全额计提坏账，导致2021年巨额亏损，更有甚者一次亏光前面好几年的利润。如果投资者关注应收票据及应收账款情况，是可以回避爆雷风险的。

资产负债表中，投资者还要关注存货。存货也是流动资产，包括原材料、在产品、半成品、产成品、低值易耗品等。一般来说，好公司中存货占总资产的比重会比较稳定，较少发生剧烈波动。例如，信立泰的存货一直保持在 4 亿元左右，虽然 2022 年一季报有所提高，但整体仍相对稳定。对于存货，主要关注如下几方面：存货具体构成如何？计提跌价准备充分吗？有没有转回存货跌价准备来增厚利润？存货在总资产中占比异常吗？存货有剧烈波动吗？计价方法变了吗？存货周转率如何？等等。要注意的是，存货是公司调节利润的一个手段。公司有时可能采取延迟发货的方式来平滑利润，那存货中产成品可能发生较大变化。同时，存货会影响公司的未来利润。例如，为应对大宗商品价格上涨，很多公司大幅增加原材料存货。这些存货可以使公司后续有低成本的原材料，实现较高利润水平。但如果原材料价格持续保持高位，低价存货用光后，公司利润可能下滑。多数公司存货都面临减值压力，而少数公司存货没有这种压力，甚至会升值。例如，白酒企业尤其是贵州茅台，库存成品不仅不会贬值还会升值，反而对公司有利。对于存货，投资者要从绝对和相对数量、同比和环比变化、和同行业公司对比等方面综合判断。

固定资产也是资产端需要关注的科目。固定资产是非流动资产，对其计提的折旧会侵蚀公司利润，也会成为公司的负担，因此市场更喜欢"轻资产"公司。例如，航空公司巨额亏损与重资产运营模式密不可分，不论飞机有没有飞行，都要对飞机等资产计提折旧。在新冠疫情期间，航空公司收入下降，资产折旧也不能少，这使航空公司产生巨额亏损。对固定资产，投资者要关注折旧和计提减值准备是否充分，是否存在折旧方法随意变更的情况，在建工程转为固定资产时间是否推迟，等等。一般而言，好公司的固定资产规模随着公司成长会增加，但在总资产中的比重会逐渐下降。同样，投资者必须对公司大张旗鼓搞建设加以关注，尤其要考虑建设的固定资产能否为公司带来利润。

资产端还需要关注的科目是商誉。商誉在并购活动中产生，主要是收购价格相对被收购标的净资产的溢价部分。近年来，上市公司并购活动越来越多，大量公司都背上了商誉。一旦被并购公司没有预期的那么好，公司就面临商誉减值问题。有些公司背负的商誉很大，还会一次性大额计提商誉减值，导致爆雷。因此，投资者要对商誉保持谨慎。2018年，信立泰为完善心血管领域产品线，以4.73亿元收购苏州桓晨。2019年，在苏州桓晨的贡献下，信立泰医疗器械板块实现收入0.69亿元，增长233.53%。2020年，首轮冠脉支架国家集采，苏州桓晨报价920元，降幅95.2%，但没有中标。叠加新冠疫情影响，2020年，信立泰对苏州桓晨计提商誉减值2.83亿元，导致净利润大降91.49%。截至2022年三季报，信立泰账面商誉8713.78万元。因此，在信立泰的资产负债表中，商誉减值风险可控。

负债在资产负债表中也按流动性排列，分为流动负债和非流动负债，科目很多。投资者不需要对这些科目一一分析，可以采取简便方法，将负债分为有息负债和无息负债。其中，无息负债无须支付利息，主要由经营活动产生，如应收账款、应付账款、应交税费、应付职工薪酬等；有息负债须支付利息，包括长短期借款、应付债券等。好公司对上游供应商和下游客户有较强的讨价还价能力，可以通过应收账款、应付账款等方式免费使用上下游资金。公司需要支付有息负债的利息。如果用这些资金所赚取的利润小于对应的利息，那么使用这部分资金反而会损害公司的利润。一般而言，好公司有较充裕的资金，对外部有息负债需求较少。

投资者要关注公司的偿债能力，确保财务安全。衡量偿债能力常用指标包括资产负债率、利息保障倍数、流动比率、速动比率、现金比率等。偿债能力高低与流动资产质量相关，流动性越好，偿债能力越强。分析负债时，要关注"短债长投"问题，如果公司用短期借款投资长期项目，就可能发生债务危机，尤其是在宏观环境变化时。分析公司偿债能力时，宏观环境和相关制度变化也至关重要。例如，2021年对房地产政策的收紧，加上"三道红线"政策，大量房地产企业发生债务危机。近几年，信立泰的流动负债在增加，2022年第一季度达14.31亿元，长期借款为零，非流动负债保持在2亿元水平，相对于34亿元的货币资金而言，负债有充分保障，债务风险非常小。

除了上述科目外，资产负债表中还有大量其他科目。这些科目的重要性较低，但投资者也要给予一定关注，尤其是当科目出现剧烈变化时，要考虑导致变化的原因、分析变化产生的影响，尤其是对公司未来利润的影响。同时，投资者也要将这些指标和同行进行比较，帮助判断公司的情况。

现金流量表

现金流量表展示一段时间内现金的变化情况。这个"现金"是广义概念，包括公司拥有的各种现金及现金等价物。现金流量表主要由三块构成，分别是经营活动产生的现金流、投资活动产生的现金流及筹资活动产生的现金流，净额是现金的流入量减去流出量。2020—2022年六期信立泰的现金流量表如表16-3所示。

现金流如同公司的血液，稳定的现金流是公司持续运营的基础。现金流量表中，经营活动产生的现金流量净额最有持续性，可以反映公司持续"造血"的能力。如果经营活动产生的现金流持续为正，说明公司不仅赚了钱，而且把钱实实在在地装到了腰包中；如果利润表赢利，但经营活动产生的现金流持续为负，说明公司可能只赚了"白条"，并没有把钱装进腰包。投资活动产生的现金流持续性较差，像是给公司"吃补品补身体"；筹资活动产生的现金流持续性更差，很多情况都是"失血"过多后对公司直接进行"输血"。因此，分析现金流量表重点要关注的就是经营活动产生的现金流量净额。

表 16-3 2020—2022 年六期信立泰的现金流量表

会计科目 同比变化	2022 年 一季报	2021 年 年报	2021 年 三季报	2021 年 半年报	2021 年 一季报	2020 年 年报
经营活动产生的现金流量						
销售商品、提供劳务收到的现金	8.58 亿元 +15.54%	32.80 亿元 -6.44%	22.80 亿元 -20.10%	13.66 亿元 -38.84%	7.43 亿元 -37.02%	35.06 亿元 -27.48%
收到的税费返还	236.23 万元 +117.77%	3 122.98 万元 +229.72%	2 565.43 万元 +223.67%	2 434.97 万元 +317.21%	108.48 万元 -1.13%	947.15 万元 +51.55%
收到其他与经营活动有关的现金	4 332.27 万元 +427.65%	1.54 亿元 +17.32%	1.51 亿元 +59.76%	4 627.11 万元 -17.25%	821.05 万元 -70.88%	1.31 亿元 +1.16%
经营活动现金流入小计	9.04 亿元 +20.19%	34.65 亿元 -4.97%	24.56 亿元 -16.89%	14.37 亿元 -37.41%	7.52 亿元 -37.78%	36.46 亿元 -26.63%
购买商品、接受劳务支付的现金	1.48 亿元 +6.65%	4.94 亿元 +15.70%	3.38 亿元 -6.01%	2.38 亿元 +0.90%	1.38 亿元 +33.68%	4.27 亿元 -5.74%
支付给职工以及为职工支付的现金	2.43 亿元 -1.20%	7.41 亿元 +5.08%	5.53 亿元 -0.91%	3.92 亿元 -6.85%	2.46 亿元 -11.51%	7.05 亿元 -13.44%
支付的各项税费	1.04 亿元 +13.38%	3.55 亿元 +16.55%	2.42 亿元 +0.99%	1.68 亿元 -3.58%	9 184.89 万元 -1.20%	3.05 亿元 -64.43%
支付其他与经营活动有关的现金	2.44 亿元 +56.08%	6.90 亿元 -17.40%	4.71 亿元 -25.87%	3.22 亿元 -13.04%	1.56 亿元 +32.03%	8.35 亿元 -37.60%
经营活动现金流出小计	7.39 亿元 +16.77%	22.80 亿元 +0.35%	16.04 亿元 -10.52%	11.20 亿元 -6.77%	6.33 亿元 +6.67%	22.72 亿元 -34.39%
经营活动产生的现金流量净额	1.65 亿元 +38.30%	11.85 亿元 -13.78%	8.53 亿元 -26.71%	3.17 亿元 -71.03%	1.20 亿元 -80.59%	13.74 亿元 -8.78%

（续）

会计科目 同比变化	2022 年 一季报	2021 年 年报	2021 年 三季报	2021 年 半年报	2021 年 一季报	2020 年 年报
投资活动产生的现金流量						
收回投资收到的现金	7 000.00 万元 −62.77%	5.92 亿元 −6.58%	5.06 亿元 +16.03%	4.06 亿元 −7.07%	1.88 亿元 +74.07%	6.33 亿元 −75.76%
取得投资收益收到的现金	14.96 万元 −96.53%	1 773.06 万元 +3.26%	1 225.92 万元 +333.57%	1 152.65 万元 +307.66%	430.71 万元 +320.36%	1 717.02 万元 −21.26%
处置固定资产、无形资产和其他长期资产收回的现金净额	5.48 万元 −66.35%	159.26 万元 +78.10%	91.36 万元 +46.86%	47.50 万元 +132.86%	16.27 万元 +18.85%	89.42 万元 +515.57%
投资活动现金流入小计	7 020.44 万元 −63.52%	6.11 亿元 −6.20%	5.19 亿元 +18.11%	4.18 亿元 −4.98%	1.92 亿元 +76.32%	6.51 亿元 −75.27%
购建固定资产、无形资产和其他长期资产支付的现金	1.73 亿元 +14.78%	4.83 亿元 −24.90%	3.64 亿元 −19.71%	2.58 亿元 −25.03%	1.51 亿元 −41.10%	6.42 亿元 +40.53%
投资支付的现金	5 852.64 万元 +109.02%	4.98 亿元 −41.97%	3.56 亿元 −49.41%	1.64 亿元 −74.71%	2 800.00 万元 −93.22%	8.58 亿元 −64.07%
投资活动现金流出小计	2.31 亿元 +29.56%	9.81 亿元 −34.66%	7.20 亿元 −37.92%	4.21 亿元 −57.49%	1.79 亿元 −73.29%	15.01 亿元 −47.27%
投资活动产生的现金流量净额	−1.61 亿元 −1 255.36%	−3.70 亿元 +56.48%	−2.01 亿元 +72.12%	−381.54 万元 +99.31%	1 394.34 万元 +102.49%	−8.49 亿元 −300.10%
筹资活动产生的现金流量						
吸收投资收到的现金	— —	19.39 亿元 —	19.34 亿元 —	19.34 亿元 —	— —	— —
取得借款收到的现金	1.38 亿元 +15.26%	3.04 亿元 −8.46%	2.63 亿元 −2.70%	2.28 亿元 −5.12%	1.20 亿元 −33.46%	3.32 亿元 +167.74%

（续）

会计科目 同比变化	2022 年 一季报	2021 年 年报	2021 年 三季报	2021 年 半年报	2021 年 一季报	2020 年 年报
收到其他与筹资活动有关的现金	—	3.92 亿元 —	3.92 亿元 —	3.92 亿元 —	500.00 万元 —	—
筹资活动现金流入小计	1.38 亿元 +10.65%	26.35 亿元 +693.70%	25.89 亿元 +858.12%	25.54 亿元 +963.21%	1.25 亿元 -30.69%	3.32 亿元 +167.74%
偿还债务支付的现金	2 100.00 万元 -79.77%	6.40 亿元 +130.28%	5.47 亿元 +420.79%	3.03 亿元 +1 917.45%	1.04 亿元 +592.12%	2.78 亿元 +636.57%
分配股利、利润或偿付利息支付的现金	130.49 万元 -36.84%	1 644.47 万元 -96.93%	927.02 万元 -98.25%	695.27 万元 -98.68%	206.60 万元 -41.28%	5.35 亿元 -37.28%
支付其他与筹资活动有关的现金	2.42 亿元 +3 237.9%	4.31 亿元 +50.45%	2.45 亿元 -14.14%	710.75 万元 -97.55%	725.99 万元 -94.82%	2.86 亿元 +353.53%
筹资活动现金流出小计	2.65 亿元 +133.89%	10.87 亿元 -1.10%	8.01 亿元 -13.09%	3.17 亿元 -61.87%	1.13 亿元 -28.71%	10.99 亿元 +15.23%
筹资活动产生的现金流量净额	-1.26 亿元 -1 175.42%	15.48 亿元 +301.91%	17.88 亿元 +374.70%	22.37 亿元 +478.91%	1 175.66 万元 -45.28%	-7.67 亿元 +7.56%
汇率变动对现金及现金等价物的影响	-98.51 万元 -311.66%	-677.47 万元 -40.02%	7.33 万元 +102.65%	-225.40 万元 -353.54%	46.54 万元 -43.13%	-483.85 万元 -332.23%
现金及现金等价物净增加额	-1.23 亿元 -184.61%	23.57 亿元 +1 054.95%	24.40 亿元 +1 258.08%	25.48 亿元 +5 578.52%	1.46 亿元 +85.09%	-2.47 亿元 -152.87%
加：期初现金及现金等价物余额	32.22 亿元 +272.43%	8.65 亿元 -22.20%	8.65 亿元 -22.20%	8.65 亿元 -22.20%	8.65 亿元 -22.20%	11.12 亿元 +72.36%
期末现金及现金等价物余额	30.99 亿元 +206.57%	32.22 亿元 +272.43%	33.05 亿元 +266.75%	34.13 亿元 +220.37%	10.11 亿元 -15.10%	8.65 亿元 -22.20%

在分析经营活动产生的现金流量净额时，投资者主要关注三点。第一，经营活动产生的现金流量净额要和营业利润对应，且两者基本同向变化。第二，好公司经营活动产生的现金流量净额会持续、稳定地增长。需要说明的是，处于不同发展阶段的公司，现金流大不相同。成长阶段的公司可能通过多种方式扩大产能，来占领更多的市场份额。公司经营活动产生的现金流量净额可能为负，无法与利润匹配。稳定发展的公司，固定资产投资较少，经营活动产生的现金流量净额通常能和营业利润对应。如果原材料价格大幅上涨，很多公司会加大原材料采购力度，导致经营活动产生的现金流短时间为负，这是没有问题的。第三，经营活动产生的现金流，尤其是现金流剧烈变化，在利润表和资产负债表中会有印证。例如，加大原材料采购导致现金流量净额下降，资产负债表中存货会有增加。

在表 16-3 中，信立泰的经营活动产生的现金流量净额持续为正，而且很多时候大于净利润。例如，2021 年年报中经营活动产生的现金流量净额为 11.85 亿元，净利润为 5.28 亿元；2021 年半年报中经营活动产生的现金流量净额为 3.17 亿元，净利润为 2.32 亿元。同时，可以看出信立泰经营活动产生的现金流量净额是稳定增长的。在 2021 年第二季度进行定增后，2021 年半年报筹资活动产生的现金流量净额暴增。整体来看，信立泰的现金流量表长期保持健康。

财报分析的注意事项

第一，一些行业的财报和其他行业不同，如金融业。这些行业的财报要结合相关法律法规和行业特点专门分析，不建议采用通用的方法分析。

第二，会计规则改变或变更，会导致财报发生变化。例如，公司改变计提折旧的方法，将加速折旧法改为直线折旧法，会导致对较新资产计提的折旧额降低，进而造成利润上升。因此，需要注意会计规则改变或变更对报表的影响，不宜简单进行同比和环比。

第三，公司发生并购或资产重组时，财报也发生变化，如果没有对财报进行重塑，并购或重组事件前后的财报不具有可比性。

第四，提前关注外部事件对财报的冲击，不能等看到财报再应对。当财报体现这些事件的影响时，对投资者而言就太晚了。例如，2022 年国家集采，恒瑞医药多个核心品种参与竞标。根据前面集采大幅降价的惯例，这些产品销售额必然下降，对恒瑞医药的营业收入和利润产生影响。投资者需要提前应对，不能等看到恒瑞医药的报表再做出反应。

第五，不能站在当前财报上做决策，而要基于现有财报看未来。财报是对过去的反映，而投资应更关注未来。投资者要利用财报提供的信息，基于未来情况开展投资。也就是，重视财报，但不唯财报。

第六，要对财报中的数据进行全方位的分析比较，不仅要看绝对额，也要看相对比值，更要进行同比、环比、与同行比较及与市场预期比较，进而得出全面的结论。

第七，采用专门的财报助手辅助判断财报的真伪，并关注一些专业分析，采取有瑕疵就回避的态度。

以上是看财报的一些基础知识。基于这些基础知识，投资者可以较好地阅读和分析公司的财报。本章的介绍有些粗略，一些重要财务指标也没有提及。对财报有兴趣的读者，可以阅读专门书籍。表 16-4 总结了常用财务指标的计算公式和说明，供读者参考。

表 16-4　一些常用财务指标的计算公式和说明

指标	计算公式	说明
盈利能力指标		
营业利润率	营业利润 / 营业收入 ×100%	可以体现产品或服务的竞争力；营业利润率越高，竞争力越强
毛利率	（营业收入 – 营业成本）/ 营业收入 ×100%	可以体现产品或服务的获利能力；毛利率越高，获利能力越强
净利率	净利润 / 营业收入 ×100%	可以体现业务的获利水平；净利率越高，业务获利水平越高
费用率	费用总额 / 营业收入	费用总额 = 销售费用 + 管理费用 + 财务费用；实现 1 元营业收入所需的各项费用之和；费用率越低，费用控制做得越好

（续）

指标	计算公式	说明
盈利能力指标		
总资产报酬率	净利润/平均总资产 ×100%	体现总资产的获利能力； 总资产报酬率越高，总资产获利能力越强
净资产收益率	净利润/平均净资产 ×100%	代表股东投入资本的收益水平； 净资产收益率越高，股东投入资本的获利能力越强
偿债能力指标		
流动比率	流动资产/流动负债	每1元流动负债有多少流动资产来偿还； 流动比率越高，短期偿债能力越强
速动比率	速动资产/流动负债	每1元流动负债有多少速动资产来偿还； 速动比率越高，短期偿债能力越强
营运能力指标		
应收账款周转率	营业收入/应收账款期初和期末余额的平均值	代表应收账款周转速度； 应收账款周转率越高越好
存货周转率	营业成本/存货期初和期末余额的平均值	代表存货周转的速度； 存货周转率越高越好
流动资产周转率	营业收入/流动资产期初和期末占用额的平均值	代表流动资产使用效率； 流动资产周转率越高，流动资产使用效率越高
固定资产周转率	营业收入/固定资产期初和期末的平均值	代表固定资产使用效率； 固定资产周转率越高，固定资产使用效率越高
总资产周转率	营业收入/资产期初和期末的平均值	代表全部资产的使用效率； 总资产周转率越高，全部资产使用效率越高
成长能力指标		
营业收入增长率	（本期营业收入−上期营业收入）/上期营业收入 ×100%	代表业务增长情况； 营业收入增长率越高，发展前景越好
营业利润增长率	（本期营业利润−上期营业利润）/上期营业利润 ×100%	代表业务获利的增长情况； 营业利润增长率越高，获利增长速度越快
净利润增长率	（本期净利润−上期净利润）/上期净利润 ×100%	代表综合盈利的增长情况； 净利润增长率越高，综合盈利增长越快
经营现金流增长率	（本期经营活动现金流量净额−上期经营活动现金流量净额）/上期经营活动现金流量净额 ×100%	代表经营活动现金流量净额增长情况； 经营现金流增长率越高，经营活动现金流量净额增长越快

第十七章

盈利至上的市盈率估值

投资者用战略分析工具分析完公司，并通过阅读财报掌握公司的财务状况后，就可以对公司进行估值。在评估公司价值时，需要注意两点。第一，每个人都有自己的衡量和判断，导致不同人对同一家公司的估值各不相同，就如同"1000个读者眼中就有1000个哈姆雷特"；同时，一些个人因素、市场因素、宏观因素等，都可能导致对公司的估值不同。例如，2022年5月5日，英国《金融时报》报道，美国考虑对海康威视实施"至今最严厉制裁"。据说制裁会对海康威视海外业务造成严重影响，可能减少27%的营业收入。消息出来后，海康威视股价大跌（5月5日跌停，5月6日跌9%）。不管消息是不是真的，股价已经率先下跌了。两位知名投资人对海康威视采取了不同操作。李杰（网名：水晶苍蝇拍）减仓海康威视，而冯柳加仓。从估值角度来看，两人对海康威视的看法明显不同。第二，对公司估值是为投资决策提供参考，不是唯一的决策依据，而且模糊的正确远胜于精确的错误。因此，对公司进行估值时没必要过度纠结于具体数字，更没必要力求非常精确。

同时，估值时要注意数据的合理性，不能使用不靠谱的数据。例如，

2018 年 5 月 15 日常山药业公告：全资子公司一款治疗勃起功能障碍（ED）的产品被批准上市。公告称，中国男性有 1.4 亿人患有 ED，假设其中有30% 接受治疗，人数将达 4200 万，假设接受治疗的患者每年多次使用药物，未来中国潜在市场规模有望达百亿元级。统计数据显示，中国 14 亿人中男性占比 51.2%，其中 20～60 岁男性约 4 亿人。按常山药业的说法，每3 个成年男性中就有 1 个人患 ED。深圳证券交易所（以下简称"深交所"）发函问"1.4 亿 ED 患者"的数据来源。常山药业回复称：数据主要源于国信证券 2014 年 5 月发布的相关报告，公司未向报告撰写方咨询数据来源及计算方法，未对数据准确性进行核实。2020 年 12 月 29 日，河北证监局对常山药业罚款 60 万元，认为数据准确性存疑，凭简单假设和推测得出"市场规模百亿元级"的结论会误导投资者。类似情况还有很多。例如，2015年赴港上市的康宁医院在招股书中引用弗若斯特沙利文咨询公司（Frost &Sullivan）的报告，称中国有 1.8 亿人患精神疾病。按 14 亿人口计算，患精神疾病的比例为 13%，每 8 个人中就有 1 个人患精神疾病。如果用这些数据估值，得出的结论可想而知。总之，投资者在估值时要在保证大方向正确的前提下，一方面不要过度纠结于具体数字，另一方面要尽可能进行准确估值，为投资活动提供参考。

市场使用的估值方法分为相对估值法和绝对估值法。其中，相对估值法主要用乘法计算，根据比价原理，参考同行业公司及公司过去的估值情况估算公司价值。常用的相对估值法有市盈率（PE）、市净率（PB）、市销率（PS）、市盈率相对盈利增长率（PEG）。绝对估值法主要进行折现，通过分析公司历史和当前情况，预估未来可以产生的现金流，通过对未来产生的现金流进行折现来评估公司的价值。该方法的基础是：公司内在价值是其寿命中可以产生的现金流的折现。理论上看，该方法很完美，但在实际操作中，无论预计公司未来的现金流还是选择长期折现率都非常困难，实际价值也大打折扣。

市盈率简介

市盈率（Price Earnings Ratio，PE）的计算方法是股价除以每股收益，也等于总市值除以一年的净利润。因此，市盈率关注的一个重点就是公司的盈利，也就成了"盈利至上"的估值方法。在实际应用中，对一年的净利润有不同处理，导致市盈率出现三种形态：静态市盈率（PE 静）、滚动市盈率［PE（TTM）］、动态市盈率（PE 动）。一般的炒股软件都会展示这三种市盈率，如图 17-1 所示。

信立泰(SZ:002294) 深股通 可融资 可卖空			··· ✓已添加
¥26.30 +0.79 +3.10%			18.35 万球友关注 休市 05-13 15:04:03 北京时间
最高：26.63	今开：25.80	涨停：28.06	成交量：12.26万手
最低：25.70	昨收：25.51	跌停：22.96	成交额：3.20亿
量比：2.17	换手：1.10%	市盈率(动)：30.88	市盈率(TTM)：47.59
委比：34.10%	振幅：3.65%	市盈率(静)：54.93	市净率：3.65
每股收益：0.55	股息(TTM)：0.40	总股本：11.15亿	总市值：293.20亿
每股净资产：7.21	股息率(TTM)：1.52%	流通股：11.14亿	流通值：293.11亿
52周最高：36.55	52周最低：19.63	货币单位：CNY	

图 17-1　日常使用的三种市盈率

PE（静）的计算方法是当前市值除以去年净利润。例如，2022 年 5 月 13 日收盘，信立泰市值 293.2 亿元，2021 年归属母公司股东净利润 5.34 亿元，PE（静）=293.2/5.34=54.91（由于四舍五入的原因，和软件有一点差异）。使用这个方法存在一个问题：上市公司发布年报的截止时间是 4 月底，如果公司还没发布年报，没有 2021 年净利润数据怎么办？很多软件的处理是用 2020 年的财务数据计算。信立泰 2021 年年报在 2022 年 3 月 29 日发布，3 月 29 日前，炒股软件会根据 2020 年的净利润来计算。由于计提商誉减值，信立泰 2020 年归母净利润为 6086.5 万元，计算出来的 PE（静）=21.58 × 11.15/0.608=395.75。3 月 29 日，更新年报数据后，软件显示的 PE（静）=21.58 × 11.15/5.34=45.06。一夜之间，PE（静）发生巨大变化。因此，利用 PE（静）进行投资让人很不放心，就出现了滚动市盈率［PE（TTM）］。

PE（TTM）的计算方法是用当前市值除以前面四个季度的总净利润。还是以信立泰为例，根据 2022 年一季报，第一季度的归母净利润为 2.37 亿元，2021 年全年的归母净利润为 5.34 亿元，2021 年第一季度的归母净利润为 1.55 亿元，那么"前面四个季度"的净利润是 5.34–1.55+2.37 = 6.16 亿元。PE（TTM）= 293.2/6.16 = 47.60。可以看到，PE（TTM）能更好地规避财务数据发布滞后的影响。

股票市场是基于现在看未来，对公司估值也是如此，不是依据过往业绩来估算公司价值，而是根据公司未来进行判断。例如，英科医疗核心产品是一次性手套。新冠疫情导致手套大卖，2021 年归母净利润为 74.30 亿元。2022 年第一季度，归母净利润只有 8349 万元。截至 2022 年 5 月 13 日收盘，英科医疗总市值 157.24 亿元，PE（静）为 2.12，PE（TTM）为 4.16。看这两个 PE，是不是觉得英科医疗很便宜？事实真的如此吗？英科医疗 2021 年四个季度的归母净利润分别是：37.36 亿元、21.43 亿元、10.64 亿元、4.87 亿元。加上 2022 年第一季度的 8349 万元，可以清楚地知道手套不赚钱了，PE（静）、PE（TTM）已经无法反映公司的真实情况。因此，第三种市盈率——动态市盈率 PE（动）应运而生。PE（动）的计算方法是当前市值除以预估今年全年净利润。注意"预估今年全年净利润"，不是实际实现的，而是预估出来的。软件没有明确地说明"预估今年全年净利润"的来源，常用的是 6 个月内券商预测利润的平均数。一个不容忽视的事实是，券商预测的利润很多时候都不准确。一方面，公司经营复杂，内外部环境不断变化，使预估利润十分困难。即使有些公司给出业绩指引，也会强调"本预计仅为公司内部管理控制考核指标，不代表盈利预测。能否实现取决于市场状况变化等因素，存在很大不确定性，敬请特别注意"。另一方面，为了吸引投资，券商主要发布"说好话"的研报，很少发布看空研报。例如，2022 年 2 月 10 日，首创证券发布《宁德时代还能跌多久？一个定量分析视角》看空研报，认为宁德时代有 20% 的下跌空间。这篇研报发出后，引来"骂声一片"。2 月 11 日，基于该研报的电话会议被迫取消。基于此，PE（动）的准确性要大打折扣。

市盈率的使用

使用市盈率估值主要有两种方法。一种是分析公司基本面，结合历史财报数据，预测未来业绩，给公司选择一个合适的市盈率或市盈率范围（结合同行市盈率情况和公司历史市盈率情况选择），得出预测的公司价值或价值区间。例如，2022 年 3 月 28 日华泰证券对江海股份的研报，"预测 2022—2023 年归母净利润为 6.23/8.10 亿元，预计 2024 年归母净利润为 9.93 亿元。维持目标价 27.0 元，对应 2022 年 36 倍 PE 估值，维持买入评级"。3 月 25 日，东方证券对江海股份的研报，"预测 2022—2024 年每股收益为 0.79/1.07/1.45 元，根据可比公司 2022 年 38 倍 PE 估值水平，对应目标价为 30.02 元，维持买入评级"。另一种是分析公司基本面情况，结合历史财务数据，预测未来业绩，结合同行市盈率情况和公司历史市盈率情况，判断当前股价是低估、高估，还是处于合理水平，然后做出投资决策。

看三家电容公司：法拉电子、江海股份和艾华集团。法拉电子的主营业务为薄膜电容器研发、生产和销售，产品涵盖全系列薄膜电容。薄膜电容器规模中国第一、全球前三。公司有独立完整的研发、采购、生产和销售体系，采取以销定产模式经营。2021 年，营业收入 28.11 亿元，同比增长 48.66%；归母净利润 8.31 亿元，同比增长 49.51%；薄膜电容器销量 33.58 亿只，同比增长 24.93%；平均单价 0.81 元 / 只，同比增长 17.95%。近几年，薄膜电容传统应用的家电、照明市场进入成熟阶段，需求走势平稳。同时，在光伏、风电及新能源车等新市场，薄膜电容得到了广泛应用。未来几年，新能源市场是薄膜电容增长的主要驱动力。

江海股份的主要业务产品为铝电解电容及核心材料、薄膜电容、超级电容。2021 年营业收入 35.50 亿元，同比增长 34.71%；归母净利润 4.35 亿元，同比增长 16.66%；扣非归母净利润 4.12 亿元，同比增长 42.06%。分业务来看，铝电解电容营收 28.47 亿元，同比增长 38.73%，毛利率为 26.97%；薄膜电容营收 2.24 亿元，同比增长 15.33%，毛利率 20.62%；金属化膜自供率提升到 60%、产出增长 50%；超级电容营收 2.40 亿元，同比增长 47.34%，毛利率 23.86%；电极箔营收 1.89 亿元，同比减少 6.56%，毛利率 7.90%。

艾华集团的主要业务为铝电解电容、铝箔的生产与销售。2021 年，铝电解电容产能超 150 亿支，是中国规模最大的铝电解电容企业，覆盖工业控制、光伏、车载、智能机器人、5G 通信、数据中心、电源、照明等市场。2021 年营业收入 32.34 亿元，增长 28.51%；归母净利润 4.87 亿元，增长 28.05%。铝箔自供率为 60%～70%。化成箔工厂在新疆，年用电量达亿级，在行业内有成本优势。公司将进一步扩大牛角及螺栓型产品产能，计划对主要原材料铝箔持续投入扩产。

以三家公司发布的 2022 年一季报为例。法拉电子 2022 年第一季度营业收入 8.40 亿元，同比增长 44.70%；归母净利润 2.04 亿元，同比增长 23.55%；扣非归母净利润 1.93 亿元，同比增长 22.34%。江海股份 2022 年第一季度营业收入 9.81 亿元，同比增长 31.20%；归母净利润 1.18 亿元，同比增长 42.23%；扣非归母净利润 1.13 亿元，同比增长 47.67%。艾华集团 2022 年第一季度营业收入 8.69 亿元，同比增长 28.95%；归母净利润 1.15 亿元，同比增长 1.85%；扣非归母净利润 0.93 亿元，同比增长 11.60%。2022 年 5 月 13 日，东方财富软件提供的三家公司市盈率情况如表 17-1 所示。

表 17-1　2022 年 5 月 13 日三家公司的市盈率情况

	法拉电子	江海股份	艾华集团
PE（静）	43.75	38.80	21.94
PE（TTM）	41.79	35.92	21.85
PE（动）	44.45	35.90	23.27
市值/亿元	359.82	169.14	105.73

比较三家公司的市盈率情况，看哪家相对高估，哪家相对低估，哪家相对合理。法拉电子的主要产品是薄膜电容，艾华集团主要是铝电解电容，江海股份两者都有，而且一季报没有单独列出两者比例，需要拆解。2021 年，江海股份的铝电解电容营业收入占比为 80.2%，增长 38.73%，

毛利率 26.97%；薄膜电容的营业收入占比 6.4%，增长 15.33%，毛利率 20.62%；超级电容的营业收入占比 6.76%，增长 47.34%，毛利率 23.86%。由于市场给薄膜电容更高的估值，因此考虑给江海股份薄膜电容更多权重。参考第一季度法拉电子营业收入同比增长 44.70%，估计江海股份薄膜电容营业收入增长 50%，超级电容增长 60%，其余为铝电解电容。那么，薄膜电容和超级电容创造净利润占比为 15%～18%。前四个季度江海股份的归母净利润为 4.70 亿元，估计薄膜电容和超级电容创造净利润 0.94 亿元（20%），其余为铝电解电容的 3.76 亿元。薄膜电容和超级电容市盈率参考法拉电子，铝电解电容参考艾华集团，江海股份的合理估值为 0.94×41.79+3.76×21.85 =121.44（亿元）。5 月 13 日收盘，江海股份市值 168.77 亿元。虽然算法较粗略，也没用预估财务数据，但可以发现：用法拉电子和艾华集团的市盈率比较，江海股份估值和市值存在差异。隐含意思就是：三家公司的估值存在高估或低估的情况，里面蕴含着机会。

除了和同行横向比较，使用市盈率时还要进行纵向的时间序列比较。目前，提供这些数据的网站非常多，不需要自己计算。图 17-2、图 17-3、图 17-4 是近几年三家公司 PE 的变化情况（图片下方的框中）。

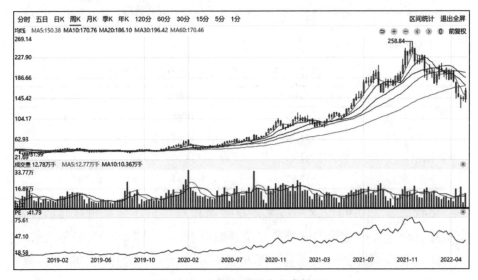

图 17-2　法拉电子的市盈率情况

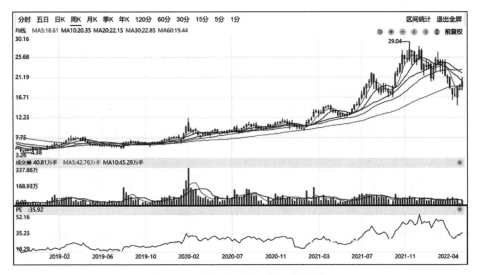

图 17-3　江海股份的市盈率情况

图 17-4　艾华集团的市盈率情况

　　可以看到，法拉电子市盈率处于中等偏上分位，江海股份处于较高位置，艾华集团处于历史低位。过去五年，三家公司的主营业务没有发生大的变化。相对于铝电解电容而言，薄膜电容赶上新能源风口，业绩和市盈率都水涨船高，实现戴维斯双击。投资者可以结合这些数据对三家公司进行判断。

市盈率的适用范围

任何方法都有适用范围。好方法用在合适的地方，才能取得预期效果。市盈率方法也有适用范围，不能超范围使用。例如，亏损公司无法计算市盈率，更不能用市盈率来估值。市盈率主要适用于"目前收益情况可以体现其未来收益和发展趋势的公司"，也就是适用于持续经营、相对成熟、稳定发展的价值公司，这些公司的价值主要取决于业绩和增长情况。很多消费业公司，如调味品、牛奶、休闲食品、白酒等，业绩较稳定，可以通过和同行及历史市盈率比较，判断股价高估还是低估。

很多公司不适合用市盈率估值。例如，有色、煤炭、化工、水泥等周期行业公司，业绩有较强的周期性，容易剧烈波动。周期顶峰是业绩最好的时候，市盈率通常也最低；周期谷底业绩最差，市盈率也通常最高。因此，用市盈率对周期股估值，常得出错误判断。但是，也有投资者将市盈率作为投资周期股的反向指标，市盈率高时买入，市盈率低时卖出。早期公司、亏损公司、高投入抢市场的公司，也不适合用市盈率估值。例如，科创板一些公司目前还是亏损的，市盈率失去了估值意义。对于存在规模效应的公司，比如一些互联网公司，发展中某个阶段主要是通过高投入来抢市场，公司重心是扩大规模而不是赚取利润，这个阶段的公司也不适合用市盈率估值。高杠杆公司也不适合用市盈率估值，如银行、房地产、保险等，因为市盈率无法反映公司使用杠杆的情况。例如，两家公司都有100万元的自有资金，并赚了50万元的利润。其中，甲是用自有资金赚了50万元；乙是外部融资200万元，用300万元赚了50万元。市盈率无法分辨两家公司的状况。高杠杆会同时放大盈利和亏损，市场不会给两家公司同样的估值。市盈率也不适用于资产重组的公司，因为资产重组会导致以往的市盈率没有参考价值。业务过于复杂的公司也不适合用市盈率估值。为了分析准确，不同业务要找相似标的进行比较，但是相似标的不好找，另外，公司业务不容易区分，导致通过同行比较进行市盈率估值较困难。公司内部不同业务的此消彼长，也会导致以往市盈率的参考价值不大。

市盈率适合对宽基指数进行判断、评估市场的位置。宽基指数由很多不相关公司构成，具备持续经营、相对成熟、稳定发展等特征。宽基指数还会定期调整，增加优质公司并去除不好的公司，使宽基指数主要取决于成分公司的业绩和增长情况。

市盈率的不足

市盈率也有不足，投资者要加以注意。市盈率主要的不足有以下几点。

第一，对利润敏感。市盈率的一个核心数据是净利润，净利润对估值有很大影响。在财务报表中，利润表是最容易调节的，这使市盈率估值容易受到财务手段的影响。例如，一些非主营业务收入可能对利润产生很大影响，但是这些收入不具有持续性，非主营业务收入增加可能导致净利润大涨，影响市盈率分析的准确性。因此，有人提出市盈率估值应该用"扣除非经常性损益后的净利润"。扣非净利润也有很大的调节空间，会导致市盈率估值的变化。

第二，仅关注利润。市盈率估值仅关注公司的利润情况，对其他方面不考虑，容易导致分析片面。例如，市盈率不考虑财务杠杆情况，但用和没用财务杠杆，公司的价值肯定不同，但市盈率却不加区分。同样，市盈率不关注利润来源，不考虑是主营业务利润还是非经常性损益带来的利润。市盈率也不关注现金流情况，有同样利润但现金流为正和为负的两家公司价值是不同的，但市盈率方法却不考虑这方面。

第三，线性思维。市盈率方法认为公司的发展有持续性和连续性，用线性思维预计公司未来的业绩。例如，通过了解今年的主营业务如何增长、成本如何变化、费用如何等，进而得出预期的利润情况。实际上，公司不是线性发展的，各种突发事件也会对公司发展形成冲击，导致线性外推方式预测的业绩经常不准，也就使市盈率估值常存在问题。

第四，无法顾及长期前景。市盈率估值使用近期业绩及未来较短时间的业绩估值，无法顾及公司长期前景。然而，公司经营业绩通常需要较长时间实现。例如，创新药从研发、临床到上市通常需要 8～10 年甚至更长时间。药物销售放量也需要时间。在这个周期中，利润很难反映研发活动及药品的价值，会导致市盈率方法对这些活动视而不见。

第五，用别人更贵来证明自己便宜。市盈率是相对估值方法，主要通过比较进行估值，导致投资者会用估值很高的同行来证明标的公司便宜（同行公司都 200 倍 PE 了，这家公司才 120 倍，低估了！）。事实上，两家公司可能都高估了，只是参照公司更贵。这是包括市盈率法在内的比较估值法的重大缺陷，也是经常出现问题的地方。

市盈率与十倍股

十倍股是投资者的梦想。然而，真正投资到十倍股的人少之又少。十倍股的出现基本都是基于戴维斯双击，核心是：低市盈率时买入，公司业绩大幅增长带来估值提升，使公司享有更高的市盈率，通过业绩和市盈率的倍乘效应，达成十倍目标。如 3 倍 PE 买入每股收益 1 元的某公司，公司估值随盈利增长也增长，每股收益 3 元时 PE 为 10 倍，股价涨 10 倍。图 17-5 是上机数控的周 K 线，从最低 22.31 元涨到最高 358.12 元，涨了15 倍。上机数控 2019 年、2020 年、2021 年的归母净利润为 1.85 亿元、5.31亿元、17.11 亿元。随着业绩提升，PE 也大幅提高（20 倍左右 PE 到最高93 倍 PE）。业绩和 PE 双升带来戴维斯双击，股价上涨 15 倍。

要寻找十倍股，需要了解以下几点。

- 十倍股是宏观、行业、公司、市场共振的结果，有偶然性也有必然性，不能强求。
- 十倍股需要赶上风口，只有在风口，公司业绩和估值才可以较容易地双升，达成戴维斯双击。
- 十倍股是风口行业中的优质或特色公司，优质公司可以更好地利用风口，实现业绩增长，也容易被市场给更高估值。例如，阳光电源

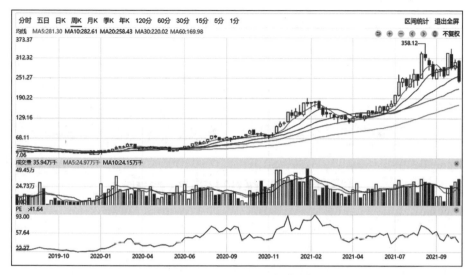

图 17-5　上机数控的周 K 线

号称"全球逆变器制造龙头"。有特色的公司可以独享某细分领域，实现业绩和估值的提升。例如，恩捷股份是电池行业中为数不多的隔膜企业。

- 十倍股要在低市盈率时买入，也就是业绩开始反转或爆发前夕，需要对行业和公司有深刻理解。
- 十倍股需要大盘配合，如果是熊市，十倍股非常难出现。
- 十倍股涨幅末期会高估，股价出现"泡沫"。这时要利用市场情绪，而不是过于理性，否则会被甩下车。

市盈率方法是目前使用最多的估值方法，优势和不足都很明显。在实际中，投资者要结合其适用范围合理使用，通过和同行的横向比较以及和历史的纵向比较使用该方法。投资者还要破除线性思维，考虑各种突发情况的可能影响。投资没有"一招鲜，吃遍天"的方法，市盈率也一样，多种方法组合使用才能做出更好的投资决策，实现更好的收益。

第十八章

销售为王的市销率估值

介绍市销率方法前考虑一个问题：处于发展早期阶段的公司，尤其是亏损公司，该用什么方法估值？表 18-1 是拼多多和蔚来 2017—2021 财年的基本财务数据。拼多多到 2021 财年才实现盈利，2017—2020 财年都在亏损，但营业收入逐年快速增长。蔚来 2017—2021 财年全都亏损，但营业收入也在快速增长。2022 年 5 月 27 日，拼多多市值 530 亿美元，蔚来市值 268 亿美元。市场是如何给它们估值的呢？可以肯定，不是用市盈率。看分析师研报会发现，分析师更关注拼多多新用户数量及销售额；对蔚来，分析师关注订单状况和交付数量。转到财务方面，无论用户数量和销售额，还是订单和交付量，都体现为营业收入。也就是说，分析师在分析两家公司时，关注重点都是营业收入，根据营业收入和增长情况来进行估值。这就引出估值的市销率方法。

表 18-1　拼多多和蔚来 2017—2021 财年的财务数据

拼多多	2021 财年	2020 财年	2019 财年	2018 财年	2017 财年
营业总收入	939.50 亿元 +57.92%	594.92 亿元 +97.37%	301.42 亿元 +129.74%	131.20 亿元 +652.26%	17.44 亿元 +245.45%

（续）

拼多多	2021 财年	2020 财年	2019 财年	2018 财年	2017 财年
营业毛利润	622.32 亿元 +54.75%	402.13 亿元 +68.94%	238.03 亿元 +133.03%	102.15 亿元 +900.22%	10.21 亿元 +1 498.85%
营业总支出	565.66 亿元 +12.34%	503.51 亿元 +54.99%	324.87 亿元 +54.59%	210.14 亿元 +1 199.62%	16.17 亿元 +674.62%
归母净利润	77.69 亿元 +208.20%	−71.80 亿元 −3.04%	−69.68 亿元 +31.80%	−102.17 亿元 −1 845.69%	−5.25 亿元 −79.85%
蔚来	2021 财年	2020 财年	2019 财年	2018 财年	2017 财年
营业总收入	361.36 亿元 +122.27%	162.58 亿元 +107.77%	78.25 亿元 +58.04%	49.51 亿元 —	—
营业毛利润	68.21 亿元 +264.12%	18.73 亿元 +256.27%	−11.99 亿元 −368.52%	−2.56 亿元 	—
营业总支出	110.43 亿元 +63.84%	67.40 亿元 −33.20%	100.91 亿元 +8.15%	93.30 亿元 +88.38%	49.53 亿元 +92.53%
归母净利润	−105.72 亿元 −88.43%	−56.11 亿元 +50.84%	−114.13 亿元 −18.14%	−96.61 亿元 −93.80%	−49.85 亿元 −96.53%

市销率简介

　　市销率（Price to Sales，PS）是市值和主营业务收入的比值，也等于股价和每股销售收入的比值，也就是：市销率 = 股价 / 每股销售收入 = 总市值 / 主营业务收入。市销率的含义是：为获得公司 1 元销售收入要投入多少钱。基本逻辑是：公司创造的价值和产生的利润离不开主营业务收入，随着主营业务收入增大，创造价值和利润的能力越来越强，价值就越大。

　　主营业务收入对评估公司前景至关重要。没有收入，公司不可能赢利。主营业务收入不仅体现公司规模和发展情况，也是利润的主要来源及衡量未来业绩的重要指标。在不同的发展阶段，由于发展目标的原因，公司短期赢利可能不尽如人意或波动较大，无法为估值提供稳定参考。而主营业务收入更稳定，可以为估值提供更有意义的参照。随着科创板的开通及注册制的推进，会有越来越多亏损的公司上市。用市销率对这些公司估值是更好的选择。因此，投资者要掌握市销率方法。

计算市销率时使用的营业收入，同计算市盈率面临的问题一样，也有不同的处理方法，比如过去完整会计年度的营业收入或过去 12 个月滚动的营业收入等。相比而言，过去 12 个月滚动营业收入的数据更新，因此常用过去 12 个月的滚动营业收入来计算市销率。如果没有专门说明，本章所指市销率也是滚动市销率。

市销率的使用

市销率估值主要有两种方法。一种是分析行业和公司状况，结合历史财报数据，预测公司未来业绩，然后选择合适的市销率或市销率范围，得出公司的价值或价值区间。另一种是分析行业和公司状况，结合历史财务数据，预测公司未来业绩，然后结合同行和历史的市销率情况，判断公司当前股价是低估、高估，还是处于合理位置。

以工业机器人公司埃斯顿为例，埃斯顿专注于高端智能机械装备及其核心控制和功能部件研发、生产和销售，业务覆盖从自动化核心部件及运动控制系统、工业机器人到机器人集成应用的智能制造系统的全产业链。2021 年，埃斯顿机器人出货量超万台，成为国产工业机器人出货量最高的企业。

2022 年 5 月 26 日，国金证券研报《持续夯实竞争实力，国产机器人龙头崛起》，对埃斯顿做出如下评价："公司作为我国工业机器人龙头企业，机器人产品矩阵丰富，涉及电子、新能源、汽车等下游行业。自 2015 年上市以来，一直领先业内，2021 年实现营业收入 30.2 亿元，5 年复合增速达 34.8%，2022 年第一季度实现营业收入 8.05 亿元，同比增长 26.59%。公司主营业务包括自动化核心部件及运动控制系统和工业机器人及智能制造系统两大板块，收入增长表现良好，2021 年同比分别增长 20.14%、20.42%。""公司内生技术实力强劲，产品研发投入高，研发费用率常年维持在 7% 以上。公司近年持续外延并购优质资产，先后于 2016 年投资视觉公司 Euclid、2017 年控股运动控制企业 Trio 和机器人集成商 M.A.i.、2019 年收购焊接领域单项冠军 Cloos。公司打通'核心部件 + 本体 + 集成应用'

全产业链，实现机器人关键机械零部件自主加工 90% 以上，同时掌握数控、伺服系统、运动控制、机器视觉等技术，产品互相协同，从而筑建技术和供应链壁垒。""公司收购 Cloos 持续推进国内焊接市场，2020 年 4 月完成并表，吸收 Cloos 先进技术开始进行新产品研发，发力中薄板焊接领域。Cloos 中国市场开拓良好，2021 年焊接工业机器人业务在中国市场实现 153% 的高速增长，在手业务订单充沛。公司与 Cloos 在产品技术和市场渠道上相互协同，打通高端焊接领域各个细分方向，目前焊接机器人已成为公司机器人板块最强细分业务。"表 18-2 展示了 2020—2022 年九期埃斯顿财报的主要数据。

市场怎样对埃斯顿估值呢？看部分券商的研报。2022 年 5 月 5 日，东吴证券："考虑到新冠疫情影响，预计公司 2022—2024 年归母净利润为 2.6 亿元、3.9 亿元、5.5 亿元，当前市值对应 PE 分别为 49、33、23 倍，维持增持评级。"银河证券："预计 2022—2024 年可实现归母净利润为 2.26 亿元、3.09 亿元、4.11 亿元，对应 PE 为 57、42、31 倍，维持推荐评级。"太平洋证券："预计 2022—2024 年，营业收入分别为 44.81 亿元、60.23 亿元、71.54 亿元，归母净利润分别为 2.68 亿元、4.06 亿元和 4.94 亿元，对应 EPS（每股收益）为 0.31 元、0.47 元和 0.57 元，维持买入评级。"5 月 6 日，平安证券："预计 2022—2024 年实现归母净利润 2.22 亿元、3.01 亿元、4.41 亿元，对应当前股价市盈率 58、43、29 倍。公司作为国内工业机器人龙头，竞争力不断提升，维持推荐评级。"华鑫证券："预计 2022—2024 年收入分别为 37.3 亿元、47.8 亿元、60.8 亿元，归母净利润为 2.38 亿元、3.61 亿元、5.31 亿元，当前股价对应动态 PE 为 54、36、24 倍。首次覆盖，给予推荐评级。"5 月 10 日，招商证券："2022—2024 年预计实现净利润 2.41 亿元、2.95 亿元、4.16 亿元，上调为强烈推荐 –A 评级。"开源证券："预计 2022—2024 年归母净利润为 2.28 亿元、3.4 亿元、4.67 亿元，对应 2022—2024 年 EPS 为 0.26 元、0.40 元、0.54 元，当前股价对应 PE 为 51.5、33.8、25.2 倍，考虑到工业机器人行业高成长性，维持买入评级。"这些研报都用市盈率法对公司进行估值。这样做准确吗？有没有更好的方法呢？

表18-2 2020—2022年九期埃斯顿财报的主要数据

项目	2022年一季报	2021年年报	2021年三季报	2021年半年报	2021年一季报	2020年年报	2020年三季报	2020年半年报	2020年一季报
营业总收入	8.05亿元 +26.59%	30.20亿元 +20.33%	23.02亿元 +30.54%	15.62亿元 +33.17%	6.36亿元 +38.33%	25.10亿元 +58.74%	17.63亿元 +82.23%	11.73亿元 +72.08%	4.60亿元 +43.02%
营业总成本	7.91亿元 +27.94%	29.48亿元 +17.52%	22.48亿元 +30.77%	15.14亿元 +32.59%	6.18亿元 +29.35%	25.08亿元 +60.06%	17.19亿元 +80.23%	11.42亿元 +75.22%	4.78亿元 +52.47%
营业成本	5.41亿元 +29.91%	20.38亿元 +23.22%	15.30亿元 +37.52%	10.43亿元 +40.84%	4.17亿元 +38.41%	16.54亿元 +61.60%	11.13亿元 +81.00%	7.41亿元 +72.17%	3.01亿元 +53.68%
销售费用	6509.26万元 +7.77%	2.78亿元 +24.85%	2.02亿元 +37.66%	1.32亿元 +36.91%	6039.97万元 +30.13%	2.23亿元 +85.90%	1.47亿元 +105.72%	9610.95万元 +109.83%	4641.60万元 +132.57%
管理费用	1.09亿元 +0.02%	3.38亿元 +3.63%	2.96亿元 +35.63%	1.99亿元 +19.96%	1.09亿元 +18.60%	3.26亿元 +56.16%	2.18亿元 +75.06%	1.66亿元 +90.88%	9173.44万元 +57.63%
研发费用	4867.07万元 +15.39%	2.37亿元 +40.18%	1.88亿元 +33.07%	1.15亿元 +44.08%	4218.05万元 +76.70%	1.69亿元 +25.77%	1.41亿元 +31.50%	7984.92万元 +20.14%	2387.14万元 -14.43%
财务费用	1621.40万元 +286.73%	2792.40万元 -72.43%	2368.19万元 -71.59%	1823.08万元 -61.75%	-868.31万元 -156.77%	1.01亿元 +55.66%	8335.78万元 +159.73%	4766.72万元 +132.11%	1529.41万元 +78.16%
营业利润	5809.09万元 +122.12%	1.45亿元 +9.20%	8368.45万元 -14.79%	6756.67万元 -9.57%	2615.28万元 +256.13%	1.32亿元 +92.26%	9821.39万元 +89.13%	7471.92万元 +34.80%	734.36万元 -62.12%
利润总额	6430.81万元 +90.91%	1.66亿元 +4.80%	1.04亿元 -2.08%	7538.85万元 -5.91%	3368.45万元 +195.62%	1.58亿元 +83.03%	1.06亿元 +55.52%	8012.56万元 +19.83%	1139.47万元 -50.92%
净利润	6137.83万元 +70.47%	1.57亿元 +3.50%	1.06亿元 +9.60%	7433.13万元 +7.65%	3600.59万元 +116.63%	1.52亿元 +79.95%	9698.42万元 +34.29%	6904.72万元 +6.34%	1662.10万元 -22.09%
归母净利润	6007.17万元 +83.70%	1.22亿元 -4.75%	8784.62万元 +2.84%	6289.24万元 +2.03%	3270.07万元 +122.43%	1.28亿元 +103.97%	8542.06万元 +48.96%	6164.05万元 +8.72%	1470.16万元 -22.38%
扣非净利润	2458.53万元 +12.18%	6720.19万元 +9.71%	6338.83万元 -11.04%	4844.73万元 -6.38%	2191.58万元 +177.48%	6125.56万元 +128.14%	7125.40万元 +132.76%	5174.88万元 +33.13%	789.81万元 -38.25%
每股收益	0.07元 +75.00%	0.14元 -6.67%	0.10元 +1.67%	0.07元 0.00%	0.04元 +100.00%	0.15元 +87.50%	0.10元 +48.03%	0.07元 0.00%	0.02元 0.00%

　　具体分析公司以前，先了解中国工业机器人市场的情况。2021年，中国工业机器人产量36.6万套，同比增长44.9%；2022年产量44.31万套，同比增长21.04%。根据东方财富在2020年的预计，中国工业机器人市场年复合增速（CAGR）为14.5%，是一个非常有吸引力的市场。

中国工业机器人市场规模（按出货量计），2016—2025年预测

图18-1　2016—2025年中国工业机器人市场的规模

　　全球工业机器人市场由外资占据，日本发那科（FANUC）、瑞士ABB、日本安川、德国库卡（KUKA）"四大家族"市场占有率超50%。我国工业机器人市场份额如图18-2所示，市场以外企为主，内资公司份额较小。国内第一的埃斯顿也仅有3%的份额。

　　2021年，外资机器人公司的供应链受到影响，为国内公司创造了机会。国内公司凭借提供整套解决方案、差异化产品、行业应用深耕与积累、灵活价格及服务等策略抢占了部分市场。下游用户的降本诉求以及对国产品牌接受度提升，使国产替代成为趋势。根据MIR DATABANK数据，2021年中国工业机器人市场的国产化进程不断加快，国内公司市场份额占比提升到30%以上（见图18-3）。

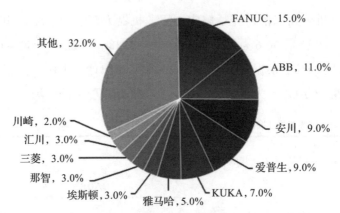

图 18-2 2021 年第一季度我国工业机器人的市场份额分布

资料来源：MIR DATABANK、国元证券、36 氪研究院整理（数据已四舍五入）。

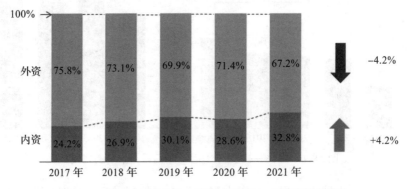

图 18-3 2017—2021 年中国工业机器人市场份额的变化

图 18-4 和图 18-5 是工业机器人的上下游和成本构成情况。工业机器人核心零部件有控制器、伺服系统、减速器等。其中，减速器是最核心部件，在工业机器人成本中占 35%。以往机器人核心零部件掌握在外企手中，近年来我国公司逐渐实现技术突破。目前，工业机器人公司的利润普遍不好。在美的集团 2021 年的网上业绩说明会上，董秘书江鹏表示："2021 年尽管受全球供应链紧张影响，尤其是相关原材料和运输成本上升，但是库卡 2021 年收入接近 33 亿欧元，同比增加 28%，息税前收益转正并提升至 6180 万欧元，在经历新冠疫情后，工业机器人和自动化需求将进一步增加，因疫情延迟的相关投资活动迅速恢复"。

图 18-4 工业机器人的上下游情况

资料来源:"惠迎"微信公众号。

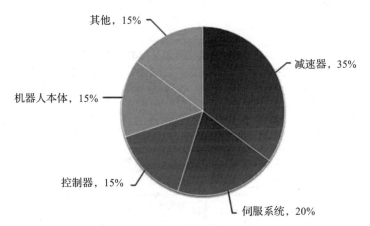

图 18-5 工业机器人的成本构成

资料来源:OFweek、36氪研究院整理。

结合上述分析可以发现：工业机器人有着巨大的市场空间，且国内公司还有广阔的国产替代空间；另外，上游核心零部件主要由外企供应的格局正在被打破，随着零部件国产化率的提升，国内公司的利润率得到有效提升。

埃斯顿 2021 年年报及 2022 年 5 月投资者关系活动记录提供大量有价值信息，主要如下：公司 2021 年收入超 30 亿元，同比增长 20.33%，机器人本体国内市场收入同比增长 104.70%。公司 2021 年机器人出货量超万台，2022 年出货目标为 1.6 万～1.8 万台。公司把实现销售和市场份额快速增长列为第一目标，坚持"All Made By Estun"的全产业链战略，保持对全产业链和研发的投入，提高产品性能、可靠性，降低成本，换取毛利率提升，为未来竞争打好基础。

基于工业机器人行业现状及埃斯顿的具体情况，预计埃斯顿后续有广阔的发展空间。由于埃斯顿把实现销售和市场份额快速增长列为第一目标，业绩可能不会有迅速提升，因此用市盈率法对埃斯顿估值是不太合适的，应当从相对长期的角度，关注销售和市场份额增长情况，用市销率法估值。同时，行业内主要公司，如埃夫特和机器人都是亏损的（见表 18-3），无法用市盈率通过同行对比进行估值，但各家公司都有不错的销售收入，且都在积极增加销售和占领市场，因此用市销率法对比各公司主营收入进行估值是可行的。

表 18-3　埃夫特和机器人财报的主要数据

埃夫特	2021 年年报	2020 年年报	2019 年年报	2018 年年报	2017 年年报
营业总收入	11.47 亿元 +1.19%	11.34 亿元 −10.59%	12.68 亿元 −3.49%	13.14 亿元 +68.01%	7.82 亿元 +55.22%
营业总成本	15.30 亿元 +2.76%	14.89 亿元 +4.21%	14.28 亿元 −5.27%	15.08 亿元 +62.33%	9.29 亿元 +57.97%
营业利润	−2.27 亿元 −14.31%	−1.99 亿元 −128.63%	−8 687.95 万元 +35.79%	−1.35 亿元 −47.28%	−9 187.08 万元 −10.79%
净利润	−1.93 亿元 −13.05%	−1.71 亿元 −220.58%	−5 318.76 万元 −107.98%	−2 557.36 万元 +29.85%	−3 645.64 万元 +28.43%
归母净利润	−1.93 亿元 −14.46%	−1.69 亿元 −295.91%	−4 268.28 万元 −93.04%	−2 211.07 万元 +19.15%	−2 734.84 万元 +45.50%

（续）

机器人	2021 年年报	2020 年年报	2019 年年报	2018 年年报	2017 年年报
营业总收入	32.98 亿元 +24.01%	26.60 亿元 -3.13%	27.45 亿元 -11.29%	30.95 亿元 +26.05%	24.55 亿元 +20.73%
营业总成本	42.35 亿元 +21.16%	34.95 亿元 +29.96%	26.89 亿元 -1.35%	27.26 亿元 +28.37%	21.24 亿元 +23.30%
营业利润	-6.19 亿元 -27.02%	-4.87 亿元 -253.23%	3.18 亿元 -39.57%	5.26 亿元 +15.78%	4.54 亿元 +42.45%
净利润	-5.56 亿元 -42.61%	-3.90 亿元 -234.40%	2.90 亿元 -36.26%	4.55 亿元 +2.57%	4.44 亿元 +5.74%
归母净利润	-5.62 亿元 -42.12%	-3.96 亿元 -235.10%	2.93 亿元 -34.81%	4.49 亿元 +3.93%	4.32 亿元 +5.26%

　　图 18-6 是埃斯顿的周 K 线。2020 年 6 月开始，股价有一波大幅上涨，从 10 元附近涨到 40 元左右，2021 年 8 月开始下跌。一个值得注意的地方就是外资持股比例。从 2021 年 10 月开始，外资持股比例一直高于 25%，期间数次持股达 28% 红线而被禁止买入。2022 年 5 月 27 日，深股通持股 2.17 亿股，占比 27.81%。

图 18-6　埃斯顿的周 K 线

　　埃斯顿目前 PE 为 84 倍，最高曾达 280 倍。从 PE 数值来看，80 多倍

PE 的估值不便宜。由于同行公司亏损，因此无法进行市盈率比较。

用市销率对埃斯顿估值更合理，那市销率情况如何呢？目前埃斯顿 PS 为 4.33 倍，分位点 1.48%（见图 18-7）。主要同行的情况，埃夫特 PS 为 3.34，分位点 1.11%；机器人 PS 为 3.68，分位点 0.58%。2021 年，国内唯二的机器人销量过万的汇川技术，PS 为 8.26，分位点 23.05%（工业机器人只是汇川业务的一小部分，估值可比较性较弱）。

图 18-7　埃斯顿的 PS 情况

历史比较方面，目前埃斯顿市销率分位点是 1.48%，预示股价与历史相比大概率是低估的。同行比较方面，埃斯顿的市销率在同行中相对较高，考虑到埃斯顿在技术等方面的优势，相对较高市销率是可以接受的。埃夫特、机器人等同行近几年主营收入没有增长，埃斯顿主营收入高速增长，显著跑赢行业平均水平，市场占有率显著提升。结合埃斯顿 2022 年 1.6 万～1.8 万台的出货目标，预计主营收入增速可以保持在 30% 以上，大概能达到 40 亿～45 亿元。用 2022 年预计营业收入计算，目前 PS=138/40=3.45。基于历史情况及埃斯顿在行业中的优势，可以给予相对较高市销率：4～5 倍。那么，埃斯顿股价还存在一定空间。同时，要注意埃斯顿的风险点：公司多次并购形成了大额商誉，商誉减值会对财报造成影响；目前利润率水平较低，能否有效实现降本增效、提高利润率水平还需要观察。

市销率的适用范围

市销率可以用于多数公司。当然也有例外，比如科创板一些产品处于临床阶段的药企，公司基本没营业收入，无法用市销率估值。例如，首药控股 2022 年一季报的营业收入是 708 元（没错，就是 708 元，不是少了个万字），这时市销率法就不合适了。具体而言，市销率方法主要适用于如下情况。

第一，销售额大但利润率低的零售和类零售公司。这些公司的销售收入很高，利润率低但是稳定。通过销售金额就可以较好地估计出利润情况，市销率法可以进行较准确的估值。商超类公司基本都用市销率法估值。例如，2022 年 5 月 24 日，海通证券发布永辉超市研报："预计 2022—2024 年归母净利润 6.33 亿元、15.24 亿元、20.29 亿元，同比增长 116.1%、140.7%、33.1%；当前对应 2022—2024 年 PE 为 63、26、20 倍，对应 PS 为 0.43、0.40、0.37 倍。给予 2022 年 0.5~0.6 倍的 PS，对应市值 471 亿~566 亿元，价格 5.19~6.23 元，对比可比公司估值合理，给予'优于大市'的投资评级。"还有很多公司是类零售企业，如自来水公司、天然气公司等，这些公司和零售企业类似，利润率稳定，盈利主要取决于营业收入，可以用市销率法估值。一些加工制造企业也类似零售企业。例如，鸿路钢构主营业务为钢结构制造销售业务、其他配套建材生产销售业务及钢结构装配式建筑工程总承包业务，采用成本加成定价模式，会在签订订单后迅速下单锁定钢材价格，盈利主要取决于营业收入。表 18-4 是鸿路钢构 2017—2021 年的部分财务数据，可以看到销售毛利率和销售净利率多年保持稳定，净利润和营业收入增长保持同步。通过公司定期经营情况简报及不定期的重大合同公告，可以较好地预估公司的营业收入，进而用市销率法对公司估值，而且估值准确性明显高于市盈率法。

表 18-4 鸿路钢构 2017—2021 年的部分财务数据

	2021 年年报	2020 年年报	2019 年年报	2018 年年报	2017 年年报
营业收入	195.15 亿元	134.51 亿元	107.55 亿元	78.74 亿元	50.33 亿元
净利润	11.50 亿元	7.99 亿元	5.59 亿元	4.16 亿元	2.10 亿元
销售毛利率	12.64%	13.55%	14.21%	15.62%	15.86%
销售净利率	5.89%	5.94%	5.20%	5.28%	4.16%

第二，对高成长公司，市销率法更适用。高成长公司为抢占市场份额，可能"不以营利为主要目的""增收不增利"，甚至处于"烧钱"状态。当公司利润很低甚至为负时，市盈率法失效，而市销率法可以更好地估值。例如，埃斯顿明确表示："2021 年，公司仍在不断提升市场占有率，扩大品牌影响力，为下游重点行业应用及战略客户发展进行市场投入，为后续业务扩展进行市场人才储备，因此 2021 年销售费用率较高。在扩大市场份额、建立品牌过程中，销售费用还会增长，但公司正在推进精细化管理，采取各种措施，合理管理控制销售费用，力争销售费用率有所下降。""为攻克新能源行业，2021 年度公司投入约 4000 万元。一方面，重点布局锂电行业，前期定制化技术开发投入较多；另一方面，为攻克头部客户进行的商务、技术交流及供应商导入等投入较大。这些对后续业务发展会带来很大帮助。"这些做法制约了公司短期的盈利能力，使市盈率法难以进行准确估值，而市销率法更合适。类似地，创业板、科创板中的一些公司，尤其是成长期的高科技企业、互联网企业，采用市销率法估值更合适。例如，一些半导体设备和材料公司为攻克技术难关、实现国产替代，前期进行大量研发投入。设备或材料开发成功后，为了被主流厂商所采用，还需要投入资金和时间进行验证。通过验证后的设备或材料销售才能快速增长，为公司带来利润。但是，研发和验证过程通常耗资巨大，影响公司的利润情况，使市销率成为对这个阶段的公司更好的估值方法。例如，万业企业旗下凯世通的离子注入机经历了长时间的认证过程。2021 年 12 月 27 日，万业企业表示，凯世通高能离子注入机通过客户验证并完成验收，是国产高能离子注入机首次通过晶圆厂验证。2022 年 2 月 7 日，万业企业发布公告，

凯世通拟出售多台 12 英寸[⊖]集成电路设备，总交易金额约为人民币 6.58 亿元。市场点评是："获客户首批近 7 亿元设备采购订单，离子注入机开启成长新曲线。"同样，对创新药企的估值，市场也常用市销率法，因为创新药经历耗资巨大且漫长的研发和临床后，毛利率高且稳定。通过分析药品峰值的销售金额，给予相应市销率就可以较为准确地估值。

第三，市销率对大盘和宽基指数也比较有效。上证指数、沪深 300 指数、创业板指数、科创板指数等，均可以用市销率法估值，因为构成指数的公司经过综合后，在销售净利率等方面也基本稳定，符合市销率法的要求。

市销率的优点与不足

市销率的主要优点如下。

第一，市销率基本不会出现负值，适应面广。营业收入是利润的来源，基本上所有公司的营业收入都是正值，该值可以很低或是零，但基本不会出现负值，适应面宽广，既可以对亏损公司估值（市盈率不适用），也可以对净资产为负的公司估值（市净率不适用）。由于会计准则原因，也会出现营业收入为负的情况，比如红塔证券 2022 年一季报营业收入为 –6.73 亿元。因此市销率法不适合金融业，但这不影响市销率的使用。

第二，市销率比较可靠、可比性强。一方面，市销率法用营业收入作为分母，不容易受会计政策和处理的影响，更加稳定、可靠。另一方面，很多公司定期发布经营情况简报，不定期发布重大合同公告，投资者还可以获取一些外部数据，如车企月度销售数据等，使估计公司营业收入相对容易、准确。同时，市销率法可以避免公司会计政策不同带来的利润、资产可比性差的问题。例如，由于对固定资产采用不同的折旧方法和周期，同行公司利润和资产的可比性会大打折扣，但营业收入不受这种影响，因此可比性更强。

　　⊖　1 英寸 = 2.54 厘米。

第三，市销率对政策和公司变化敏感，可以迅速反映变化的后果。政策和公司变化的影响首先体现在营业收入上，使市销率更敏感，反应更迅速。例如，医药集采对涉及公司影响较大。集采结果发布当天，就可以知道公司的中标情况、中标价格、中标数量等，通过这些信息，可以估计对相关公司营业收入的影响，进而调整估值。

第四，市销率注重核心竞争力。营业收入是评估公司前景的核心指标，没有营业收入就不可能有利润。市销率有助于剔除主营业务没有竞争力、主要依靠非经营性损益产生利润的公司。例如，有些公司缺乏竞争力，主营业务萎靡，通过出售资产等措施"保壳"，这些公司难以通过市销率的评估。

市销率的不足如下。

第一，无法反映公司的成本情况，尤其是成本的变化。成本是影响公司现金流和价值的重要因素之一，公司创造的价值不仅取决于营业收入，还受成本费用的影响，而市销率忽略了后者。例如，大宗商品价格大幅上涨导致公司成本随之上升，虽然部分公司进行提价，也有很多公司无法有效传导成本的上涨，形成增收不增利的局面。由于原材料价格上涨、海运费高企及人民币升值的影响，巨星科技 2021 年营业收入 109 亿元，同比增长 28%；归母净利润 12.7 亿元，同比下降 6%。2021 年公司销售毛利率和净利率分别为 25% 和 12%，下滑 5.5 和 4.1 个百分点。2022 年第一季度，公司营业收入 28.76 亿元，同比增长 45%；归母净利润 1.83 亿元，同比下降 29%；扣非后归母净利润 1.92 亿元，同比下降 15%。销售毛利率和净利率分别为 23% 和 6.5%，下滑 7.1 和 6.8 个百分点。市销率仅看到营业收入增加，没看到成本的变化。

第二，市销率只能同行对比，不同行业市销率对比没意义。不同行业有不同特点，不具有可比性。因此，只能进行同行比较，成为相对估值指标的通病，除了市销率，市盈率、市净率也是如此。

第三，市销率无法剔除关联交易。很多上市公司存在关联交易。关联交易的盈利情况常与市场上的正常交易不同，从而对利润的影响也不同。有些公司的关联交易存在利益输送嫌疑，会降低上市公司的盈利；有些时候，为使业绩好看、不亏损、"保壳"等，上市公司会通过关联交易提高利润。市销率法只看营业收入，没有区分收入是否来自关联交易，也会影响估值的准确性。

第四，市销率没有考虑公司的资产负债情况。例如，同样是主营收入10万元，A公司靠10万元自有资金加上10万元贷款实现，B公司完全通过自有资金10万元实现。B公司的资产质量要优于A公司，可以有更高的估值。如果通过市销率法给两家公司估值，两者的估值会差不多。

最后，看一下市销率与市盈率的关系：市销率＝市值／营业收入＝净利润 × 市盈率／销售收入＝净利润率 × 市盈率。等式表明，如果净利润率保持稳定，市销率和市盈率估值得到的结论差不多；如果净利润率存在上升空间，市销率估值会更准确；如果净利润率下滑，市销率可能就不是好方法，用市盈率估值更准确。

第十九章

规模驱动的市净率估值

经常有公司股价跌破净资产，尤其在行情不好的时候。数据宝统计显示：截至 2022 年 5 月 30 日，A 股市场共有 352 只个股股价跌破净资产，占 A 股公司比例达 8.19%。其中，房地产股有 49 只，数量最多；银行、非银金融有 37 只、32 只，数量居第二、第三位。从行业占比看，银行、钢铁、房地产行业破净率占比较高，银行业破净率达 88.10%，钢铁业破净率达 48.84%。破净最严重的是民生银行，5 月 30 日收盘价 3.79 元，仅为净资产的 0.33 倍；其次是华夏银行，收盘价 5.31 元，为净资产的 0.34 倍（见表 19-1）。

表 19-1　2022 年 5 月 30 日破净最严重的 20 只个股

股票代码	股票简称	收盘价	股价 / 每股净资产	股票代码	股票简称	收盘价	股价 / 每股净资产
600016	民生银行	3.79 元	0.33	000732	ST 泰禾	1.42 元	0.37
600015	华夏银行	5.31 元	0.34	000040	东旭蓝天	3.01 元	0.39
600781	ST 辅仁	1.93 元	0.35	600000	浦发银行	7.88 元	0.40
002146	荣盛发展	3.14 元	0.35	000926	福星股份	4.90 元	0.41
600090	*ST 济堂	0.96 元	0.36	601169	北京银行	4.42 元	0.42

（续）

股票代码	股票简称	收盘价	股价 / 每股净资产	股票代码	股票简称	收盘价	股价 / 每股净资产
000413	东旭光电	1.77 元	0.42	601828	美凯龙	5.42 元	0.44
601077	渝农商行	3.86 元	0.42	601818	光大银行	3.11 元	0.44
600091	退市明科	0.80 元	0.42	600266	城建发展	4.07 元	0.45
600823	世茂股份	2.96 元	0.43	000402	金融街	5.73 元	0.45
601998	中信银行	4.65 元	0.44	601997	贵阳银行	6.02 元	0.45

民生银行的股价为净资产的 0.33 倍，那有没有这样的套利机会呢？以 3.79 元每股的价格买入民生银行，然后让民生银行清算。根据 2022 年一季报，每股对应的净资产是 11.34 元，考虑到破产的影响，给净资产打 6 折，清算后每股还可以分 6.90 元，妥妥的机会啊！为什么没人这样干呢？经常听到的说法：某公司被低估了！为什么？答案是这家公司的市值低于净资产，或市值低于新建同样公司的成本。比如，按白云机场 290 亿元的市值来算，重建一个白云机场是不够的。那么，市场为什么给白云机场这样的股价和市值，而不是按重建成本估值呢？很多房地产公司的股价也低于净资产。例如，新城控股 2022 年一季报的每股净资产为 26.43 元，6 月 2 日收盘价为 24.54 元；万科 2022 年一季报每股净资产为 20.38 元，6 月 2 日收盘价为 17.71 元。这两家公司经营稳健，业绩也不错，股价为什么低于每股净资产呢？而质地较差或爆雷的房企，其股价比财报显示的每股净资产低得更多。

上面提到的"股价 / 每股净资产"，对应了第三个相对估值方法：市净率法。通过市净率法，投资者可以更好地理解和回答为什么没人清算民生银行、为什么市场没有按重建成本给白云机场估值、为什么房地产公司的股价低于账面每股净资产等问题。

市净率简介

市净率（Price-to-Book Ratio，PB）是公司市值与净资产的比值，计算公式：市净率＝股价 / 每股净资产＝总市值 / 净资产。净资产是所有者权益，等于总资产减去总负债；每股净资产反映每股股票拥有的资产现值，每股净资产越高，股东拥有的资产现值越多。市净率体现了股价对净资产的溢价倍数，也就是购买公司一元账面净资产要花费的金额。市净率估值的核心逻辑是：如果与类似公司有相似的价值创造能力或与过往相比具备稳定的价值创造能力，公司的净资产越多，创造的价值越大，股价也应该越高。因此，市净率也被称为"规模驱动"的估值方法。

市净率法在格雷厄姆时代备受重视。有着"华尔街教父"之称的本杰明·格雷厄姆说："公众在买卖公司股票前至少应关注一下它们的账面价值，如果足够聪明，至少应该告诉自己实际成本是多少，还要明白将自己的货币换成何种资产。"巴菲特早期的"捡烟蒂"策略也是出于市净率考量。例如，巴菲特 1958 年买入桑伯恩地图公司，公司市值 473 万美元，净利润 10 万美元，市盈率 47 倍，看起来不便宜。但公司资产负债表中有一个 700 万美元的证券组合，市净率只有 0.5 倍。巴菲特拆分重组这家公司，收益丰厚。巴菲特 1961 年买入的登普斯特农机机械制造公司是一家做风车、水泵的公司，市值 215 万美元，经营亏损。公司总资产 692 万美元，负债 232 万美元，净资产 460 万美元。保守起见，巴菲特给应收账款 15% 折扣，存货 40% 折扣，负债按 100% 账面价值计算，最后以每股面值 63% 的折扣价购买股份。最后，巴菲特对这家公司进行重组，获利出局。

市净率的使用

和市盈率、市销率一样，市净率估值也主要有两种方法。一是分析行业和公司状况，结合历史财报数据和股价走势，选择一个合适的市净率或市净率范围，得出公司的价值或价值区间。二是分析行业和公司状况，基于历史财务数据和股价走势，结合同行和历史的市净率情况，判断公司当前股价是否合理。

图 19-1 是民生银行的季 K 线。2014 年第四季度，民生银行出现股价

前复权最高点 7.35 元，随后开始下跌。图中最下面是市净率情况，最高点出现在 2007 年一季度，市净率最高 6.55 倍。股价最高的 2014 年第四季度，市净率 1.55 倍。民生银行 2014 年年报的每股净资产是 7.03 元，2021年年报的每股净资产是 11.06 元。随着股价"绵绵下跌无绝期"，市净率到了 0.33 倍。

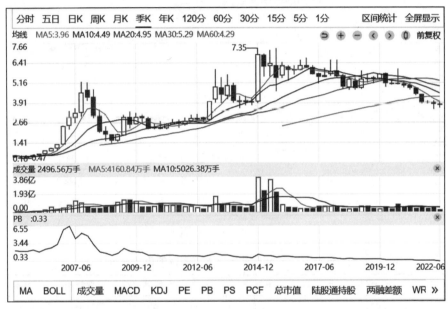

图 19-1　民生银行的季 K 线

图 19-2 是民生银行 2020 年 5 月到 2022 年 6 月的周 K 线。随着股价下跌，市净率不断刷新纪录，从 0.60 倍跌到 0.33 倍。2020 年半年报的每股净资产是 10.68 元，2022 年一季报是 11.34 元。从历史看，民生银行的市净率处于绝对低位。那么，其股价被低估了吗？

先看其他银行的市净率情况。表 19-2 整理了 2022 年 6 月 2 日，A 股上市银行的市净率情况。有 5 家银行的市净率大于 1 倍，其中宁波银行 1.51 倍、招商银行 1.28 倍。在中国银行业协会发布的"2021 年中国银行业100 强榜单"中，民生银行位列第 11 名，核心一级资本净额和排第 10 名的中信银行类似，净利润与第 12 名光大银行相近。作为"难兄难弟"，中信银行和光大银行的状况也强不了太多，市净率都是 0.44 倍。

图 19-2　民生银行的周 K 线

表 19-2　2022 年 6 月 2 日上市银行的市净率排名

排名	股票代码	股票简称	市净率	排名	股票代码	股票简称	市净率
1	002142	宁波银行	1.51	13	601187	厦门银行	0.75
2	600036	招商银行	1.28	14	002807	江阴银行	0.73
3	601838	成都银行	1.16	15	601658	邮储银行	0.72
4	600926	杭州银行	1.06	16	002948	青岛银行	0.68
5	001227	兰州银行	1.00	17	603323	苏农银行	0.67
6	601009	南京银行	0.97	18	601860	紫金银行	0.67
7	601128	常熟银行	0.96	19	601825	沪农商行	0.65
8	601528	瑞丰银行	0.90	20	002966	苏州银行	0.65
9	002839	张家港行	0.85	21	601166	兴业银行	0.65
10	601665	齐鲁银行	0.83	22	601963	重庆银行	0.62
11	000001	平安银行	0.81	23	002958	青农商行	0.61
12	600908	无锡银行	0.75	24	600919	江苏银行	0.61

（续）

排名	股票代码	股票简称	市净率	排名	股票代码	股票简称	市净率
25	601577	长沙银行	0.61	34	601997	贵阳银行	0.45
26	600928	西安银行	0.58	35	601328	交通银行	0.45
27	601939	建设银行	0.58	36	601818	光大银行	0.44
28	601398	工商银行	0.55	37	601998	中信银行	0.44
29	601916	浙商银行	0.54	38	601077	渝农商行	0.42
30	002936	郑州银行	0.54	39	601169	北京银行	0.42
31	601288	农业银行	0.50	40	600000	浦发银行	0.40
32	601988	中国银行	0.48	41	600015	华夏银行	0.34
33	601229	上海银行	0.48	42	600016	民生银行	0.33

表 19-3 整理了五家银行在不同时间的市净率情况。宁波银行和招商银行的市净率一直优秀。2020 年时，民生银行、光大银行和中信银行不分伯仲，现在已远远落在后面。

表 19-3　五家银行不同时间的市净率情况

日期	民生银行	宁波银行	招商银行	光大银行	中信银行
2022 年 6 月 2 日	0.33	1.51	1.28	0.44	0.44
2022 年 3 月 31 日	0.35	1.86	1.61	0.48	0.40
2021 年 12 月 31 日	0.33	1.91	1.74	0.49	0.46
2021 年 9 月 30 日	0.36	1.85	1.90	0.40	0.46
2021 年 6 月 30 日	0.41	2.16	2.04	0.58	0.52
2021 年 3 月 31 日	0.48	2.32	2.01	0.64	0.57
2020 年 12 月 31 日	0.49	2.11	1.79	0.49	0.47
2020 年 9 月 30 日	0.51	1.85	1.52	0.47	0.47
2020 年 6 月 30 日	0.53	1.49	1.40	0.57	0.47
2020 年 3 月 31 日	0.56	1.22	1.41	0.49	0.49
2020 年 1 月 1 日	0.63	1.92	1.69	0.61	0.70

银行也曾是成长股，动辄有30%~40%的增长。分水岭是2013年，监管机构重拳整治银行表外贷款，不仅使银行"野蛮增长"的路径被堵死，而且"表外转表内"给银行资产质量带来巨大的不确定性，造成银行股的

戴维斯双杀。后面银行还经历了"地产爆雷潮""让利纾困"等扰动因素，使银行几乎没走出过趋势行情。银行板块跌跌不休，行业估值在2022年下半年达到历史最低位。

对于民生银行股价的低迷，文章《"罚单之王"民生银行，一手好牌打得稀烂？》透露了玄机。看一些关键句子："民生银行被业内调侃为'罚单之王'并非空穴来风，自身业务经营失序或许是民生银行当前面临的最大问题。""截至2021年年末，民生银行资产不良率为1.79%，虽同比有0.03个百分点下降，但仍然远高于银保监会[⊖]公布的股份制商业银行平均1.37%不良率水平。同一时期内，民生银行拨备覆盖率仅为145.30%，虽同比有5.92个百分点上升，但仍低于股份制商业银行206.31%的平均拨备覆盖率水平。""资产规模稳步攀升，营业收入变化不大，盈利能力一蹶不振……从业绩来看，民生银行2022年第一季度虽有所向好，但盈利能力却一直难以回归三年前。加上监管和外界注重的资产质量和风险应对准备，民生银行相比于同类型的股份制商业银行还存在着较大差距。此外，大股东频频'踩雷'，各种股权、债权问题逐步浮出水面，外加关联业务以及合规性管理，让民生银行正处于内忧外困的关键时刻。面对当前的这种窘境，只能感叹'一手好牌，打得稀烂！'至于民生银行未来能否再抓上几手好牌，就只能看造化了。"可见，民生银行的行业最低市净率是有原因的。

市净率的适用范围

市净率法主要适用于如下情形：当公司营业收入和利润主要依赖资产规模时，净利润的增长就需要资本投入，如果不增加投资，利润难有较好增长。这时，分析资产情况就可以判断公司价值，使市净率法简便、易用。在实际中，市净率法主要适用的范围有四个。

第一，市净率适用于金融行业，尤其是银行业，证券业也可以，但保

⊖ 2023年3月，中共中央、国务院印发了《党和国家机构改革方案》，在银保监会基础上组建国家金融监督管理总局，不再保留银保监会。

险业不合适。银行主要的盈利模式是：通过负债吸收储户存款，将存款放贷出去，赚取中间利差。由于存款准备金等要求，银行能利用的杠杆倍数相对固定。银行资产规模扩张严格受限于资本充足率，为增加利润，银行要增大资产规模，使银行利润和净资产紧密联系。因此市场上对银行的估值基本都用市净率法。例如，2022 年 5 月 10 日，招商证券研报："宁波银行作为头部优秀银行，预计其 2022/2023 年净利润增速为 20.0%/15.4%，维持'强烈推荐 –A'评级，给予 2022 年 2 倍 PB 估值，对应目标价 47.77元 / 股。"5 月 19 日，广发证券研报："预计 2022/2023 年宁波银行归母净利润增速为 22.0%/20.4%，EPS 为 3.50/4.23 元，当前股价对应 2022/2023年 PE 为 10.1/ 8.3 倍，对应 2022/2023 年 PB 为 1.49/1.29 倍。综合考虑公司近两年的 PB 中枢和基本面的情况，给予 2022 年 2.1 倍 PB 估值，合理价值 49.42 元 / 股，维持'买入'评级。"5 月 31 日，中信建投发布招商银行研报："预计 2022—2024 年归母净利润增速围绕 15% 中枢，当前股价对应 2022 年 1.2 倍 PB，严重超跌，第一阶段目标估值修复至前期高点 1.7 倍2022 年 PB，对应目标价 55.6 元 / 股，第二阶段目标估值 2 倍 PB 以上，维持买入评级和银行板块推荐组合。"证券公司盈利状况也依赖资产规模，也用市净率估值。例如，2022 年 5 月 16 日，申万宏源发布中信证券研报："预计 2022—2024 年归母净利润为 255 亿元、315 亿元、380 亿元，同比增长10.5%、23.4%、20.7%。收盘价对应 2022—2024 年动态 PE 为 11、9、8 倍，动态 PB 为 1.09、1.01、0.92 倍。市场环境波动下创历年同期最优第一季度业绩，维持买入，重申首推。"5 月 26 日，华创证券对华泰证券的研报："维持 2022—2024 年 EPS 预期 1.51 元、1.79 元、2.15 元，BPS（每股净资产）为 16.49 元、17.74 元、17.75 元，对应 PB 为 0.81、0.75、0.75 倍。维持 2022 年 1.4 倍 PB 估值，目标价 22.9 元，维持'推荐'评级。"

　　第二，市净率适用于重资产公司。重资产公司的盈利状况取决于资产规模。通过分析净资产情况，可以较好地预计利润情况并估值。例如，水电企业整体利润比较稳定。为实现盈利增长，公司需要再投资，或新建水电站，或收购资产，因此通过分析资产情况就可以预估利润并进行估值。

图 19-3 是长江电力的月 K 线。可以看到，长江电力市净率相对稳定，基本围绕 2.8 倍市净率上下波动。长江电力过去五年一直处于"买、买、买"模式。2022 年 3 月 9 日，民生证券研报总结为"4+2+N"，其中"4"表示公司持续收购资产，已拥有葛洲坝、三峡、溪洛渡、向家坝四座大型水电站；"2"表示 2021 年年底启动乌东德、白鹤滩两大电站的注入工作；"N"表示介入新能源开发，根据测算 2025 年新能源装机规模达 20～30GW。伴随着资产规模的增大，公司的业绩和股价节节高升。但是，公司近五年市净率一直保持相对稳定的状态，使利用市净率对公司估值比较可靠。

图 19-3　长江电力的月 K 线

第三，市净率可以适用于周期行业。周期行业公司的业绩波动大，市盈率无法进行准确估值，市净率更稳定，有助于对这些公司进行估值。图 19-4 是山煤国际的月 K 线。可以看到，山煤国际的市净率主要在 2.8 倍以下，目前市净率 3.07 倍，读者可自行判断该股是否被高估。

第四，市净率适合成熟行业。成熟行业公司不仅资产状况相对稳定，盈利和资产也有紧密联系。分析公司的资产情况，通过同行对比，可以较好地对公司估值。

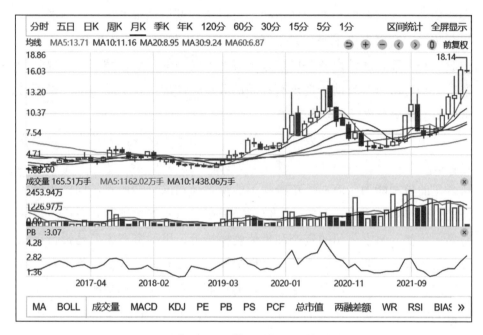

图 19-4　山煤国际的月 K 线

市净率不适合轻资产公司和高科技企业。轻资产公司和高科技企业的盈利不依赖于资产规模，而是基于品牌、技术、产品等。例如，创新药企的盈利来自创新药，创新药使用的生产线等对应的资产规模很小，研发支出虽然可能由费用化转为资本化，但公司整体资产规模依然较小，市净率没法准确估值。很多高科技企业是轻资产运营，盈利能力更依赖于技术、人才等，而不是账面净资产，无法用市净率估值。还有很多高科技企业专注于研发和销售环节，将生产外包出去，更大大降低了资产规模。

市净率的优点与不足

市净率的优点主要有三个。第一，净资产比较稳定，使市净率估值也相对稳定。相对而言，公司经营好坏对营业收入和净利润的影响更大，对净资产的影响较小，使净资产更稳定，也使市净率估值更稳定。第二，净资产变动不受周期的影响，使市净率可以给周期股估值。第三，市净率适用于防守，在熊市更重要。股市有云："牛市市盈率，熊市市净率。"牛市中股票基本都在涨，市盈率可以选出有上涨潜力的股票；熊市中大部分股票在下跌，市净率有助于选出有托底的公司，准确估计下跌空间。投资者可以用市盈率来攻，市净率来守。

市净率也有缺点，主要如下。第一，市净率不反映盈利能力。市净率只关注公司净资产，而净资产和盈利能力没有必然联系，使市净率没有反映公司的盈利能力。第二，市净率不能反映公司的资产质量。同样规模的公司，资产情况可能相距甚远，仅用净资产估值不能体现两者资产质量的差异。例如，两家公司的资产和负债规模接近，甲的资产主要是银行存款等，乙的资产主要是应收账款且账期较长，还没有充分计提减值准备，肯定甲的资产质量好。但是，两家公司的账面净资产是差不多的，用市净率估值无法体现出资产质量的差异。第三，市净率受会计政策的影响。市净率使用账面净资产，而账面净资产会受会计政策的影响。例如，直线折旧法和加速折旧法会对账面资产造成不同影响，进而影响市净率估值。同样，已淘汰的设备、没有市场价值的专利等，如果存在账面上，也会影响净资产，进而影响估值。第四，市净率没有考虑资产负债情况。例如，资产有10%的收益率，A公司用10万元自有资金加10万元利率5%的贷款投资，B公司只用自有资金10万元投资。A公司享受了财务杠杆的好处，但两家公司的净资产都是10万元，市净率估值无法体现出这种差异。

最后，说明一下为什么有些公司市净率会小于1，也就是股价会低于每股账面净资产，主要有如下可能。

- 账面净资产偏离实际。由于一些财务手法和处理甚至是造假，公司实际净资产可能和账面存在较大偏差，使市净率计算出现偏差，出现小于1的情况。

- 净资产收益率太低。例如，公司净资产收益率只有 1%，持有资产的收益都不如银行存款，加上通胀等因素，资产实际在贬值，也会导致市净率小于 1。
- 公司的风险太高。如果公司蕴含较高风险，可能导致大规模损失，使净资产大幅下降；另外，公司破产或重整时，账面净资产会大打折扣，实际价值大大低于账面价值。公司股价提前反映了这种情况，市净率也会小于 1。

第二十章

聚焦成长的市盈率相对盈利增长率估值

市场经常提"茅指数"和"宁指数"。"茅指数"以贵州茅台为代表，由稳健蓝筹股构成，称为"价值股"；"宁指数"以宁德时代为典型，由高成长公司构成，称为"成长股"。在增量资金有限的情况下，市场存量博弈在价值股和成长股之间进行。对于价值股，市盈率、市销率、市净率都是不错的估值方法；而对于成长股，这些方法的适用性就要打折扣了。例如，成长股市盈率普遍较高，七八十倍甚至一两百倍市盈率的个股比比皆是，投资者常问：市盈率是不是太高了？公司业绩能支持如此高的市盈率吗？

不少投资者喜欢成长股，因为成长可以带来价值提升。这些投资者要面对的一个问题是：公司业绩和估值匹配吗？股价是不是透支了未来业绩？以莱特光电为例（见图 20-1），其主营业务是 OLED 有机材料的研发、生产和销售，2022 年 3 月 18 日在科创板上市，发行价为 22.05 元。莱特光电上市后破发，随后股价一路下行，4 月 27 日最低价 11.55 元。自 5 月 27 日开始，股价快速上涨，5 月 30 日、5 月 31 日、6 月 1 日、6 月 2 日连收四个 20% 涨停，5 月 27 日—6 月 7 日的 7 个交易日上涨了 158.79%。5 月 26 日，中信证券发布研报：《莱特光电投资价值分析报告：打造 OLED 有机材料平台推动国产替代》，预计 2022—2024 年公司归母净利润为 2.15 亿元、4.06 亿元、5.48 亿元，给予未来一年 116 亿元的目标市值，对应目标价 28.8 元。2022 年 6 月 10 日莱特光电市值 112 亿元，静态市盈率 104.02 倍，滚动市盈率 100.96 倍，动态市盈率 87.08 倍，市净率 6.82 倍。上市三个月，最高价 37.86 元，最低价 11.55 元。是 11.55 元低估，还是 37.86 元高估呢？未来业绩能匹配这个估值吗？这些问题都需要新的估值方法来回答。

图 20-1　莱特光电的日 K 线

自 2022 年 4 月 27 日股票市场反弹以来，科创板大幅跑赢其他板块。到 6 月 10 日，科创 50 指数涨幅达 27.05%。兴业证券、中信建投等券商策略团队认为：现在的科创板类似 2012 年的创业板，有望成为新一轮行情引领者。但也有不同意见者，如民生证券首席策略分析师牟一凌称："科创板估值分位数不贵，调整了很多。但拿它和 2012 年的创业板相比就不确定了。现在看，科创板的机构重仓票和主要成分股都是过去几年主流赛道的延伸。不排除有优质公司机遇，但这种以一个板块为理由的冲锋，很像2021年年初恒生科技发生的事情，短期共识是能涨，但更要关注风险。其实这些年，创业板、核心资产、半导体和新能源，历史上真正机会开始时，从来不会有人说它相当于历史上的谁，它只会成为未来的自己。"科创板是否会复制2013年创业板的走势，无法也没必要预测或判断，只要跟随市场就好。但是，投资者要做好准备，尤其是掌握成长股估值的方法。

市盈率相对盈利增长率（PEG）方法是针对成长股估值的方法，它"聚焦成长"，被市场广泛使用。本章对该方法进行说明，作为第四个也是最后一个介绍的相对估值方法。

PEG 简介

市盈率相对盈利增长率（PEG）是在市盈率的基础上发展而来的，主要目的就是弥补市盈率对企业成长性估计的不足。市盈率着眼于当前股价和风险，PEG 在考虑股价和风险的同时加入成长因素，比市盈率能更全面地对成长股估值。例如，PEG 可以在市盈率一样的前提下，选出增速高的公司；或在同样增速下，选出市盈率低的公司。计算 PEG 时，用市盈率除以未来 3～5 年每股收益复合增长率。例如，公司当前市盈率 50 倍，未来 5 年预期每股收益复合增长率为 50%，则 PEG=50/50=1。通常，PEG 等于 1 表明公司估值可以充分反映未来业绩的成长性；PEG 大于 1 时，可能是股价高估，也可能是市场认为公司的成长性高于预期；PEG 小于 1 时，要么股价低估，要么市场认为公司的成长性比预期要差。这正好应了投资大师彼得·林奇的名言：市盈率应该和收益增长相等。

PEG 的使用

PEG 估值是对比市盈率和盈利增长率来确定股价高估、低估或合理。

实际操作中，PEG 并不是简单和 1 比较，更多是和历史以及同行的 PEG 情况比较。2022 年 4 月 20 日，海通证券发布研报《不同行业 PEG 对比分析》，核心结论是："2010 年以后，A 股利润增速下行，但 PEG 中枢整体上移，盈利稳定增长公司 PEG 持续提升；各类行业成长期 PEG 中枢不同，科技 3 倍上下，消费 2 倍上下，地产链 1 倍上下；当前 A 股多数行业 PEG 低于中枢，电子、医药、化工、电新偏离更大。"研报将各行业最新 PEG 与历史中枢进行对比，发现："目前 PEG 估值高于中枢的有房地产（2.19/0.90）、银行（0.95/0.87）、建筑装饰（0.94/0.90）、家用电器（1.0/0.91）和商贸零售（2.28/1.84）。多数消费行业 PEG 估值已低于中枢水平，如食品饮料当期 PEG/ 中枢水平为 1.83/2.63，医药生物为 1.36/2.67，美容护理为 1.38/2.07。科技和先进制造方面，前期涨幅较大的高景气赛道，PEG 估值已调整到中枢以下，如电子当期 PEG/ 中枢水平为 0.78/3.06，电力设备为 1.57/2.78，国防军工为 2.41/2.86。"海通证券研报的行业 PEG 与中枢水平对比如图 20-2 所示。

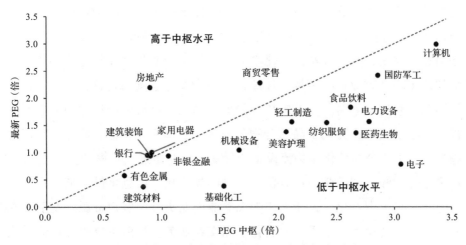

图 20-2　海通证券研报的行业 PEG 与中枢水平对比

资料来源：Wind、海通证券研究所，截至 2022 年 4 月 20 日。

　　PEG 估值的主要步骤是：分析公司基本面，结合历史财务数据，预测公司未来业绩和盈利增长率，计算 PEG；结合同行和历史的 PEG 情况，判断股价是高估、低估还是合理，进而做出投资决策。这里用密尔克卫举例说明。根据 2021 年年报，密尔克卫是"国内领先的专业化工供应链综合服务商，提供以货运代理、仓储和运输为核心的一站式综合物流服务，并基于综合物流服务向化工品分销延伸，逐步形成化工品物贸一体化服务"。"公司致力于成为'超级化工亚马逊'，基于全球专业化工交付应用能力的产业互联网电商平台，打通物流、交易、环保全供应链，为全球客户提供高标准供应链服务。在此模式下，客户货物流转量与公司收入挂钩，双方从传统供需关系发展成利益共同体。公司的一站式全供应链服务帮助客户整合及优化物流环节，缩短货物流通周期，提高物流效率，助力客户提升市场竞争力。客户销量提升的同时，以物流服务为基础的一站式供应链解决方案需求也随之增加，双方共同增长"。

东吴证券 2021 年 5 月 7 日的研报评价："密尔克卫是一家有 20 余年经营历史的化工品综合服务商，业务主要分物流和贸易两大板块。传统综合物流业务主要由货运代理、仓储、运输服务构成，具备覆盖全国各主要地区的化工品物流服务能力。""基于物流服务积累的化工品线下交付能力，公司交易业务持续高增长，有望打造'超级化工亚马逊'。""危化品是指具备易燃、易爆、有毒等特性的化学品。近年来行业相关监管持续趋严，或将加速中小型企业退出市场，加速化工综合型企业剥离自营物流，并分包给第三方物流服务商。以上趋势有望促进第三方物流市场规模和集中度的提升，密尔克卫作为化工品综合物流龙头，有望充分受益。此外，在审批趋严背景下，公司危化品物流设施的稀缺性也有望进一步提升。""公司经过多年经营和并购扩张，拥有覆盖全国的规范化、信息化供应链体系稀缺资源，积累了中石化、巴斯夫、陶氏等业内龙头公司客户资源。基于这些核心资源，公司近年来重点发展化工品交易业务。目前主要通过自营模式经营化工涂料、醇基燃料、磷化工、加油站等品类，沉淀下'灵元素'化工品电商平台。"

表 20-1 列出了 2017—2022 年十二期密尔克卫的主要财务指标情况，可

表20-1　2017—2022年十二期密尔克卫的主要财务指标

关键指标	2022年一季报	2021年年报	2021年三季报	2021年半年报	2021年一季报	2020年年报	2020年三季报	2020年半年报	2020年一季报	2019年年报	2018年年报	2017年年报
营业收入	30.60亿元 +111.9%	86.45亿元 +152.3%	59.50亿元 +149.4%	34.62亿元 +133.1%	14.44亿元 +126.9%	34.27亿元 +41.68%	23.86亿元 +33.28%	14.85亿元 +33.52%	6.36亿元 +25.58%	24.19亿元 +35.59%	17.84亿元 +38.16%	12.91亿元 +37.53%
净利润	1.34亿元 +72.10%	4.32亿元 +49.7%	3.01亿元 +42.64%	1.84亿元 +30.46%	7765万元 +46.11%	2.88亿元 +47.15%	2.11亿元 +46.56%	1.41亿元 +49.27%	5314.4万元 +25.80%	1.96亿元 +48.35%	1.32亿元 +57.91%	8369.2万元 +49.37%
扣非净利润	1.30亿元 +69.59%	4.11亿元 +50.6%	2.87亿元 +40.31%	1.85亿元 +35.44%	7661万元 +50.23%	2.73亿元 +44.80%	2.04亿元 +48.96%	1.37亿元 +51.51%	5099.3万元 +21.19%	1.88亿元 +38.13%	1.36亿元 +58.15%	8622.5万元 +27.10%
净资产收益率	4.38% -0.68%	15.87% -13.47%	11.69% -14.80%	7.81% -16.20%	4.41% +21.15%	18.34% +25.44%	13.72% +24.95%	9.32% +27.67%	3.64% +9.64%	14.62% +5.64%	13.84% +10.99%	12.47% +20.48%
销售毛利率	9.67% -19.26%	10.26% -38.62%	10.05% -43.15%	10.63% -43.61%	11.98% -34.56%	16.71% -8.27%	17.68% -2.56%	18.85% +3.28%	18.30% -4.33%	18.22% -0.40%	18.29% -1.47%	18.56% -4.90%
销售净利率	4.38% -18.36%	5.04% -40.36%	5.09% -42.42%	5.29% -44.09%	5.36% -35.67%	8.46% +4.27%	8.84% +10.20%	9.47% +12.18%	8.33% +0.20%	8.11% +9.85%	7.38% +14.22%	6.46% +7.97%
资产负债率	57.38% +26.65%	55.73% +7.96%	52.10% +11.76%	46.68% +2.94%	45.31% +1.05%	51.62% +21.30%	46.62% +15.90%	45.35% +10.28%	44.84% +27.26%	42.56% +33.56%	31.86% -9.58%	35.24% +41.03%
营业周期	63.83天 -23.44%	66.99天 -32.02%	73.88天 -23.67%	73.03天 -24.36%	83.38天 -19.04%	98.55天 +10.94%	96.79天 +8.41%	96.55天 +4.51%	102.99天 +11.76%	88.83天 -0.76%	89.51天 -5.50%	94.72天 -3.32%
总资产周转率	0.40次 +27.09%	1.58次 +43.91%	1.17次 +39.14%	0.74次 +36.06%	0.32次 +32.07%	1.10次 +0.38%	0.84次 -0.58%	0.5次 -2.37%	0.24次 -7.33%	1.09次 -8.28%	1.19次 -8.52%	1.30次 0.00%
存货周转率	24.56次 -25.34%	160.7次 -17.85%	59.92次 -67.28%	77.75次 -35.10%	32.90次 -23.54%	195.58次 -22.53%	183.10次 +6.73%	119.81次 +4.57%	43.03次 +3.86%	252.45次 +126.36%	111.53次 +43.67%	77.63次 -65.29%
应收账款周转率	1.50次 +34.03%	5.56次 +49.35%	3.89次 +37.39%	2.55次 +34.41%	1.12次 +25.11%	3.72次 -9.62%	2.83次 -7.98%	1.89次 -4.46%	0.89次 -10.82%	4.12次 -1.28%	4.17次 +4.40%	4.00次 +6.97%
应付账款周转率	3.76次 +58.58%	13.12次 +84.37%	8.28次 +71.10%	5.14次 +61.35%	2.37次 +53.33%	7.12次 +7.72%	4.84次 -6.70%	3.19次 -4.10%	1.55次 —	6.61次 +2.14%	6.47次 -0.95%	6.53次 +2.70%
流动资产周转率	0.64次 +11.60%	2.77次 +18.12%	2.04次 +13.23%	1.34次 +13.59%	0.58次 +7.52%	2.34次 +8.12%	1.80次 +7.77%	1.18次 +12.09%	0.54次 +14.76%	2.17次 +8.91%	1.99次 -6.28%	2.12次 +3.91%
固定资产周转率	2.81次 +54.59%	9.21次 +91.56%	7.40次 +106.4%	4.29次 +89.11%	1.82次 +85.71%	4.81次 -4.83%	3.58次 -12.66%	2.27次 -11.24%	0.98次 -20.70%	5.05次 -39.29%	8.32次 -39.00%	13.64次 +34.14%

以看出，近几年公司营业收入保持快速增长。2021 年年报显示，公司交易业务高速增长，实现 31.3 亿元的收入，同比增长 353%，带来营业收入爆发式增长。但是，相较于货代和仓储业务，交易业务毛利率低很多，导致销售毛利率和净利率下降。2017 年以来，公司利润一直保持稳健而快速的增长，连续五年净利率增速接近 50%。2022 年第一季度，净利率增速达72.1%。

对密尔克卫进行 PEG 分析，要预计未来 3～5 年的净利润增速。先看市场空间，因为市场空间决定了公司发展的速度和上限。根据中商产业研究院《2022 年中国化工物流行业市场前景及投资机会研究报告》，化工产业蓬勃发展直接催生对化工物流特别是专业化工供应链物流服务的需求。作为领先的第三方化工物流企业，密尔克卫的市场占有率很低，以 2021年营业收入 86.5 亿元测算，对比市场 5610 亿元的规模，市场占有率仅为1.54%，有很大的提升空间。同时，危化品物流领先企业面临好的发展机遇：监管更严格、化工入园等导致行业重新洗牌和集中，改变过去散乱小弱局面。这种环境有利于领先企业开展整合，出清小企业。化工企业也更多地选择第三方物流，因为危化品物流业存在规模效应，第三方成本更低，而且可以转移运输风险。

企业层面，密尔克卫有着优秀的危化品物流风险管控能力（20 余年零事故）。该能力能有效复制、拓展，增大公司的经营网络，更好地实现规模经济。公司进行数字化赋能，建立智能监控管理系统和安全质量环保管理体系。多年化工行业从业经验及危化品管理经验使密尔克卫拥有成熟的安全、质量、环保管理体系。

密尔克卫积极进行整合和扩张。2018 年以来，密尔克卫收购镇江宝华、上海振义、天津东旭、湖南湘隆、山东华瑞特等，外延并购拓展经营范围。2020 年 7 月，密尔克卫收购大正信物流加速张家港密度建设；收购江苏中腾大件运输有限公司，培育工程物流履约能力。2020 年 10 月，密尔克卫收购宁波道承夯实宁波区域业务基础；收购四川雄瑞物流，提升川渝地区配送能力及客户协同。2020 年 11 月，密尔克卫收购新能能源有限公司，在张家港建设超临界高级水氧化技术装置，打通全供应链服务，延伸化工产品全生命周期管理，增加化学危废综合处理能力。2021 年 2 月，密尔克卫收购江苏马龙国华工贸股份有限公司，拓展磷资源供应链服务能力。

根据 2022 年一季报交流会，公司的扩张规划是：在全国分七个大区，主要集中在化工聚集区，在七个大区寻求一体化基地机会。新基地扩张分两个维度，全国范围做幅度，重点区域做密度。公司新建和并购后改造仓储基地不断投产，"2022 年共计划投放 8 万～10 万米 ^{2}，主要是在华东、华北地区，以华东为主"。在交易板块上，"灵元素"平台第一季度超额完成商家入驻，入驻商家自持品类过 10 万种。同时，"为提高盈利水平，营销团队做了转型，销售团队分为行业销售和产品销售。新冠疫情期间做了灵活市场策略，上海 11 个运营中心全程提供运营服务未停摆，斩获一些新战略客户和标的，包括马来西亚石油、戴姆勒、壳牌等"。在全球化方面，公司积极拓展，"第一季度美国洛杉矶子公司、德国汉堡子公司已经设立，目前在团队设立和业务筹备过程中。在新加坡构建了云服务器，为海外业务加速提供架构保障"。基于对行业状况和前景、公司基本面、过往经营业绩、目前发展情况、未来规划等的分析，未来 3～5 年公司仍可以较快且稳定增长，继续保持 40%～50% 的增速。

不少券商也发布了业绩预测。2022 年 4 月 29 日，东吴证券认为："出于对疫情因素的谨慎考虑，将 2022 年归母净利润从 5.96 亿元小幅下调至 5.84 亿元，维持 2023—2024 年归母净利润预测 8.21 亿元、10.87 亿元，预计 2022—2024 年归母净利润同比增长 35%、41%、32%。"5 月 11 日，国泰君安预计："业绩维持高增长，维持 2022—2024 年 EPS 为 3.68 元、4.94 元、6.53 元。"5 月 16 日，招商证券认为："预计 2022—2024 年归母净利润 6.1 亿元、8.4 亿元、11.2 亿元，年均复合增长 37%。"5 月 25 日，华创证券认为："2022—2024 年归母净利润 6.3 亿元、9.0 亿元、12.1 亿元，对应 EPS 为 3.81 元、5.46 元、7.36 元，对应 PE 为 29、20、15 倍。专业化工供应链领域大市场，看好公司物贸联动开启飞轮效应，迎来持续高增长，维持 PEG 定价方式及目标价，以 PEG=1 给予 2022 年 45 倍 PE，对应一年目标市值 282 亿元，股价 171.6 元，预期较现价 57% 空间，强调推荐评级。"

结合上述分析，参考券商的研报，预计未来三年密尔克卫增长率可以保持在 40% 以上，保守起见取 40%。2022 年 6 月 15 日，密尔克卫市值 204 亿元，静态市盈率 47.26 倍，滚动市盈率 41.84 倍，动态市盈率 38.18 倍。用滚动市盈率计算，PEG=41.84/40=1.046，符合 "PEG 等于 1 表明公司估值可以充分反映未来业绩的成长性"，应了 "市盈率应该和收益增长相等"。那么，密尔克卫当前的估值合理吗？或者说，用 PEG=1 进行估值合适吗？

海通证券《不同行业 PEG 对比分析》研报指出："A 股盈利中枢与估值中枢并不是简单的正比关系，能保持相对稳定的盈利增速的公司往往被给予更高估值。""成长期行业盈利增速和 PEG 估值双升，科技和消费 PEG 估值中枢相对更高。纵向历史来看，成长期行业盈利增速较快且 PEG 估值较高。横向对比看，对同样处在成长期的行业，科技和消费类行业的 PEG 估值中枢更高，数字新媒体行业和先进制造行业在成长期 PEG 估值中枢整体在 3 倍上下，消费在 2 倍上下，而地产链、基建链和传统制造则在 1 倍上下。"密尔克卫被归为物流行业，但和多数物流企业没有可比性。结合行业属性、市场空间、成长性，长期可以给密尔克卫更高的 PEG，主要有五方面原因。

- 危化品物流行业有良好的发展态势，而且有很高的进入壁垒，行业整顿力度不断加大，使行业领先企业有较好的并购整合空间和成长速度。
- 密尔克卫已建立了良好的生产体系、安全体系等，能保证和支持公司后续发展，具备很好的可拓展性。
- 危化品物流服务有网络效应，随着规模增加，盈利能力会越来越强。密尔克卫 "全国范围做幅度，重点区域内做密度" 的策略，有助于实现网络效应。
- 密尔克卫拓展的交易业务和仓储、货代业务有很好的协同效应，为后续发展提供更广阔的空间。同时，交易业务也有更高估值。

- 密尔克卫跟随重要客户开展国际化布局，为后续发展提供了新空间。

对于密尔克卫，它的最大风险就是事故风险。作为危化品物流企业，发生事故会对公司带来重大影响。公司已建立多个体系进行风险管控。在后续扩张中如何保证安全，是密尔克卫面临的挑战。同时，密尔克卫一些股东在减持，也对估值形成压制。但从长期看，这些减持不仅不会影响估值，反而可能提供买入机会。最后，还要考虑密尔克卫的业绩增速，如果化工行业出现大的波动，可能导致密尔克卫业绩增速下滑，影响其估值。

PEG 的适用范围

PEG 方法是在市盈率的基础上发展而来的，弥补了市盈率对成长性估计的不足。因此，PEG 方法主要用来对成长股估值。

第一，PEG 适合对持续高成长的公司估值。在实际中，PEG 用公司市盈率除以未来 3～5 年每股收益复合增长率计算。计算方法隐含的要求就是公司成长可以持续较长时间。因此，PEG 适用的公司要有较高的成长性，如处于行业成长阶段的公司；相反，一些成长性较弱的公司，如处于行业成熟阶段或接近成熟阶段的公司，公司业绩也能保持自然增长，但成长性有限，不适合用 PEG 估值。

第二，PEG 可用于持续成长行业和指数。海通证券《不同行业 PEG 对比分析》研报就考虑了行业 PEG 情况，尤其是行业成长期和成熟期 PEG 估值的差异。同样，对一些有较高成长性的指数也可以用 PEG 估值，如科创 50 指数的成分股普遍有较好成长性，可以用 PEG 对该指数估值。

第三，PEG 不适合不可持续成长的公司。有些公司的业绩增长不具有持续性，如工程投产导致生产能力一次性提高、产品一次性提价等，使公司在某时点表现出很好的增长，但长时间成长性并不乐观，不适合 PEG 估值。

第四，PEG 不适合周期性公司。周期性公司业绩随周期剧烈波动，某些时间表现出成长性，某些时间业绩大幅下滑，无法用 PEG 估值。例如，新能源需求爆发导致锂、硅料等价格大幅上涨，相应公司的业绩节节高升。但是，这些产品价格有较强的周期性，公司近年收益增长率高，而此后可能大幅降低，尽管综合测算每股收益复合增长率仍较高，这样的公司也不适合用 PEG 估值。

PEG 的不足

PEG 方法也有不足，需要注意。

第一，PEG 取多少合适。市场常说：PEG 等于 1 表明公司估值可以充分反映未来业绩的成长性；PEG 大于 1 时，可能是股价高估，也可能是市场认为公司的成长性高于市场预期；PEG 小于 1 时，要么股价低估，要么市场认为公司的成长性比预期要差。实际上，不同时间、不同行业、不同成长速度的公司，合适的 PEG 取值或范围都不是 1。取多少合适要经过分析、比较，外加主观判断确定。然而，PEG 取值的变化，会带来估值的巨大变化。

第二，PEG 是在 PE 基础上发展而来的，继承了 PE 的不足。前面介绍 PE 时指出，PE 主要存在五点不足：对利润敏感，仅关注利润，线性思维，无法顾及长期前景，用别人更贵来证明自己便宜。这些不足在 PEG 上同样存在。

第三，未来长期业绩复合增长难预测。PEG 需要预测未来 3～5 年的增长情况，这是一个预测性指标，会随环境变化而变化。同时，随着每季度财报的发布，对未来业绩预测也会改变，增加了 PEG 判断的难度。

第四，PEG 无法完全体现成长性。例如，甲公司市盈率 30 倍，未来 5 年预期每股收益复合增长率 30%，PEG 是 1；乙公司市盈率 20 倍，未来 5 年预期每股收益复合增长率 20%，PEG 也是 1。从 PEG 考量，两家公司价值相当。但是，有经验的投资者都知道甲是更好的选择。原因在于，如果第二年公司维持业绩增速不变、市值也不变，甲市盈率变为 23.08，对应 PEG 为 0.769；乙市盈率变为 16.67，对应 PEG 为 0.834。年份越向后，

PEG 相差越多；业绩增速差越大，相差幅度越明显。因此，只要成长性够好，PEG 大也不一定等于高估。

第五，PEG 强调每股收益复合增长率而并非净利润复合增长率。因为有些企业会通过增发等方式进行外延扩张，若每年完成一次并购，并购标的利润与公司相当，公司的净利润增长率将保持在 100%，但每股收益增长就不是了。

前面介绍了四种常用的相对估值法：PE、PS、PB、PEG。除此之外，还有其他相对估值法，如 EV/EBITDA、EV/ 销售收入、RNAV 估值法等，有兴趣的投资者可以自己学习，本书就不专门介绍了。相对估值法简单易用，考虑了市场变化等因素对估值的影响，但也面临一定局限，比如需要预测未来业绩、可比公司不好选、公司相互对比陷入循环等问题。对此，投资者要加以注意。同时，各方法得到的估值都仅仅是个参考，也是投资者需要注意的。

第二十一章

不太实用的绝对估值法

市盈率、市销率、市净率及市盈率相对盈利增长率，都通过与同行及历史对比进行估值，被归为相对估值法。相对估值法有几个地方被诟病：和同行比较时，忽略了公司的竞争优势；与历史比较时，忽视了当前与以往的不同及未来的变化；同行公司相互比较，容易陷入对比的循环之中。因此，市场上还产生了绝对估值法。绝对估值法又称贴现法，通过分析公司历史和当前情况，预测未来经营数据，通过对未来数据进行折现来评估公司的价值。绝对估值法的基本原理是：公司内在价值取决于未来所能创造的现金流（或股利，或其他，取决于具体方法），通过将未来现金流折现并加总，得出公司的内在价值。目前，主要使用的绝对估值法有现金流折现模型（Discounted Cash Flow Model，DCF）、股利贴现模型（Dividend Discount Model，DDM）、公司自由现金流模型（Free Cash Flow for the Firm，FCFF）、经济增加值模型（Economic Value Added，EVA）等。

从理论上讲，绝对估值法是完美方法，但是在实际应用中，这些方法需要大量信息，尤其要预测大量数据，计算方法复杂，而且对数值非常敏感，一个数值如贴现率的微小变化都会导致最终结果的巨大变化。由于需要预测大量数据，结果又对数据敏感，导致分析结果受到个人分析和判断的影响，极易出现偏差。因此，理论上完美的绝对估值法，在实际中的使用价值有限。为了解绝对估值法的基本原理，本章选择使用最广泛的现金流折现模型（DCF）进行说明。

现金流折现模型的基本概念

现金流折现模型的定义是：任何股票、债券或公司的价值，取决于该资产在余下寿命中可以产生的现金流的折现值。该模型被巴菲特推崇，"企业价值等于剩余存续期内自由现金流的折现值"。介绍该模型前，先看两个概念：自由现金流和折现率（也称贴现率）。三大财务报表之一就是现金流量表。公司的自由现金流就是经营活动中扣除所有开支后可自由支配的钱。这类似日常生活中，工资是人们主要的现金流入，流入的钱部分用于日常生活开支、偿还贷款、赡养老人等，去掉这些开支后，剩下的钱才是可以自由支配的，也就是自由现金流。

公司的自由现金流无法在财务报表上直接找到，需要进行计算。美国管理学者汤姆·科普兰详细解释了自由现金流的计算方法："自由现金流等于企业税后净营业利润（就是将企业不包括利息收支的营业利润，减去实付所得税税金以后的数额），加上折旧和摊销等非现金支出，再减去追加的营运资本及在厂房设备和其他资产方面的投资。它是企业产生的税后现金流量总额，可以提供给企业资本的所有提供者，包括债权人和股东。"因此，自由现金流的基本计算公式是：自由现金流＝（税后净营业利润＋折旧和摊销）－（资本支出＋营运资本增加）＝息税前利润 ×（1－所得税率）+（折旧和摊销）－（资本支出＋营运资本增加）。

折现率的意思是：未来的钱不等于现在的钱。如果现在有 10 000 元，可以把钱存到银行。假设一年定期存款利率是 2%。一年后去银行取定期存款，可得到 10 200 元。那么，一年后的 10 200 元和现在的 10 000 元是一个概念。或者，打算一年后用 10 000 元，那现在去银行存多少一年定期存款可以满足要求？ 10 000/（1+2%）=9804（元）。也就是现在的 9804 元和一年后的 10 000 元相当。中间 2% 的差，是把一年后的钱换算成现在的钱所要做出的折扣或补偿，称为折现率。在承担不同风险的情况下，把未来的钱换算成现在的钱的折现率不同。例如，定期存款风险非常小，折现率基本就是存款利率。相对于定期存款，信托风险大很多，折现率也高很多。对具体公司而言，由于公司基本情况不同，业绩波动也有所不同，因此不同公司的折现率要具体情况具体分析。

现金流折现模型的简介

现金流折现模型的思路是：公司内在价值等于未来创造的自由现金流的折现值。具体计算时，将公司未来一笔笔的自由现金流用一定折现率折算成现值，然后加总得到公司的价值。具体操作一般是：对未来 10 年自由现金流进行估计，确定折现率，把这些自由现金流折为现值，按永续年金计算后续的自由现金流，加总折算的自由现金流及永续年金得出公司价值。下面举例说明，假设一家公司去年的自由现金流为 10 亿元，从今年开始的后续 10 年保持 10% 的增长，10 年后持续每年 5% 的增长。如果折现率取8%，自由现金流折现模型计算的内在价值如表 21-1 所示，得到内在价值是 531.264 2 亿元。

表 21-1　自由现金流折现模型计算的内在价值　（单位：亿元）

	自由现金流	增长率（10%）	折现率（8%）	现值
去年	10.000 0			
第 1 年	11.000 0	1.100 0	1.080 0	10.185 2
第 2 年	12.100 0	1.210 0	1.166 4	10.373 8
第 3 年	13.310 0	1.331 0	1.259 7	10.565 9
第 4 年	14.641 0	1.464 1	1.360 5	10.761 6
第 5 年	16.105 1	1.610 5	1.469 3	10.960 9
第 6 年	17.715 6	1.771 6	1.586 9	11.163 8

（续）

	自由现金流	增长率（10%）	折现率（8%）	现值
第 7 年	19.487 2	1.948 7	1.713 8	11.370 6
第 8 年	21.435 9	2.143 6	1.850 9	11.581 1
第 9 年	23.579 5	2.357 9	1.999 0	11.795 6
第 10 年	25.937 4	2.593 7	2.158 9	12.014 0
永续价值	907.809 9[①]			420.491 6
内在价值		531.264 2		

注：表中数据为四舍五入后的数据。
① 907.8099 = 25.9374 ×（1+5%）/（8%–5%）。

下面，来看一些数值的变化会对估值产生多大影响。

情况一：其他保持不变，未来 10 年自由现金流增长率由 10% 变成 15%，结果如表 21-2 所示，得到的内在价值为 799.4219 亿元，增加了 268.1577 亿元，增加率为 50.48%。

表 21-2　未来 10 年自由现金流增长率改变后的内在价值（单位：亿元）

	自由现金流	增长率（15%）	折现率（8%）	现值
去年	10.000 0	1.000 0		
第 1 年	11.500 0	1.150 0	1.080 0	10.648 1
第 2 年	13.225 0	1.322 5	1.166 4	11.338 3
第 3 年	15.208 8	1.520 9	1.259 7	12.073 2
第 4 年	17.490 1	1.749 0	1.360 5	12.855 7
第 5 年	20.113 6	2.011 4	1.469 3	13.689 0
第 6 年	23.130 6	2.313 1	1.586 9	14.576 2
第 7 年	26.600 2	2.660 0	1.713 8	15.521 0
第 8 年	30.590 2	3.059 0	1.850 9	16.526 9
第 9 年	35.178 8	3.517 9	1.999 0	17.598 1
第 10 年	40.455 6	4.045 6	2.158 9	18.738 8
永续价值	1 415.945 2[①]			655.856 6
内在价值		799.421 9		

注：表中数据为四舍五入后的数据。
① 1415.9452=40.4556 ×（1+5%）/（8%–5%）。

情况二：其他保持不变，折现率由 8% 减少到 7%，结果如表 21-3 所示，得到的内在价值为 809.0200 亿元，增加了 277.7558 亿元，增加率为 52.28%。

表 21-3　未来 10 年折现率改变后的内在价值　（单位：亿元）

	自由现金流	增长率（10%）	折现率（7%）	现值
去年	10.000 0		1.000 0	
第 1 年	11.000 0	1.100 0	1.070 0	10.280 4
第 2 年	12.100 0	1.210 0	1.144 9	10.568 6
第 3 年	13.310 0	1.331 0	1.225 0	10.864 9
第 4 年	14.641 0	1.464 1	1.310 8	11.169 5
第 5 年	16.105 1	1.610 5	1.402 6	11.482 7
第 6 年	17.715 6	1.771 6	1.500 7	11.804 7
第 7 年	19.487 2	1.948 7	1.605 8	12.135 6
第 8 年	21.435 9	2.143 6	1.718 2	12.475 9
第 9 年	23.579 5	2.357 9	1.838 5	12.825 7
第 10 年	25.937 4	2.593 7	1.967 2	13.185 3
永续价值	1 361.714 8[①]			692.226 8
内在价值		809.020 0		

注：表中数据为四舍五入后的数据。
① 1361.7148 = 25.9374 ×（1+5%）/（7%−5%）。

情况三：其他保持不变，永续增长率从 5% 增加到 6%，得到永续价值是 1374.6538 亿元，折现后 530 亿元，公司内在价值为 640.7725 亿元，增加了 109.5083 亿，增加率为 20.61%。上述例子表明：现金流折现模型对数值敏感，数值的微小变化可能导致结果的巨大变化。

使用现金流折现模型的核心问题

使用现金流折现模型有两个核心问题：为什么用自由现金流，而不是净利润或其他指标？折现率怎样取值？第一个问题的主要答案是：净利润没有考虑货币的时间价值，而且净利润受会计准则和操作的影响较大，有更多操作空间。更关键的是，净利润没有考虑企业维护长期竞争优势和生产经营活动的追加投资。相对于净利润，自由现金流是更稳定、更长期的指标。关注自由现金流有如下几点好处。

- 着眼未来，而不是盯着当季或当年的利润情况，避免为了短期业绩而伤害长期业绩的做法，如减少研发投入。
- 侧重有长期发展能力的公司，只有有长期发展能力的公司才能创造更多的永续收入和更大的自由现金流。
- 避开财务不健康甚至有雷的公司，例如需要巨大的资本投入来维持正常生产的公司，而是选择用少量资本开支就可以获得和保持增长的公司。
- 重视风险，因为折现率和风险挂钩，风险越高的公司所需的折现率越大，而折现率的微小增加会带来估值的大幅降低。

对于第二个问题，没有统一答案，但有两个基本关注点。一是折现率和风险挂钩，面临的风险越高，折现率越大；面临的风险越低，折现率越低。例如，贵州茅台和舍得酒业，市场会给贵州茅台用更低的折现率，因为市场认为贵州茅台有强大的护城河，风险更低。同样，对于白酒和房地产企业，市场普遍认为白酒企业风险更小，所需的折现率更低。二是折现率受无风险收益率、通货膨胀率及投资风险等因素的影响。例如，利率变化会影响股市，一个重要途径就是影响折现率。因此，投资者可以用长期国债利率，如 10 年期国债的收益率，加上适度的通货膨胀因素，并考虑公司的风险状况进行补偿，确定对具体公司采用的折现率。

现金流折现模型的适用范围

现金流折现模型依赖对公司未来长期现金流及折现率的预估，年增长率、永续增长率、折现率等的微小变化都会导致结果发生巨大变化。因此，该方法适合产品变化小、需求稳定、有长期竞争优势、未来现金流容易预测的公司，而且是对公司内在价值进行大致估算而不是精确估值。那么，适用的公司有哪些呢？贵州茅台合适吗？贵州茅台的产品变化小、需求稳定、有长期护城河，而且五年的存储周期使"今年的产量决定了五年后的销量"，现金流也相对容易预计。但考虑一下贵州茅台的出厂价，如果出厂价提高，是不是预测的现金流会有变化？如果改变销售渠道，提高直销占比，会不会影响现金流呢？ 2012—2013 年的白酒塑化剂事件使白酒板块市值蒸发约 430 亿元，贵州茅台的营业收入增速和净利润增速都大打折扣。强如贵州茅台都难以抵挡外部因素的扰动，难以预测相关数值，更何况其他公司了。

市场在不断发展，各种新技术、新产品不断涌现，激烈的竞争使公司不断更新换代（20 年前，你能想到诺基亚、摩托罗拉会被淘汰吗？ 5 年前，你能想到特斯拉会超越丰田吗？）。另外，我国股票市场处于制度转型阶段，各种政策、法律、法规在不断完善和调整，更加深了预计的难度。因此，理论上完美的现金流折现模型很难找到合适的应用标的。但是，现金流折现模型有让投资者着眼未来、追求有长期发展能力的公司、避开财务不健康的公司、关注风险等优点，对指导投资有很大价值。例如，《股市进阶之道：一个散户的自我修养》一书就指出现金流折现模型可以帮助我们理解价值的内涵，有利于投资者从经营存续期、现金创造力、经营周期定位三个方面更好地认识和理解公司。

现金流折现模型的不足

现金流折现模型在实际应用中的价值有限，主要存在以下不足。

第一，现金流折现模型适用范围有限。该模型只适合评估产品变化小、需求稳定、有长期竞争优势、未来现金流比较容易预测的公司。然而，能满足这些要求的公司不多。《股市进阶之道：一个散户的自我修养》指出，这种方法只使用在一些经营极其稳定，业务模式非常简单，影响经营的变量要素非常少的企业，真正完全符合这样标准的企业不会进行这么复杂的计算。

第二，现金流折现模型对数值非常敏感。本章列举了一些数值变化对最终结果的影响，可以发现任何数值变化都会导致结果的巨大变化，而这些数值都需要估计，使模型对预估能力有很高要求，否则会"失之毫厘，谬以千里"。

第三，现金流折现模型在使用者之间难以达成一致。模型对认知有很高要求，要求充分、深入地理解公司和行业发展，进而预估公司的长期状况。日常中，不同投资者对同一家公司会有不同的认知和理解，对公司的短期发展可以达成接近的结论，长期看法却差异巨大。同时，不同人对风险的看法和承受力不同，对折现率的选择有不同偏好。这就导致现金流折现模型的分析结果在人与人间存在巨大差异，难以比较。

第二十二章

睡得着就好的终极估值法

相对估值法和绝对估值法都结合公司基本面、财务数据等得出"内在价值"，然后根据市值与内在价值的关系来做出或买入，或持有，或观望，或卖出的决策。在实际操作中，这样的分析过程过于机械，而且工作量较大。图 22-1 列出了影响估值的主要因素：决定股价的核心是估值和业绩，估值可以进一步分成风险偏好和流动性，业绩进一步分为基本面和经济政策。在具体估值时，需要全面考虑这些因素才能估得更准确。但是，从另一个角度看，影响估值的因素很多，每个因素的变化都会导致估值的剧烈变化，使辛辛苦苦得出来的估值结论可能一夜之间就变了。那么，有没有更简单、更直接的估值方法呢？

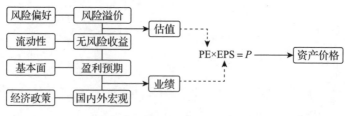

图 22-1　影响估值的主要因素

　　结合对投资体系、战略分析及价值评估内容的介绍，本章介绍终极估值方法，称为"睡觉估值法"。在介绍该方法前，重点声明：一是睡觉估值法不适合所有人，只适合认知股票市场的运行规律、开展价值投资、对收益率有适度预期、掌握并对公司进行系统分析的人；二是睡觉估值法不适用于所有的公司，只适用于管理层靠谱、稳健经营的公司，更重要的是投资者要持续跟踪公司，对其有深入理解与认识，明白公司的发展目标和策略，能清晰描绘和预估公司的未来。换句话说，基于价值投资理念、预期适度收益率的投资者，可以对一些稳健优秀、长期跟踪且有深入理解的公司采用睡觉估值法（睡觉估值法 = 理念与心态好的投资者 + 优秀且深入理解的公司）。

　　睡觉估值法的核心逻辑很简单，总结如下：对一家熟悉而且有深入理解与认识的公司，投资者如果用价值投资的理念来看待公司，公司估值情况会影响投资者的睡眠质量。如果因为这家公司睡不好，主要有五种原因：

- 股价低估，手里没筹码（急于买而睡不好）；
- 股价高估，担心下跌（贵了而睡不好）；
- 买了以后，股价下跌（被套而睡不好）；
- 卖了以后，股价还涨（少赚钱而睡不好）；
- 别的股票涨，眼红得睡不着。

　　后三种是心态与理念问题，与估值无关。如果投资者睡得香，主要有三种情况：

- 股价低估且拿够筹码（持股等待就行，睡得香）；
- 股价合理，看好后续发展（愿意陪公司发展，睡得香）；
- 股价高估，已落袋为安（赚自己能赚的钱，后续涨跌与我无关，睡得香）。

　　因此，睡觉估值法的核心理念是：持有股票时只要睡得香、睡得好，估值就是合理的；如果睡不好就要分析具体原因，并积极应对。

对于睡觉估值法，杰西·利弗莫尔的《股票作手回忆录》中有一个经典故事，大概如下：

> 有个人一天到晚都生活在紧张中，一位朋友就问他是怎么回事。
>
> "我睡不着觉。"那人回答道。
>
> "这是为什么呢？"朋友接着问。
>
> "我持有很多棉花，想到它们就难以入睡。为这件事我感到很累，有什么办法吗？"
>
> "卖呀！一直卖到你能睡着觉为止。"朋友给他出了主意。

对于优秀又持续跟踪的公司，投资者其实没必要采用各种估值法进行反复估值，只需要根据自己的"感觉"操作，如果持股时能睡得香、睡得好，就安心持有；如果睡不香、睡不好，就调整持股数量。对于优质公司，抱着合理的收益预期，能够睡得香就持股等待，何尝不是一个好的投资策略呢！

第四部分

实际操作的七个技法

　　股票市场是"反人性"的，这个特点是导致多数投资者亏损的原因。为了在市场上"活得久、活得好"，投资者必须认识市场"反人性"的一面，规避常犯的各种错误。同时，股票市场存在很多规律，利用这些规律可以帮助投资者更好地选股与择时，进而提高股票投资的胜率和效率。因此，除了理解公司并进行估值外，投资者还要掌握并利用相关操作技巧。

第二十三章

十八 "不" 原理

君子自当知，不可为而不为！股民自当省，不可做而不做！

小说《安娜·卡列尼娜》中有一句话：幸福的家庭都是相似的，不幸的家庭各有各的不幸。基于这句话，衍生出了安娜·卡列尼娜法则：每个人成功的理由不尽相同，失败的原因却大同小异。在股票市场，每个人赚钱的方式都各有特点，亏钱的理由却高度雷同。本章总结了容易导致亏损的十八个原因，也是投资时需要回避的地方，称为"十八'不'原理"。回避这些不能保证成功，但可以大大降低亏损的可能。

第一 "不"：不杠杆

很多人出于本金小或为了赚钱快，会选择加杠杆。加杠杆是指通过一些手段放大资金倍数。证券市场加杠杆有多种方式，最普遍的有四种：利用融资融券功能；场外配资；借钱炒股，包括借别人的钱、信用卡套现、消费贷等；交易自带杠杆产品，如权证、期货、自带杠杆的基金等。

多数人加杠杆的原因是嫌"本金少、赚得慢"。举个例子，如果有 10 万元本金，一个10%的涨停可以赚1万元；如果加1倍杠杆到20万元，一个10%的涨停可以赚2万元，收益率是20%；如果加杠杆到100万元，一个10%的涨停可以赚10万元，资产就翻番了。因此，在行情好时，很多人会嫌"本金少、赚得慢"，想更多、更快地赚钱，选择了加杠杆。还有部分投资者在被套亏钱后想尽快解套，也会加杠杆。加杠杆时，多数人都极度乐观，认为自己是"股神"，肯定稳赚，只看到杠杆放大收益的一面，忽略了放大亏损的一面，无视盈亏同源的道理。还是10万元本金，如果经历一个10%的跌停，亏损1万元；如果加1倍杠杆，一个10%的跌停就是亏损2万元，即亏掉20%的本金；如果加杠杆到100万元，一个10%的跌停就亏损10万元，即本金一把亏光。

很多投资大师对"杠杆"持明确的反对意见。格雷厄姆指出：一个利用自有资金进行交易的人，能经受得住过早买入和过早卖出的损失；使用保证金交易的人，一定会关心即时结果，很少能抓住时机，结局常常是短暂成功后以彻底惨败结束。巴菲特说，就像在三年级所学的（一些人在2008年再次学习了）：任何序列的正数，无论它是多大的数字，只要乘以零，都会蒸发殆尽，一切归零。历史告诉我们，杠杆通常导致的结果是零，即使使用的人非常聪明。

为什么"不杠杆"？本书从杠杆的三个危害加以解释，这三个危害的严重程度也越来越高。

第一，放大损失。杠杆虽然有助于赚更多的钱，但也会导致更大损失。很多人用杠杆时有一个习惯：不断加大融资金额。这会放大杠杆导致的损失。假设，开始时甲有10万元本金，融资加了1倍杠杆，由于运气好或实力不俗赚了5万元，因此甲选择继续加杠杆，融资15万元。后面甲继续赚了几次，赚到30万元。这时，甲大概率处于极度自信的状态，又融资30万元。然而，大盘盛极而衰。这时他也开始亏钱，60万元的持仓跌30%，剩42万元，去掉30万元融资，还剩12万元，相对最高点亏了60%。杠杆放大了赚钱的收益，但是随着融资金额的提高，最后一次的亏损就可能导致盈利归零。加上很多人被套后喜欢补仓、硬挺，亏损的幅度可能越来越大。下跌导致收益损失被放大还不是最差情况，后面还有更差的情况。

第二，被迫减仓。根据规则，融资保证金的比例下降到150%后会预警，降到130%就面临强制平仓（不同券商的比例可能不同）。股票下跌后，甲账户总资产变成42万元，融资30万元，融资保证金比例为140%。甲接到券商电话，告诉甲：最近大盘下跌，对亏钱表示同情。但是，账户融资保证金已进入预警区间，继续下跌存在强平的可能，要求追加资金或降低仓位归还融资。按照130%保证金的要求，账户市值跌到39万元就要被强平。42万元到39万元，留给甲的下跌空间已经非常小了。假设甲没有能力追加保证金了，怎么办？甲只有降低仓位，防止被强平。比如，卖出14万元归还融资。现在账户28万元，其中融资16万元，自有资产12万元。如果股票继续下跌，要继续卖出股票归还融资。在这个过程中，甲继续承受杠杆放大损失的危害，自有资产以更快的速度减少。如果股票止跌反弹，账户资产会怎么样？前面持股跌30%，现在反弹50%，新股价比原来高5%（70%×150%=105%），账户资产为28×150%=42（万元），去掉16万元融资还有26万元，比原来的30万元少。这是最好的情况，反弹后虽然股价创新高，但资产还是缩水的。在反弹过程中，甲大概率会减仓，无法充分享受反弹收益。亏损导致的被迫减仓是杠杆的第二大危害。2022年4月大盘暴跌阶段，很多私募基金由于"安全线"要求，被迫降低仓位，随后在5月、6月的反弹中大幅跑输指数。

第三，毁灭心态。放大损失和被迫减仓，是杠杆的直接危害。此外，杠杆有一个巨大但间接的危害，就是毁灭心态。杠杆的快速盈利效应使投资者过度乐观，不自觉加大对杠杆的使用；出现亏损时，投资者容易产生不认输心理，继续博一搏。这种博一搏的心态，会导致不理性操作。被迫减仓后，投资者又容易在心理上产生挫败感；如果反弹，减仓造成的盈利力度大减，也容易出现心理失衡。总之，杠杆带来的大涨大跌会导致投资者心态失衡，或盲目乐观，或大受打击，或放手一搏，或其他扭曲心理。股票市场是"反人性"的，任何心理扭曲都会被市场利用。杠杆导致的心理扭曲、失衡，绝不会帮投资者赚钱，只会导致亏得快、亏得多，更早被市场打败。大量爆仓的投资者，无不经历了一个心理扭曲的失衡阶段。

高杠杆的经典例子就是比尔·黄，他的经历被称为"上帝子民的开挂人生"：从2亿美元到50亿美元花了9年，从50亿美元到150亿美元花了3个月，而从150亿美元到20亿美元只用了3天。比尔·黄是韩国人，出生于1964年，在加州大学洛杉矶分校学习经济学，后到卡内基梅隆大学念工商管理硕士。毕业后，他成为韩国现代证券的股票销售员。1996年，比尔·黄被老虎基金创始人朱利安·罗伯森挖到老虎基金。2001年，比尔·黄获得朱利安2500万美元支持，成立老虎亚洲基金。老虎亚洲基金管理规模一度超50亿美元。在运营的11年里，老虎亚洲基金年化收益率达16%。后来，比尔·黄关闭老虎亚洲基金，转型家族投资办公室。2013年，比尔·黄成立Archegos基金。基金不在美国注册，不公开对外募集资金，避开了美国证监会关于基金对外披露的要求。比尔·黄买了什么股票、买了多少，外人无从得知。2021年前3个月，Archegos规模迅速增长。券商披露信息显示，Archegos利用杠杆重仓美国传媒巨头维亚康姆和探索频道，中概股百度、腾讯音乐、唯品会、跟谁学（现为高途）等。其中部分仓位通过"总收益互换"合约持有，允许投资者在不公开头寸的情况下买入杠杆股权衍生品。3月暴跌前，维亚康姆和探索频道股价涨幅超150%，几只中概股涨幅50%～100%。考虑到高杠杆，Archegos获利惊人。3月24日，维亚康姆宣布增发20亿美元B类普通股和10亿美元可转换为B类普通股的优先股，还允许承销商至多额外购买价值4.5亿美元股票。消息一出，当天股价下跌23%，随后连跌3天，股价腰斩。Archegos不得不大量卖出维亚康姆，同时出售其他股票。3月26日，市场流传Archegos爆仓消息，带来连锁反应。高盛、摩根士丹利等投行强制平仓，再次引发中概股大跌。疯狂抛售使瑞士信贷银行损失超50亿美元，日本野村银行损失30亿美元。Archegos崩溃的主要原因就是高杠杆，这也导致比尔·黄积累的财富灰飞烟灭。

基于杠杆的三大危害，投资者最好"不杠杆"。投资者如果想改变本金少的状况，那么应该努力赚钱，而不是通过杠杆追求一夜暴富。

第二"不"：不做空

我国股市是单边市场，靠做多赢利，缺乏做空工具和途径（融券基本融不到），做空离很多投资者比较远。但是，股指期货市场、美国市场等的做空工具非常多，也有很多投资者为了对冲风险，进入其他市场进行做空。十八"不"原理的第二"不"是针对做空提出的，就是"不做空"。

做多、做空都是股票市场的基本操作。其中，做多是预期价格会上涨而买入，价格上涨后卖出而赢利；做空是预期价格会下跌，先借入筹码卖出，价格下跌后买入归还筹码而赢利。理论上讲，做多、做空都是基本操作，没有善恶之分（但做空者常在市场有恶名）。实际上，做空对多数投资者都不是好的选择（对冲风险除外），主要有三方面原因。

第一，收益亏损不对等。原则上讲，商品或股票的价格可以无限上涨，但不能无限下跌，最多跌到零（2020 年，原油期货价格跌成负数，这是很少见的情况）。因此，做多时，至多亏损 100%（全赔光），但可能实现无限盈利；做空时，情况恰恰相反，盈利至多 100%，亏损却可能是无限的。投资要注意盈亏的匹配。做多时，收益无限而亏损有限；做空时，亏损无限而盈利有限。因此，做空不是好选择。

第二，要求方向、时间都正确。相对于做多而言，做空对判断准确性的要求高太多。做多时只要方向对了，持股等待就好，虽然中间可能下跌、震荡，但只要方向对了，终有实现盈利的一天。做空不仅要求方向正确，还必须时间准确，在价格转折点介入。提前介入，可能没等到价格下跌就被市场所淘汰。假设某只股票现价 20 元，内在价值却只有 5 元，股价高估，投资者选择做空。在疯狂的市场上，股价可能继续上涨，涨到 50 元才开始下跌，最后跌到 3 元。投资者虽然判断对了方向，但在股价 30~40 元时由于没钱追加保证金而被市场淘汰，不仅没能做空赚钱，反而会产生巨幅亏损。因此，做空不仅要准确判断方向，而且要把握好时机。现实中，准确判断方向就很有难度，准确判断时机相当于不可能的任务。而且，如果具备准确判断方向和时机的能力，选择做多会更好，毕竟做多的收益空间更大。

第三，严重影响心态。做空有两种可能：赚或赔。如果赚了，基本都是在短时间内实现很好的收益。那么，受快速赚钱经历的鼓舞，多数人会继续下去。如果赔了，时间也不会长，多数人肯定想再赌一把，力争迅速翻本。这种心态和赌博一致，在前面部分已经强调过投资者要保持良好心态。

做空的危害，看一个真实例子。阿道夫·默克勒曾打造庞大的家族企业集团，资产总额 70 亿欧元，为德国第五大亿万富翁，名列《福布斯》2008 年全球富豪榜第 94 名。他却在 2009 年负债累累，卧轨自杀。金融危机和投资失败是默克勒自杀的原因。2008 年 10 月下旬，因汽车业前景黯淡，大众汽车股价下跌，一些对冲基金大举做空想狠赚一笔，默克勒也在其中。当月 20 日，大众汽车股价下跌 23%，创 20 年最大跌幅。不曾想到，大众汽车的主要股东保时捷在 26 日宣布，公司已将持有的大众汽车普通股从总股本 35% 增加到 42.6%，还买了 31.5% 的期权，引发股价上涨。由于保时捷将持有大众汽车 74.1% 的股份，下萨克森州政府拥有大众汽车约 20% 的股份，因此市场上实际可买到的大众汽车股票只占总股本的 6%～7%。"裸空"投机的存在使做空大众汽车股票的数量占总股本的 13%，远超实际流通量。对冲基金在 27 日开盘后不惜代价购买，大众汽车股价暴涨近 4 倍，最高每股 1005 欧元，一度让大众汽车成为全球市值最高公司。这使默克勒至少损失 13.5 亿欧元。

以下是知名投资人士对做空的看法。

- 巴菲特：查理和我过去在上百只股票上有做空的想法，如果我们实施了，可能已变成穷光蛋。泡沫演化基于人性，没人知道它什么时候破裂，或在破裂前会膨胀到多大。

- 芒格：坐在空头的位置，又看到股价遇到利好大涨，是一件特别让人气愤的事情。人生苦短，受这种气太不值了。世上最郁闷的事情之一就是，费尽力气发现了一个骗局并做空这个公司，却眼睁睁看着股价继续疯涨三倍，这些骗子拿着你的钱弹冠相庆，你还收到追加保证金的通知。这种郁闷事情怎么能去碰呢！我不喜欢以痛苦的交易来换金钱。不做空、不融资，想死就较难了。

- 段永平：做空时不光要面对基本面，还要面对市场的疯狂。任何人都可能犯错，做空犯错可能会面对无限风险。做空是很危险的，时间很可能不站在你这边。不喜欢的公司避开就好了，千万不要去做空，因为看错一次会让你难受很久甚至一辈子。

总之，做空对投资者极度不友好，建议投资者不做空。

第三"不"：不抄底

很多投资者喜欢抄底，希望可以买在股价最低点，买了后股价就反转，甚至连续大涨。实际结果却让很多人受伤。"不抄底"不是说不能在股价下跌阶段买入，而是强调不要抱着抄底心态去操作，更不要期望可以买在股价最低点。为什么不抄底？原因归纳起来主要有三个。

第一，A股常圆底，少尖底。受多方面原因影响，我国股市的特点是"牛短熊长，疯牛狂奔"。这个特点导致大盘和个股经常呈圆底尖顶的形态，也就是股价可以在几个月甚至几天内飞速上涨，然后迅速下跌，后面开启漫漫磨底路。磨底通常持续很长时间。图23-1是上证指数的季K线。无论2007年还是2015年大牛市，指数都是迅速拉升，然后快速回落，形成尖尖的顶部。底部区域都是用很长时间才形成，而且是磨了很久才走出来。由于常圆底、少尖底的特点，投资者在底部有充分的买入时间，因此没必要急于抄底。

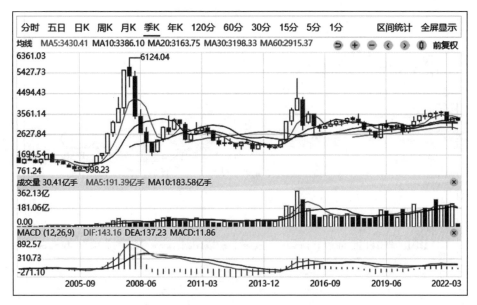

图 23-1　上证指数的季 K 线

　　第二，抄底考验耐心。圆底这种走势特点，使很多时候即使买在低点，也难以享受抄底的收益，因为股价会在底部反复盘整，直到磨没了所有人的耐心，才开启上涨行情。而且上涨前，可能来一波"挖坑"走势，洗出大多数投资者。这里拿我的经历举例。先不说公司名字，也不讲基本面，只看日 K 线。如图 23-2 所示，公司股价触及 23 元高点后开始下跌，后续出现快速下跌。下跌后横盘整理，盘整一段时间后，出现放量突破走势（圆圈处），我在这个位置介入（没有抄底，等盘整突破才买的）。

　　图 23-3 显示该股突破失败，继续调整。基于对公司基本面的信心，考虑到"挖坑"走法，我在下跌阶段保持观望。股价跌到 10.24 元企稳，放量反弹。股价回到介入价格附近后盘整，后续跳空高开放量突破，我进行加仓。然而，股价在大涨后马上调整，出现跌停。如此奇怪的走势让我心存疑虑，而且也被介入后的"挖坑"过程磨没了耐心，亏损出局。

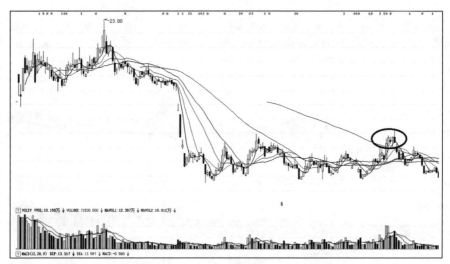

图 23-2 介入某公司股票前的日 K 线

图 23-3 介入某公司股票后的日 K 线

这家公司是上机数控, 月 K 线如图 23-4 所示。后续公司赶上新能源风口, 业绩与估值齐飞, 从卖出时的 15 元, 最高涨到 254 元。总结我投资失败的主要原因, 是被磨灭了耐心, 遇到异常走势就不再坚持对公司的判断了。

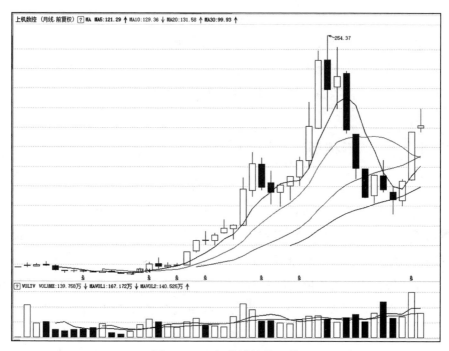

图 23-4　上机数控的月 K 线

　　漫长的磨底过程很容易导致投资者失去耐心，在底部区域被"洗出局"，痛失投资机会。因此，为了避免磨底过程的影响，建议不抄底，而是右侧交易。

　　第三，抄底收益亏损不对等。股价走势有趋势性。要扭转趋势，需要很强的力量，如重磅利好、业绩超预期等。趋势扭转前，股价更大可能是沿原来趋势运行。抄底对应的是下跌趋势，是逆势操作。人们常说要顺势而为，不要逆水行舟。投资也是这样。抄底这种逆势操作，成功率低，加上底部"常圆底"的特点，股价趋势扭转前可能在较小的价格区间反复"摩擦"，导致即使抄底成功，股价反弹高度也有限。较低的成功率加上较小的反弹空间，使抄底收益较小。另外，股价形成下跌趋势后，可能出现"杀过头"现象。这个过程中，抄底亏损也很大。例如，个股从 100 元跌到 10 元，在 50 元、30 元、20 元抄底，面临多大损失？ 50 元抄底，跌到 10 元，亏 80%；30 元抄底，亏 67%；20 元抄底，亏 50%，比例惊人。抄底失败率高，亏损幅度可能很大，使抄底成为收益亏损不对等的操作。

建议投资者在操作时选择右侧交易，待股价形成上升趋势后介入。一方面，股价走势的趋势性可以提高胜率；另一方面，上升阶段有较高收益空间。高胜率加高收益，使右侧交易成为更好的选择。

第四"不"：不猜顶

A股常出现圆底尖顶走势，如果不能在顶部的较短时间卖出股票，股价大概率会回到原点，带投资者坐一轮过山车。因此，市场有说法："A股不逃顶，财富一场空！"在实际操作中，很多人在上涨过程中会一直猜顶在哪里，意图卖在最高点。而猜顶的结果，或卖出在上升途中，没有吃到利润最丰厚那段；或在股价掉头后不断后悔，期望股价可以重返高点，实际却是股价一路向下不回头。这种最高点卖出的想法会妨碍赚取收益，需要杜绝，也就成了十八"不"的一员。具体而言，"不猜顶"主要有三个方面的原因。

第一，上涨不是一帆风顺的。股价变动有趋势性，但很少一气呵成、一步到位。更多时候都是趋势整体向上，具体走势却涨涨跌跌，通过回调后继续涨的方式完成，而且每日分时容易出现大幅波动。例如，图23-5是中通客车的日K线。在股价上涨起步阶段连续出现"一字板"，后续每日盘中都有较大振幅，甚至出现"地天板"巨震。抱着卖出在最高点的想法，大概率在途中就被"震"出局了。

如果说中通客车是妖股，没有典型性，那看其他个股的走势。图23-6是索通发展的日K线。2022年5月20日，该股在连续三个"一字板"后放出巨量阴线。此时投资者该怎么操作？是不是考虑该卖了？结果该股在调整后继续上涨。看公司的基本面，中泰证券7月11日发布研报《预焙阳极＋锂电负极双轮驱动，公司有望进入持续高景气周期》。7月13日，公司发布了2022年半年业绩预告，预计上半年实现归母净利润5.30亿～5.65亿元，同比增长81.9%～93.9%；扣非归母净利润5.30亿～5.65亿元，同比增长84.4%～96.6%；预计第二季度归母净利润3.72亿～4.07亿元，同比增长 104.7%～123.9%，环比增长 135.2%～157.3%；扣非归母净利润 3.75 亿～4.10 亿元，同比增长 112.9%～132.8%，环比增长 141.8%～164.4%。从研报题目和业绩预告就可以看到股价上涨的原因。但是，如果抱着猜顶的想法，能赚到多少呢？

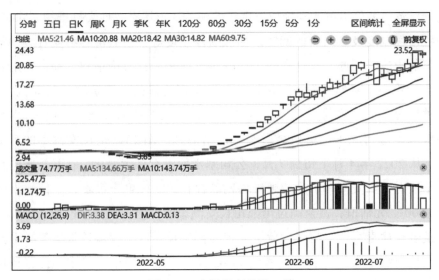

图 23-5　中通客车的日 K 线

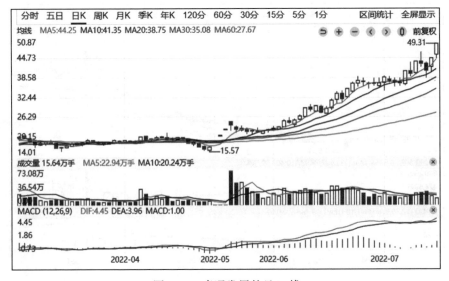

图 23-6　索通发展的日 K 线

股价上涨不是一帆风顺的，抱着猜顶的想法很容易"中途被赶下车"，影响收益。换句话说，猜顶的做法是违背股价运动规律的，不可取。

第二，市场容易走向极端。长期看，股票价格由内在价值决定，价格围绕价值上下波动，市场是有效的；短期看，股票价格受大量其他因素影响，导致短期价格可能和价值出现较大偏差，市场有效性大打折扣。同时，一些市场制度及参与者的问题，如涨跌停制度等，使股价容易受资金、情绪等的影响。因此，有这样一个比喻：价值是人，股价是狗，狗总是围着人前后跑动。有的"狗绳"比较长，还有不拴绳的，狗瞎跑的时间也长。这种情况下股市容易出现极端走势，个股上涨下跌都可能大幅偏离价值。在极端走势情况下，猜顶会影响赚情绪的钱。图 23-7 是长安汽车的日 K 线，从 2022 年 4 月下旬到 7 月，公司基本面没有多大变化。在 6 月底的重庆车展上，长安汽车子品牌阿维塔刷满存在感。一辆车没卖，中信建投就给 2000 亿元估值，甚至高过母公司长安汽车的市值。发布会现场，华为轮值董事长徐直军、宁德时代董事长曾毓群、长安汽车董事长朱华荣联手站台。长安汽车股价从 6.51 元涨到 21.43 元，在这个极端走势中，抱着猜顶想法的投资者会怎么操作呢？

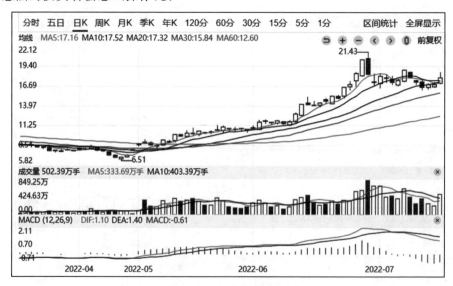

图 23-7 长安汽车的日 K 线

极端走势使逃顶成了悖论。一方面，极端走势后，如果不能在顶部卖出，收益会大幅缩水；另一方面，抱着逃顶想法，整天猜顶在哪里，有风吹草动就认为到顶了，只会在途中下车，与后面的凌厉走势无缘，无法享受到情绪带来的收益。

第三，猜顶影响心态。日常中很多投资者有如下心态：如果股票小幅亏损，不爽；股价继续跌，亏多了就无所谓了；股价上涨解套，赶紧卖出；股价继续涨，后悔得拍大腿。相反，如果买入股票涨了，患得患失，担心好不容易赚钱了，后面跌了怎么办。因此，投资者会特别关心股价波动，不时地看分时图，研究 1 分钟、5 分钟、15 分钟的 K 线，股价稍有起伏就想着赶紧卖出，怕股价跌了。上述心态是导致很多投资者不赚钱的重要原因：亏了死扛，最后大亏；赚了拿不住，只能小赚。大亏小赚，结局必然是不赚钱。产生这种心态的一个原因就是猜顶。猜顶会导致投资者忽略公司基本面和内在价值，也不关心股价整体运行趋势，而是过度关注股价的短期波动。这种扭曲必然影响心态，带来各种非理性操作。

总之，和抄底一样，猜顶也和市场规律背道而驰。这种想法只会放大人性弱点，使投资者被市场利用，带来亏损。

第五"不"：不新股

"不新股"是指尽量回避上市时间不满一年的个股（不是绝对不参与，但建议回避多数新股和次新股）。看一下数据统计结果。2021 年 8 月 1 日—2022 年 7 月 16 日，沪深股市共新上市 238 家公司（不含科创板新上市公司）。238 家公司中，股价上涨的有 163 家，下跌的有 70 家。乍一看，数据还挺好，近 70% 都是上涨的。要注意的是，很多新股上市后连续涨停，根本没参与机会。那么，开板后的情况是什么样呢？不含 2022 年 7 月 15 日上市的两只新股，共有 236 家公司上市。倘若开板后买入，至今赢利的有 27 家，介于盈亏边缘的有 20 家，其余都是亏损的。总体上，参与新股和次新股赔多赚少。很多次新股的周 K 线都类似长江材料（见图 23-8），上市后连续涨停，开板当天成为最高价，然后股价一路下行。新股卖出策略是不涨停就跑，基本可以实现较好的打新收益。买新股就成了中签者的对手盘。

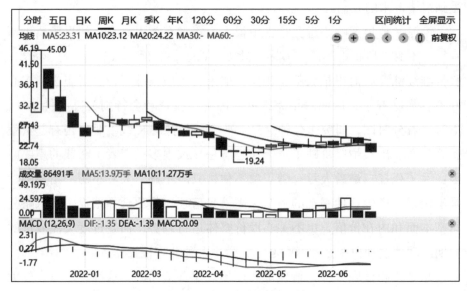

图 23-8 长江材料的周 K 线

"不新股"主要有四个方面的原因。

第一，新股和次新股信息较少。相对于上市时间较长的公司，多数新股和次新股可以获得的信息比较少。投资者获取这些公司信息的主要渠道就是招股说明书。券商研报、专业分析都少，基本没有到公司调研的机会。凭借少量信息对公司进行判断的难度很大，无论战略分析还是价值评估，都难以得出准确的结论。在这种情形下，更合理的选择是回避。

第二，新股和次新股定价缺少公允。新股定价规则一直在改革和完善中，但各种问题依旧存在。例如，2021 年 7 月，正元地信遭到机构投资者抱团压价。503 家网下投资者管理的 10 534 个配售对象符合询价条件，其中 9923 个配售对象统一报价 1.97 元 / 股。7 月 19 日，读客文化以 1.55 元 / 股登陆创业板，首日暴涨 1943%。询价期间，413 家机构管理的 9055 个有效配售对象报价集中在每股 1.55～1.57 元。2022 年 5 月 9 日，思特威披露首次公开发行股票并在科创板上市公告，发行价 31.51 元。询价过程中，西部证券睿赫 1 号集合资产管理计划给出 960 元天价；也有机构报价 12.94 元，比发行价低 60%。2022 年 3—4 月新股经历"破发潮"：3 月共有 37 只新股上市，12 只首日破发；4 月有 36 只新股上市，17 只首日破发，更有 5 只开盘跌超 20%。有分析师认为定价偏差、情绪偏差是影响新股上市表现的因素，定价偏差是指新股发行价与合理定价的差异。资深投行人士表示：询价新规实施后，新股定价市场化程度提高不少，但因为放松高价剔除比例，"乱报价"现象仍存。有机构报价偏离中位数 30% 以上，甚至 50% 以上。某券商投行负责人指出："新股定价经历一个演变过程。刚开始实施注册制时，市场基本围绕券商报告来寻找一个合理定价。后来线下机构投资者开始按券商报告下限报价，发展到把下限价格打 2～3 折，再后来更极端，压价到只要能发行成功就行。"针对抱团压价严重的现象，监管部门出台了一系列措施约束。上海证券交易所（以下简称"上交所"）组织多家券商召开座谈会，深交所对创业板 35 家首发项目的 20 家承销商出具《问询函》，问询投价报告出具的程序及预测的审慎合理性。随着制度不断完善，新股定价机制必然越来越市场化，越来越公允。但是，制度完善有一个过程，目前的新股和次新股定价还是较缺乏公允性的。

第三，新股和次新股筹码不稳定。筹码结构对股价长期走势有重要影响。一般而言，股票要走成中长线牛股，筹码要沉淀下来保持稳定。同时，稳定的筹码结构有助于股价稳健，而不是剧烈波动。1983 年，巴菲特在致股东的信中写道："我们有一个目标是希望伯克希尔·哈撒韦公司的股价能与其本身拥有的内在价值正相关，而一个公司维持合理的股价跟其背后的股东有很大关系，若公司股东与潜在买家主要都是基于非理性或情绪来投资该公司股票，则公司股票便会不时出现离谱的价格，癫狂的人格会导致癫狂的价格，这种价格虽然有助于我们买卖其公司的股票，但我们应尽量避免这种情况和伯克希尔·哈撒韦公司沾上边，这样将会对身为股东的你我都有利。"

第四，新股和次新股面临大额解禁问题。根据规则，上市一年后，部分原始股东的限售股可以上市流通。虽然不是所有限售股解禁都会导致股价下跌，但多数限售股解禁都会对股价形成压力。一方面，限售股上市流通会增加流通股的股数；另一方面，如果解禁股东成本很低又急于套现，股价就面临压力。很多公司公告重要股东减持后，股价都会下跌。对次新股而言，上市满一年都面临大额解禁问题。例如，2022 年 7 月 22 日科创板开市三周年，首批 25 家公司控股股东 / 实控人持有的首发原股东限售股将"解锁"。据兴业证券统计，2022 年科创板解禁规模为 10 166 亿元，其中 7 月解禁规模 2733 亿元，为过去三年单月解禁规模峰值。参考过去两年的经验，集中解禁对 7 月科创板股价走势节奏影响较明显，但实际减持压力不大，情绪因素是主导，总体呈现急跌后快速反弹的特征。

基于以上原因，不建议投资者贸然介入新股和次新股，也就是"不新股"。对看好的次新股，在限售股解禁时，如果能利用解禁带来的"黄金坑"，不失为一个好的操作。

第六"不"：不消息

股市市场从来不缺乏各种各样的消息，而且有些消息可以迅速转化为盈利，因此"消息就是金钱"。例如，海汽集团 2022 年 5 月 16 日停牌，随后发布公告：拟向海南旅投发行股份及支付现金购买其持有的海旅免税 100% 的股权，同时非公开发行股份募集配套资金，发行股份购买资产价格为 11.09 元 / 股。股票恢复交易后，迎来连续 10 个涨停。假设提前知道消息，在 5 月 12—13 日介入，6 月 14 日打开涨停当天卖出，甚至 6 月 29 日最高点卖出，投资收益惊人。由于消息能带来迅速而巨大的收益，因此很多人努力打探、寻找、挖掘各种消息，期待成为幸运儿。然而，普通投资者基本不可能靠消息暴富，更多人都是掉进假消息的坑里，摔得头破血流，甚至筋断骨折。"不消息"在于不打探和挖掘各种消息，更不要基于各种消息进行操作。有以下几个原因。

第一，监管越发严格，内幕信息难获取。内幕交易一直是监管部门的重点打击对象，监管部门制定严格的制度来规范内幕信息，如知情人管理制度等；另外，监管部门加大对内幕信息的打击、查处和惩罚力度，力求对内幕交易形成威慑。例如：中国证监会山西监管局（简称"山西证监局"）网站公布的《柴志勇、李建英内幕交易"太钢不锈"案行政处罚决定书》显示，当事人柴志勇及李建英因构成内幕交易，被山西证监局分别罚款 50 万元和 70 万元；广西证监局的处罚信息显示，张怡从时任鞍山银行副行级领导的张某汉处获悉 *ST 中富在筹划债务重组的内幕信息，分四次买入该公司股票 275 万元，获利 160 万元，最终因内幕交易，张怡被没一罚二，合计被罚 481.25 万元；2017 年，在路畅科技重大资产重组过程中，董秘王某得知子公司被看中后，卡在股票停牌前通知 10 多年的同事金某，在 2018 年被深圳证监局因泄露内幕信息、内幕交易分别处罚 20 万元、10 万元后，王某和金某的犯罪线索被移交公安局，二人主动投案，最终被法院均处以两年有期徒刑，缓刑两年……随着监管越发严格，内幕信息的知情人面临更高的违法成本和被查的可能，使知情人愈加谨慎，获取内幕信息越来越难。

第二，处于信息劣势，都是 N 手消息。市场存在内幕信息获利的情况，但大多数投资者都处于信息劣势，不具备及时、准确获取内幕信息的条件。通常，内幕信息的知情人都是相关公司高管、政府部门人员、事项操作人员等，这些人受知情人管理制度的约束，不会轻易透露消息，即使透露，也会非常谨慎，不会在市场上广而告之。投资者听到的消息是来自这些人吗？肯定不是。那是怎么得来的呢？基本都是传来传去的 N 手消息。同时，消息传递中会发生各式各样的偏差。可能是，甲传给乙："航天晨光有利好"；乙传给丙："晨光有利好"；丙传给丁："晨光股份有利好"；丁传出来："晨光生物有利好"。最后接收消息的投资者买入晨光新材，结果可想而知。普通投资者处于信息劣势，不具备掌握信息的条件，得到的内幕信息多数是道听途说；即使有少量真实消息，也经常是过时的。因此，靠消息炒股对普通投资者而言不是一个可靠的方法。

　　第三，各种消息真假难辨，多数都是假的。由于股票市场对消息很敏感，因此会有人用发布消息的方式影响股价。一个虚假消息的例子是豫能控股出面调停俄乌冲突。2022 年 6 月 30 日，豫能控股出面调停俄乌冲突的截图开始疯狂传播。名为《豫能控股：关于将出面调停俄乌冲突的公告》的"文件"显示，为解决全球能源危机，豫能控股将出面调停俄乌冲突。这个消息引发投资者关注，豫能控股随后发布说明："调停俄乌冲突"是一则谣言，"股民应以公司公告为准"。虚假消息很多，有不少会对股价产生影响。公司辟谣后，股价可能回到原点，但是相信虚假消息的投资者却损失不少。例如，2022 年 6 月 17—27 日，神马电力股价七连板。公司发布公告："近日关注到有市场传闻公司拟投建 12 万吨 / 年的 BDO 项目，涉及丁腈橡胶、锂电池等。经核实，以上传闻不属实，公司未开展 BDO 项目，公司研发的丁腈橡胶主要用于电力设备橡胶密封件，目前尚未用于锂电池领域。"公告发布后股价应声回落，但不少相信消息的投资者却被套在了山顶（见图 23-9）。

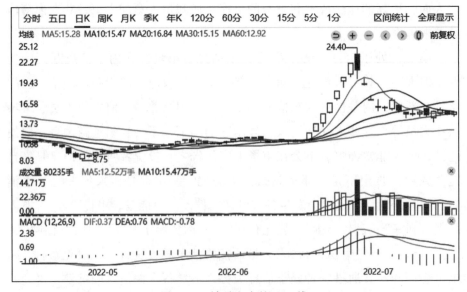

图 23-9　神马电力的日 K 线

　　综上所述，普通投资者不具备获取消息的能力，靠消息并不可取。同时，各种消息真假难辨，还有别有用心者故意发布虚假消息。因此，投资者应坚持不消息。

第七"不"：不成本

日常中你是否有类似的经历：买一杯网红奶茶，发现不好喝，却因为舍不得花掉的钱，硬着头皮喝完；或是买一条裤子，发现裤子不错，却没有可搭配的上衣，然后买新上衣搭配裤子；或是跟某人谈恋爱，发现不太合适，但还是不分开，认为付出的时间、金钱、感情都很宝贵，凑合着过吧！为什么明知不合适，还是无法停下来，让已经付出的东西影响自己呢？这些都可以用"沉没成本"来解释。什么是沉没成本呢？2001 年诺贝尔经济学奖得主纳瑟夫·斯蒂格利茨在《经济学》一书中解释：如果一项开支已经付出，且无论何种选择都不能收回，理性人就会忽略它，这类支出就是沉没成本。假设你花 7 美元买一张电影票，但对电影是否值 7 美元表示怀疑。半个小时后怀疑被验证，看这部电影简直是场灾难。你应该立即离开电影院吗？决策时应该忽视买电影票的 7 美元。这 7 美元是沉没成本，已经花了。留下来看电影，只会浪费时间。沉没成本是指已经发生且不能由现在或将来决策改变的成本。对于沉没成本，理性的做法是忘记它，因为覆水难收。沉没成本会影响很多人的投资决策，是导致亏损的一个原因。"不成本"就是不要被沉没成本影响，主要有三个方面。

第一，买入成本不影响后续操作。投资时，买入成本会影响多数人的后续操作。想一下，某只个股被套后，是不是想着解套就不玩了？股价反弹时，离成本还差几毛钱，明知道反弹到头也没有卖出，然后股价又跌回去；或某只股票涨到一定价位后调整，想着只要再涨回去就获利了结，结果股价再也回不去了。类似情况在实际中非常多。这些操作都是受到沉没成本的影响，导致操作非理性。因此，"不成本"要做到买入成本不影响后续操作。买入后发现买错了、股价到预期价位或其他原因，都坚决卖出，唯一不影响是否卖出的因素就是买入成本。

第二，最高价跌很多不代表便宜，最低价涨很多不代表贵。沉没成本还有推广应用，成为"不成本"要关注的方面。很多人常说：某只股票已经跌了60%，很便宜了；或股价已经翻番，太贵了。实际上，股价便宜或贵取决于公司的内在价值，而不是跌多少或涨多少。导致这种看法的原因就是沉没成本衍生的"锚定效应"。锚定效应是指人们做判断时，受先接收信息的支配，就像沉入海底的锚一样，把判断标准固定下来。锚定效应在销售中经常使用。例如，某件衣服标价399元不打折，你可能嫌贵不卖。现在策略变了，标价5000元打一折。你大概率觉得便宜。为什么？因为5000元的标价给了一个锚，让你觉得这件衣服就是值5000元，现在500元很便宜。这个锚就像沉没成本一样，影响决策。市场上存在情绪走极端、资金炒作、公司基本面变化等原因，导致股价出现极端走势，涨太多或跌太深。这些极端走势使公司股价严重偏离内在价值。很多人把极端情况的股价作为锚，判断股价贵了或便宜。实际上，极端股价无法体现公司价值，作为锚来判断低估或高估更是错得离谱。

图23-10是仁东控股的周K线。众所周知，仁东控股是庄股，股价严重偏离基本面。股价崩盘后从65元附近跌到6.5元左右。监管部门调查后认定：2019年6月3日—2020年12月29日，牛散景华控制83个账户交易仁东控股股票。期间中小板综指涨42.65%，仁东控股最高涨380.48%。从仁东控股的周K线可以看到，崩盘后的任何时间买入都是错的。如果抱着锚定心理，认为从65元跌下来已经很便宜了，那只能亏损。类似例子很多，如"双减"政策导致新东方和好未来基本面严重变化，股价暴跌。如果抱着锚定心理在下跌途中买入，每次都是错的。也有公司由于基本面变化、行业繁荣等原因，业绩和估值双涨，可能伴随股价5倍、10倍涨幅。如上机数控，从15元涨到250元。在这个过程中，以30元、50元买入都是对的。抱着锚定心理，认为15元翻一番或两番后太贵不能买，只会错失机会。

第三，杜绝"13没买，15更不买"。投资者还常犯的错误是：关注的某只股票在便宜时没买，贵了就不愿买了，称为"13没买，15更不买"。

这和沉没成本导致问题类似，把 13 元的买入机会当沉没成本，影响 15 元时的决策，认为 15 元买不划算。在实际中，某只股票可能存在一定的不确定性，使其价格为"13 元"。不确定性消失后，股价上涨到"15 元"。可能是技术上完成了突破确认，可能是发布了业绩增长预告，也可能是其他原因。总之，公司估值的不确定性少了，股价上涨。这时进行投资，面临的不确定性更小，对公司估值也更准确，使相对"13"而言，"15"是更好的买点。如果受沉没成本影响，抱着"13 没买，15 更不买"的想法，只会失去机会。

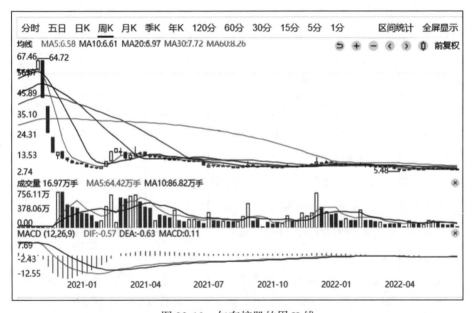

图 23-10　仁东控股的周 K 线

总之，沉没成本是影响投资决策的因素，也是导致亏损的重要原因。投资者一定要注意和规避沉没成本的影响。

第八"不"：不妖股

A 股市场每年都会出现多只妖股。这些妖股在短时间暴涨，而且暴涨与基本面无关，都是情绪博弈。以中通客车为例，2022 年 5 月 13 日以 4.34 元起步开启第一个涨停，随后 13 连板。公司两次停牌核查依旧不能阻挡股价上涨。到 6 月 21 日，22 个交易日获 15 个涨停，累计涨幅 391.24%。7 月 18 日股价 27.97 元，两个月涨幅超 500%！ 7 月 19 日上午，中通客车一度涨停，午后跳水，一分钟跌超 18%。随后多空激烈博弈，最终跌停。7 月 20 日，中通客车开盘一字跌停，封单超 90 万手，资金达 19.1 亿元。

中通客车被炒，太阳能智能驾驶概念是主要原因之一。公司曾多次回应，太阳能智能驾驶汽车处于研发阶段，离商业化还有时间。基本面上，公司上半年扭亏为盈，但销量下降 17.16%，基本面没有明显变化。对于股价飙涨，公司有关人士表示"股价涨跌，我们不知道什么原因，该披露的都披露了"，"公司停牌两次，发了 6 次以上股价波动公告，一再警示风险，要继续炒也没办法"。

中通客车股价暴涨，谁赚了呢？从龙虎榜看，机构很少参与。机构 7 次上榜，其中 5 月有 4 次、6 月有 3 次，7 月无机构身影。榜单显示营业部是博弈主力，东方财富证券的"拉萨天团"（如拉萨东环路第一和第二营业部、拉萨团结路第一营业部等）交易活跃。7 月 19 日席位中，拉萨天团三家营业部位列买入前三，分别买入 9161 万元、7457 万元、6750 万元，净买入 3058 万元、2491 万元、1429 万元。有部分投资者赚了钱，但是有两个问题：赚钱的人比例有多大？赚钱的人到底赚了多少？

第一个问题，赚钱的人比例不好估计，但有两个信息可以提供线索。一是与股价飙涨对应的是股东人数急剧增加，6 月 30 日的中通客车股东数是 16.36 万户，3 月底是 4.36 万户。也就是说，随着股价上涨，大量投资者蜂拥而入，短短几个月时间股东数翻了近 3 倍。二是股东减持。7 月 19 日，二股东山东国投竞价交易减持 592.9 万股，占总股本 1%，累计减持 1185.8 万股。股东人数暴涨、股东减持，都说明普通投资者成了接盘人。

第二个问题，可以从如果自己参与能有多大盈利的角度考虑。这种纯粹博弈，敢重仓参与吗？是见好就收还是一直拿呢？多数人都是轻仓参与且见好就收，真正大赚的并不多。更不幸的是，股价下跌过于迅速，参与者根本跑不出来。7月19日一分钟跌超18%；7月20日开盘就一字跌停，都没给跑路机会；7月21日，跌停开板后放巨量。三天时间，多少投资者被收割！

不只是中通客车，很多妖股的结局都类似。暴涨后迅速下跌，不给投资者跑路机会，让很多人套在山顶上。相对于在妖股上凭运气赚到的钱，参与妖股对多数投资者都不是好选择。因此，"不妖股"有两方面含义：不要期望自己的股票成为妖股或选到妖股；不参与妖股的炒作。

第一，不要期望自己的股票成为妖股或选到妖股。妖股出现有偶然性，是环境、政策、市场、资金、题材、形态等因素共振的结果。很多妖股在启动之初并不会成"妖"，而是上涨途中被"黄袍加身"，不得不妖。期望自己的股票成为妖股或选到妖股都是不切实际的想法。同时，妖股的基本面非常一般，投资价值有限。用大量时间和精力博一个没有投资价值的公司，期待可以暴富，这种想法是赌博，不是投资。

第二，不参与妖股炒作。不参与妖股炒作，主要有三方面原因。一是妖股炒作背离公司基本面和内在价值，是纯市场博弈。博弈过程中，有资金优势的一方胜算更高，而多数投资者处于胜率低的一方。二是参与炒作类似骗局。很多投资者参与妖股炒作都遵循如下路径：先用小资金参与，赚钱后认为容易，于是加大资金量，可能又赚了，再继续加大资金投入，最后当大量资金投入时被套。一把亏的钱，比前面多次赚的多得多。三是参与炒作会影响心态和思路。妖股的迅速赚钱效应让很多投资者认为这才是炒股赚钱的方式，以后都会采取这种操作，期待可以又快又好地赚钱；亏了后，认为只要再找一个妖股，就可以翻身。这种不当的想法只会扭曲操作，最后亏损出局。

总之，妖股对普通投资者不友好，能靠妖股赚钱的人只是极少数，绝大多数投资者炒妖股都会被妖股所害，建议远离。

第九"不"：不选择

很多投资者都有这样的经历：辛苦选出来两只比较满意的股票（也可

能三个），然后不知道该买哪一只。通过对比基本面、盈利预期、估值、技术形态等，下决心选一只买入。然后呢？不说也知道结果，肯定是没买的那只股票涨得好。"不选择"就是在面临上述情况时，不要"二选一"，而应该"全都要"。需要注意的是，不选择是操作层面的建议，不涉及对基本面、估值等的分析。

选择困难已成为社会通病，每个人都面临各种各样的选择。对于选择困难症，有些人给的解决方案是："小孩子才做选择，成年人全都要。"选择困难的原因主要有三个。第一，备选方案多。只有一个菜，还愁选什么吃吗！一大桌子菜，就不知道选什么吃了。第二，喜欢比较。比如选衣服时，很多人进行各种比较，比来比去，挑花了眼，最后反而不知选哪个。第三，结果不确定。一方面，事情越来越复杂，分析判断难度越来越大，对决策者要求越来越高；另一方面，信息太多增加了选择难度。本来信息越多，结果确定性应该越高，然而现在信息泛滥且真假难辨，加上分析处理信息能力的限制，结果反而越来越不确定。

选股困难也有三个主要原因。

第一，上市公司越来越多，备选个股越来越多。截至2022年年底，上证A股有2169家公司，深圳A股2736家，合计4905家。随着注册制推进，新股上市速度越来越快。同时，公司越来越多，上市公司命名方法已无法适应新状况。"为更好满足市场需求、提升市场服务水平"，上交所决定自2022年5月16日起扩位证券简称，建议扩位证券简称自定义部分不超过8个汉字。这意味着股票简称将不全是3～4个字，可能6个或8个字了。上市公司越来越多，投资者可选个股就越来越多，随之而来就是选股难度增加。无论自上而下还是自下而上选股，都要进行更多的分析和选择。例如，自上而下选股，到具体细分行业，原来可能有两三家公司，现在有二三十家，工作量成倍增长。选择范围一大，难度自然增加，选择就困难了。

第二，分析和估值工具强调对比，增加选择难度。在选股时，无论从基本面还是技术面出发，都要对公司进行分析，可能是分析基本面和估值情况，也可能是分析技术走势。很多分析都是通过对比进行的。例如，各种相对估值法都强调和历史数据及同行情况对比，技术分析也要考虑哪家公司控盘好、筹码分布合理、技术指标好等。这些分析都强调对比，使投资者不得不比较相关公司。比较来比较去的结果，就是增加了选择难度。

第三，信息越来越复杂，不确定性变大。随着科学技术的发展，公司业务越来越前沿，越来越复杂。例如，电池的各种技术路线，光伏 PERC、TOPCon、HJT 工艺等。同时，市场不断追随新技术发展，炒作越来越前沿。例如，近年来诺贝尔奖颁布后，都会炒一波"诺奖概念股"。现在更是发展到国际知名期刊发表论文后，都可能出现一波新概念和题材炒作股。这些炒作题材不仅普通投资者难掌握，行业专家也难判断。基于这些信息选股的难度就可想而知。同时，信息技术发展使投资者面临海量信息，而且各种信息真假难辨，使最后结果更难以估计。因此，投资者选择时面临的难度更大了。

投资者大概率会面对"二选一"的情况。对这种情况，合适的操作就是"不选择，全都要"。原因有以下几个。

- 经过大量分析和比较仍难以抉择，可能投资标的都不错，也可能各有特点。
- 市场走势，尤其是短期走势难以预测，无法预计哪只个股后市走得好，尤其短期走得更好。
- 前面多次选择失败，可能思路或策略与市场不匹配，但思路或策略的惯性很难克服，容易导致后续选择继续失败。
- 在心理层面，痛苦给人的印记更深刻，选错股会留下深刻影响，选对了印象却并不深刻。但这种深刻印象并非好事，反而导致后续选择更加扭曲，通过"全都选"来规避痛苦才是好办法。

总之，选出好的投资标的是一件困难的事。股票市场是一个高度不确定的市场，在这样的市场中做出准确选择，尤其是短期正确的选择更是难上加难。这使得"不选择，全都要"反而是更好的策略。

第十"不"：不单吊

不把鸡蛋放到一个篮子里，强调分散风险。投资者要通过分散持股来规避风险。然而，不少投资者喜欢单吊，只持有一只股票。不可否认，分散投资很可能影响收益，但也能避免"一朝不慎，满盘皆输"。图 23-11 是苏州龙杰的日 K 线，单吊它会怎么样？ 2022 年 7 月 12 日，苏州龙杰创历史最高价 24.43 元；7 月 18 日跌停，7 月 19—21 日连续三个一字跌停；7 月 22 日放量开板，收盘 14.09 元，当日跌幅达 9.10%；一周累计下跌40.35%。如果单吊，资产账户一周缩水 40%。"一字断魂刀"的例子很多，就不列举了。业绩不及预期或意外事件导致股价急跌，会使单吊账户剧烈波动。因此，从规避风险的角度来看，"不单吊"不仅是指不要只持有一家公司的股票，也是指不要集中在一个行业或概念上面持股。

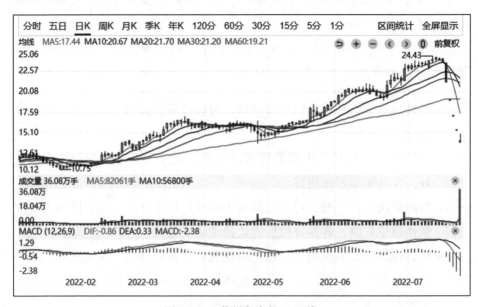

图 23-11　苏州龙杰的日 K 线

"不单吊"是为了分散风险，主要有四方面原因。

第一，黑天鹅冲击巨大且越来越多。在股票市场，黑天鹅事件是指难以预测但对市场或公司产生严重影响的偶发事件。事件发生的概率小，但如果发生会对市场或公司造成严重冲击。单吊持仓碰到黑天鹅，会给账户造成巨大亏损。例如，2018 年 4 月 16 日，美国商务部禁止美国公司向中兴通讯出口电信零部件产品，期限 7 年。2018 年 5 月，中兴通讯公告称，受拒绝令影响，公司主要经营活动已无法进行。该禁令是黑天鹅事件。受该事件影响，中兴通讯股价连续 8 个跌停，从 30.61 元跌至 12.78 元，持有中兴通讯的投资者损失惨重。如果单吊中兴通讯，8 个跌停造成账户直接亏损 58.25%。为弥补该亏损，后续要实现 140% 的收益才可以。黑天鹅事件很多时候难以有效回避，但通过分散持股，至少可以保证账户不会受到如此巨大的冲击。

第二，公司基本面难以被百分之百把握。投资前要对公司有深入的分析和理解，然而，投资者无论多么详细、深入地分析一家公司，无论持续跟踪多久，也难以对公司业绩等有百分之百的把握。不只投资者，就是行业专家，甚至公司高管也常出现错误判断。因此，误判公司基本面是一个普遍的事情，尤其是在对行业了解不准确或认知能力受限的情况下。同时，股票市场对公司业绩的预期过高，更加大了判断的难度。很多公司即使发布不错的业绩，股价也会因为"不及市场预期"而下跌，甚至大幅下跌。例如，2018 年 10 月 29 日，贵州茅台一字跌停，这是贵州茅台 2001 年 8 月 27 日上市后的首次跌停。跌停的导火索是当天公布的三季报，贵州茅台第三季度营业收入同比增长 3.2%，净利润同比增长 2.71%，低于预期。由于把握公司基本面的难度越来越大，因此投资者面临较高的误判及被预判问题。在这种情况下，集中持股面临较高的风险。为规避误判的风险，需要适当分散持股，而不是单吊一只个股、一个行业或一个概念。

第三，股价受不可预知因素影响。除了基本面，股价还受不可预知因素的影响。最典型的情况就是市场情绪会对股价产生巨大影响。"风来了，猪都可以飞上天"就是最佳写照。受不可预知因素的影响，股价会发生极端波动。极端波动对少数投资者是机会，对多数投资者都是风险。很多投资者认为 2022 年 3—4 月大盘下跌的原因是新冠疫情导致的对经济下滑的担忧，而新冠疫情好转及对经济恢复的预期是 5—6 月反弹的原因。但更简单来看，新冠疫情导致很多投资者的情绪崩溃，成为砸盘主力。同样，新冠疫情得到控制使很多投资者的情绪好转，又成为推动大盘反弹的主力。不可预知因素可能对股价造成影响，而且这种影响无论强度还是方向都无法预知。因此，投资者要适度地规避这种影响。在缺乏对冲工具的情况下，适度分散持股是规避不可预知因素影响的重要手段。

第四，单吊后对比其他股票会影响投资者情绪。单吊持股后，经常出现的状况是：自己持有的股票一直不涨，没有持有的股票却涨得很好。投资者心里清楚，没有一直涨的股票，大多数股票 99% 的时间都在"熬着"（艰难地等待股价上涨）。但在熬的过程中，其他股票上涨会导致心理失衡。实在熬不住了，就发生一卖就涨的情况。分散持股可以避免单吊对投资者心理的影响，以更从容的心态投资。

基于以上原因，从操作层面建议不要只持有一家公司的股票，也不要集中持股在一个行业或概念上面。

第十一"不"：不补仓

账面亏损是投资者必须面对的问题。为尽快扭亏，很多人会选择补仓。成功补仓是扭亏的好方法。但在实际中，很多补仓却是补了继续跌，不仅没有扭亏，反而亏得更多。为什么会这样？主要是因为补仓的想法和操作都有问题。"不补仓"不是说不能补仓，而是强调两个方面：一是不能抱着补仓的想法操作，二是不要卖出盈利股票去补仓。下面从理论、实际、思路和操作四个方面来说明补仓和不补仓。

第一，理论上，补仓是扭亏的最佳途径。以 10 元买入某股票 1000 股，买入后股价下跌 20% 到 8 元，股价涨多少才能扭亏？不是 20%，而是 25%，因为基数变成了 8 元而不是 10 元。同样，股价跌 50% 到 5 元，股价涨多少才能扭亏？答案是 100%。再极端一些，如果跌 90% 到 1 元，想要回本，股价涨 900% 才行，难度可想而知。补仓能快速扭亏吗？回到上

面情形。如果跌到 8 元再买入 1000 股，持股成本就是 9 元，股价涨 12.5%
就可以扭亏，不需要涨 25%。如果跌到 5 元时买入 1000 股，持股成本是
7.5 元，回本需要涨 50% 而不是 100%；如果补 2000 股，持股成本是 6.67
元，回本只需涨 33%。同样，如果跌到 1 元补 1000 股，持股成本就是 5
元，回本要涨 400%，虽然比 900% 好很多，但还是非常困难。如果以 1 元
补 9000 股，成本就是 2 元，回本需要涨 100%，至少看起来容易了很多。
从上面的例子可以看出，补仓可以降低扭亏难度，因为低价买进的股票可
以拉低持股的成本，降低扭亏的难度。因此，从理论上讲，补仓是扭亏的
最佳途径。

第二，实际上，补仓经常不是理性操作。理论上补仓很美好，但实际
中却不是这样。日常补仓的结果经常是越补越亏。很多投资者在亏了以后
就开始补仓，补仓后继续跌；跌了继续补，然后继续跌；最后越补亏得越
多。为什么会这样？主要原因就是很多人补仓时的操作和抄底很像，甚至
都不如抄底。（十八"不"原理的第三"不"解释了为什么不抄底。）回想一
下补仓过程，是不是看到股票现价比买入价低了就想补，根本不考虑股价
会不会继续跌，跌到位没有？是不是下跌途中出现一根阳线，就觉得股价
稳了赶紧补？是不是跌到重要支撑线，想当然地认为不会再跌了赶紧补？
抄底时用多种指标、方法研判是否到底了，补仓时却都是想当然地认为股
价已经到底，连研判都没有。这样的补仓怎么会不亏，甚至是越补越亏
呢！因此，实际中的补仓经常不是理性操作。

第三，思路上，补仓想法会扭曲操作。如果持股亏了，你首先想的是
什么？是不是补仓，要把亏损赚回来？第七"不"的"不成本"已经说明，
买入的价格是沉没成本，不应该影响后续操作。持股亏了，不能成为补仓
的理由。抱着补仓的想法，投资者会将注意力集中到这只个股上，从而
错过别的机会。另外，补仓想法导致投资者忽略对基本面、估值、技术
面等因素的分析，更多时候都是抱着赌博的想法去猜股价的底部在哪里，
常说的是"我觉得这里就到底了，可以补仓""跌到这应该跌不动了，补
仓啊"，等等。这些思路的扭曲，大概率会造成更大的亏损，而不是扭亏。

第四，操作上，卖出盈利股票去补仓是错误的。很多投资者补仓时都是卖出盈利股票来筹措资金，多数时间，这都是一个错误的操作。具体来说，账面盈利的股票常处于上升趋势中，卖出股票的原因应该是上升趋势扭转或涨过头了。如果有更好的投资标的，换股也可以接受。卖出盈利股票去补仓却不合适。一是补仓不应成为卖出其他股票的理由，因为那些股票的趋势没变；二是补仓股票不是更好的投资标的，否则怎么会被套呢！因此，卖出盈利股票补仓是错误的，这样操作不仅会减少盈利股票的继续盈利，还会增加亏损股票的亏损。更好的操作是：卖出亏损股票，加仓盈利股票。

最后补充一点，有一些股票是没有解套机会的，任何时候补仓都是错误的。单边下跌的股票数不胜数，还有不少退市的，如长生生物、乐视网等。这时不能抱侥幸心理，特别在公司基本面恶化时，必须果断止损，不补仓。总之，补仓是理论上美好的选择，却不是好的操作策略。

第十二"不"：不梭哈

如果看好某只股票决定买入，你会怎么买？分批买入还是一把梭（一次性买入）？一天搞定还是拉长时间慢慢来？多数人都是一天搞定，甚至一把梭。然而，一把梭是不可取的，它是导致亏损的一个原因。"不梭哈"是指如果条件允许，无论买入还是卖出都建议分批、分时操作，而不是一次搞定。看具体原因。

第一，给错误留下缓冲。投资活动充满不确定性，无论买入还是卖出，无论做多少分析和判断，无论分析得多么认真和细致，不确定性都会导致后续的结果和前面的判断存在差异。因此，投资需要一个容错率，留出一定的缓冲空间。一把梭操作降低了容错率，没留下缓冲空间，只会放大不确定性带来的风险和损失。

　　第二，赌徒心态不可取。一把梭有太多的赌博成分，不是可取的操作方式。不建议一把梭，那操作中该怎么买入，是跌了以后继续买，还是涨了后继续买呢？多数人的做法都是跌了以后继续买，一方面价格更便宜，另一方面可以拉低成本。然而，在股市这个"反人性"的市场中，涨了继续买才是合理的操作。一是股价涨了，说明前面的分析判断是对的，那为什么不继续！相反，股价下跌可能是判断错了，那就再等等，没必要急着往里冲。二是股价走势有趋势性，涨的继续涨，跌的继续跌。买入股票也要顺势而为，而不是逆势加仓盼反转。

　　第三，底是圆的不是尖的。不抄底中已经指出，股票走势经常是圆底尖顶。圆底走势可以提供大量买入时机，没必要一步到位。同时，底部是磨出来的。虽然投资者期望买在股价走出底部的时刻，但能把握这个时刻的人少之又少，多数投资者即使买在底部区域，也要经历反复"摩擦"。磨底过程很容易导致投资者失去耐心，被洗出局。一把梭很容易导致投资者在磨底过程中被反复折磨，进而被洗了又洗。

　　第四，倒车接人是常态。股价在上涨的过程中，很少一去不回头，都会倒车接人。即使妖股，也有中间放量换手的过程。看好的股票，除了初始的买入时机，上涨过程中的倒车接人时刻也提供了继续买入的机会。换句话说，倒车接人提供了加仓时机。相对于一把梭，股价走上升趋势时加仓，胜率更高，这种操作避免了磨底过程，效率也更高。因此，利用倒车接人这个常态加仓，是更推荐的操作。例如，密尔克卫从2022年4月27日低点开始反弹，走出了标准的沿着均线上升的趋势（见图23-12）。但是，敢在4月下旬市场恐慌时抄底的人很少。不过，在该股上升过程中，多次出现回踩均线的倒车接人走势。利用倒车的时机加仓，无论胜率还是效率都比一把梭要好很多。

　　总之，一把梭缺乏容错率和缓冲空间，不是好的操作方式。相反，在股票倒车接人时加仓，是更好的操作。

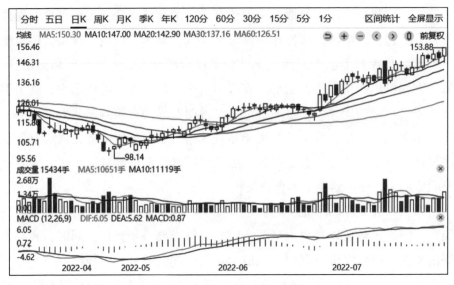

图 23-12 密尔克卫的日 K 线

第十三"不"：不混沌

　　个股 K 线呈现不同的形态，有的形态清晰，有明显的上涨或下跌趋势；有的形态不清晰，没有明显的趋势或在盘整，处于混沌形态。混沌形态会选择方向，这个选择可能很快做出，也可能要经历很长时间。对处于混沌形态的个股，合适的操作是等形态做出选择后再考虑是否介入，而不是猜会做出什么选择而提前介入。"不混沌"即不介入 K 线没有明显趋势、处于混沌形态的个股。如图 23-13 所示，图 23-13a 的走势有明显的上升趋势，图 23-13b 的走势呈下降趋势，图 23-13c 和图 23-13d 的走势处于混沌形态，后续走势不明。

　　日常操作"不混沌"，主要有方向和时间两方面原因。

　　第一，混沌后选择的方向难以确定。在维持混沌形态一段时间后，个股会选择方向。理论上，方向选择应和基本面相关，取决于公司的内在价值。实际中，方向选择受多方面因素的影响，而且有一定的偶然性。大盘向下，可能带动个股向下破位；市场对公司预期过高，导致实际情况不及

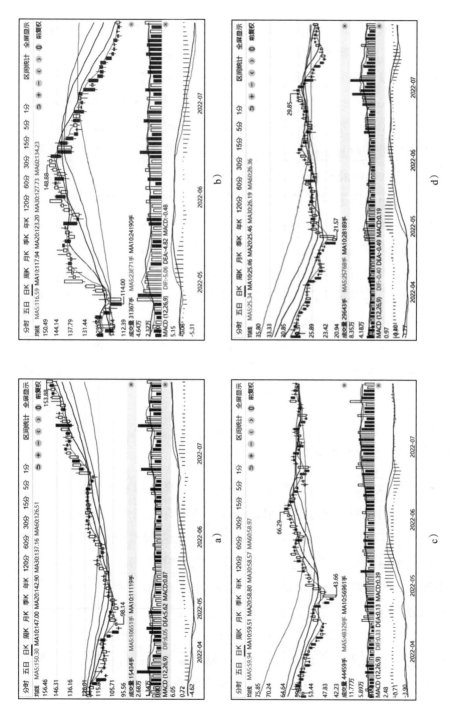

图 23-13　不同形态的日 K 线

预期，也会导致个股向下破位；公司情况差到极端，反而可能带来股价向上突破。那么，处于混沌形态的个股的后续走势就很难判断，猜股价会向上或向下就有赌博成分在里面。这种情况下猜后续股价如何走，明显不如等股价形态走出来再行动要好。猜方向不会增加投资收益，反而大大增加了投资的不确定性，不是好的策略。相反，方向明确后，趋势性走势不仅会降低投资风险，而且能提供丰厚的回报空间。那么，走出混沌形态后再投资是一个"低风险高收益"的策略，何乐而不为呢！

第二，混沌形态的时间难以估计。除了突破方向难确定，走出混沌形态的时间也难估计。突破混沌形态可能是出现利好刺激，也可能是时间周期到了，还可能被大盘、板块或概念带动，或根本没有理由就突破了。在混沌形态时介入，可能要等很长时间。漫长的等待增加了时间成本，还会导致心态变化，容易被洗出局甚至出现错误操作。因此，走势突破混沌形态后再考虑介入，可以实现更高的效率，才是好的策略。

总之，选择混沌个股去猜突破的方向和时间，不是一个理性操作；等到突破混沌形态后介入，不仅降低了投资风险，而且效率更高，是更好的选择。

第十四"不"：不求全

回忆一下你是不是经常碰到下面的情况：市场涨得不错，自选股却普遍凄凉；市场出现新的热点或题材，自选里却没有相关个股；发现某股业绩亮丽或形态不错，却不在自选股里……针对上述情况，很多人会不断增加自选股。最后结果就是自选股越来越多，没有时间跟踪，于是越来越生疏，但却认为自己对这些个股很了解，后续出现误判而亏损。"不求全"就是将自选股控制在合适规模，不要求自选股覆盖所有行业、题材，可以保证有时间充分跟踪自选股。每个人的时间、精力都是有限的，还要把有限的时间、精力分配到不同事情上，且很多投资者不是专职投资，能分配在投资上的时间、精力更加有限。另外，投资要对投资标的有深刻的理解，如果时间、精力允许,最好对宏观经济和市场形势也有一定把握,这对投资者提出了很高要求。因此,投资者最好的策略就是"有所关注,有所不关注",具体建议如下。

第一,自选规模和时间、精力匹配。有句老话:一鸟在手,胜过百鸟在林。类似地:投资时,深刻理解一家公司优于肤浅地知道多家公司。深刻理解一家公司,才能判断公司未来的发展状况,进行更准确的估值,发现股价是低估还是高估。相反,对公司看似深入其实肤浅的了解,不能对公司未来形成清晰认识,估值就无法准确,对股价低估还是高估的判断就不靠谱,投资风险更高。那么,自选规模就要和自己的时间、精力相匹配,保证对自选的每家公司都保持跟踪,不断加深对公司的理解和认识。自选股的具体规模因人而异,一个简单的判断标准是:如果你不能在第一时间阅读公司年报、半年报及公告,不能在一周时间内详细阅读,那就说明你的时间和精力不够用了,自选股多了。

第二,实在看不懂就不看了。科技发展导致分工越来越细,投资者对很多企业所从事的业务闻所未闻、见所未见。在这种情况下,要弄清楚行业、深入理解和认识公司的难度非常大,可能要花费大量时间和精力,甚至花了大量时间和精力也看不懂。这已成为常态,尤其是对科创板、创业板企业而言。在这种情况下,合理的选择是实在看不懂就不看了。例如,医药企业研发的新药、拥有的管线、对应的靶点等都是很多投资者接触不到也难以理解的,花大量时间和精力也难有深入认识。同时,不同疾病对应的靶点、采用的疗法也千差万别。即使都是创新药企,认识两家企业所需的知识也大相径庭,没有通用性。因此,如果看不懂行业的一些公司,那就应该放弃它们。

第三,保持稳定但有动态调整。投资者对自选股要有深入的理解与认识,这些理解与认识的形成需要时间积累。因此,自选股要保持稳定,对公司的理解与认识能积淀下来,最好可以推广到其他的行业和公司。此外,要动态调整自选股。行业发展趋势、市场风格偏好等在不断变化,自选股也要相应调整,选择符合经济发展大趋势、行业蒸蒸日上、企业困境反转等的个股。相反，对不再符合经济发展趋势、行业接近饱和、企业发展到顶甚至基本面恶化的个股，要坚决剔除。

第四，自选较分散，提高覆盖率。自选股要保持适度分散，覆盖较多行业、题材等，这样才能更好地把握行业和市场风格的变化。相反，自选股集中在少数行业或题材，是对行业或题材的赌博。在市场风格变化时，这种自选的适应性很弱，会导致没有投资标的可选。同时，过度集中的自选股会加大配置的波动性，对普通投资者并不友好。

基于以上认识，投资者最好将自选股控制在合适规模，进行适度分散来提高覆盖率，并适时调整。

第十五"不"：不喜新

"不喜新"还是针对自选股。有些投资者喜欢频繁更新自选股，这并不是一个好习惯，具体原因如下。

第一，深入理解个股需要时间。深入分析和理解一家公司，不论用自上而下还是自下而上的方法，都要对公司面临的宏观经济和行业环境、公司自身的资源与能力、与竞争对手的优劣势对比等大量内容进行分析，并利用恰当的方法进行估值。同时，为了达到择时的目的，还要花时间来跟踪个股的盘面特点，理解个股的操盘风格和走势特征等。因此，深入理解一只个股要投入大量时间和精力。频繁更新自选股有两方面影响：一是很难对个股形成深入认识，不利于对公司准确估值和理解走势风格，难以达成好的操作；二是更新自选可能导致对某些个股认识的中断，重新认识又要花费大量时间和精力，得不偿失。

第二，个股轮动终有被选之时。很多投资者频繁更新自选股的原因不外乎自选股都半死不活，而没选的个股却涨势喜人。市场上个股数量庞大，已经很难形成2006—2007年或2014—2015年那样的全面牛市，更多是局部牛市，只有某些行业或概念走牛，如这两年热门的新能源及产业链。局部牛市持续一段时间后，估值和交易拥挤度提高，走势会逐渐分化，集中到龙头炒作，最后龙头倒下整体退潮。市场资金又会寻找新热点，开始新一轮炒作。在这种轮动过程中，自选股也终有被选之时。另外，追寻热门股容易成为接盘者，因为多数人不会选表现最好的个股，而是选涨幅小的个股寻求补涨。退潮时，坚持到最后的却是表现最好的个股。更新自选股大概率是加入期待补涨的个股，最后反而成为接盘者。因此，针对局部牛市的特点，更好的操作是：拿着低估成长股等风来。虽然风什么时候来、来什么样的风都不可知，但风吹到低估成长股确是必然的。

第三，反复波段胜率更好。多数投资者的操作有两类：不断追涨杀跌买入热门股；对少数个股波段操作，反复高抛低吸。第一类操作买入的个股通常都是新的，无论基本面还是走势风格都不熟悉，更多靠题材及技术特征判断，上打赚"市场的钱"，有博一搏的成分在里面。第二类操作主要是针对熟悉的个股，理解公司基本面和估值后，结合走势风格和技术分析做波段。对熟悉的个股使用这样的操作无论胜率还是效率都高很多，也更匹配前面提出的适合多数投资者的方法："在深入分析的基础上开展价值投资，恰当利用技术分析技巧；以优秀企业为投资保底，把握市场情绪波动，实现更好的胜率和效率。"因此，反复对长期跟踪并熟悉的个股进行波段操作是更好的策略；频繁更新自选股，不断追求热点去追涨杀跌并不是一个好的选择。

总之，频繁更新自选股不仅不利于投资者形成积累和发挥自身的优势，还会放大普通投资者的不足，导致亏损。

第十六"不"：不孤勇

"不孤勇"即所选个股必须属于某一个或多个板块或概念，这样可以享受板块效应，更容易被主流资金所关注，走势才能更有弹性。具体原因如下。

第一，局部牛市催生板块效应。由于股票发行注册制实施和上市公司数量暴增，因此市场很难走出以往的全面牛市，更多地呈现出局部牛市的特点。市场主流资金，无论公募、私募、量化还是游资，主要操作手法都是"集中火力"，在某段时间重点攻击一个或几个板块或概念；后面进行高低切换，选择新板块或概念重点攻击，使整个市场呈现轮动的特点。在资金攻击的过程中，板块普涨，但核心品种的持续性更好、涨幅更大，非核心品种往往后涨先跌，边缘个股甚至没行情。因此，从操作层面看，选择有板块效应的个股，而不是"孤勇股"，是更符合市场特点的策略。

第二，板块股有更好的弹性。板块来行情了，沾点概念就涨，甚至出现"说你有你就有，越澄清越涨"的现象。从技术层面讲，股价短期涨跌更多取决于供求关系，受资金推动。因此，市场资金的关注度决定了股价短期走势；有资金追捧的个股，短期可以涨很多；没资金追捧的个股，有价值也会半死不活。在美股上市的尚乘数科，在短期内暴涨200多倍，堪称"史诗级妖股"。市值最高达4700亿美元，排全球第九。起初市场以为尚乘数科背后是李嘉诚，因为它是长江实业创立的尚乘集团的子公司。不过长江实业辟谣，已出售尚乘数科的绝大部分股权，也没有业务往来，于是股价"从哪来回哪去"，两天跌超70%。尚乘数科的狂癫走势有众多原因，但与资金推动密不可分。同样，A股市场股价上涨，无论价格向价值靠拢，还是情绪的拉升，都依赖资金推动。有板块效应的个股容易受资金关注，上涨更有动力，甚至出现意想不到的涨幅；相反，"孤勇股"缺乏板块效应，受资金关注少，股价走势缺乏弹性。因此，从操作层面考虑，选择有板块效应的个股，利用弹性可以实现好的收益，是更合适的选择。

第三，"孤勇股"难选且磨人。局部牛市走势使市场中存在很多基本面不错、成长性很好、股价低估的个股，但选出这些个股的难度较大，而且这些个股后续走势可能很磨人。第二部分介绍了分析公司的理论和工具，一个重要理论是产业组织理论，认为不同产业中企业赚钱难度是不同的，好产业中的企业可以更容易地赚钱。板块效应正是基于该理论，处于某些板块或有某些概念的个股更赚钱。这种想法并不全面，忽略了企业间的差异。但是这种想法对分析的要求低，符合市场"打一枪换一个地方"的玩法，是主流思路。相反，缺乏板块效应的"孤勇股"，需要从内、外部多角度进行分析，分析难度更大，不被市场喜欢。这些非主流的特点使公司不被资金所关注，走势也就磨人。不可否认，很多"孤勇股"有很好的投资价值，但投资它们需要有发现价值的眼光和忍受折磨的耐力。

第四，注意甄别真假板块概念股。很多板块股或概念股需要自己鉴别，不能仅依赖软件归类，因为很多个股被软件归于某个板块或概念，但市场并不认可；相反，有些个股并没被软件归于某个板块或概念，但市场却非常认可。

总之，从操作角度来讲，有板块效应的个股分析起来更简单，弹性更好，是相对好的选择；缺乏板块效应的个股，分析起来更困难，走势也缺少弹性，不是好的操作选择。

第十七"不"：不杂烩

市场上很多业绩不好的公司喜欢买资产、搞重组、进军新领域。短期看，市场的反馈很积极，经常是消息公布后连续涨停。长期看，多数公司还是会回到原样，不管收购或注入什么资产，或进军什么领域，业绩依旧难以提升。但是，公司却发展成"大杂烩"，业务领域很多、很复杂，还美其名曰"实施多元化可以分散风险"，实际上，这些公司什么都干，却什么都干不好。"不杂烩"就是不选业务复杂、开展不相关多元化的公司。

随着公司的发展，多元化成了必然选择。一方面，单一产品或业务的市场规模有限，限制了成长空间。为扩大规模，实现进一步成长，很多公司会拓展产品或业务，甚至进入新领域。另一方面，单一产品或业务使公司收入及利润有很大的波动性，为提高业绩稳定性，提高抗风险能力，公司会选择多元化。同时，公司会积累资源、开发新产品或业务、发现新市场机会等，这些都可能导致多元化。

在选择多元化路径时，有些公司会围绕自身的一项或多项核心能力进行拓展，形成相关多元化的发展路径。例如：海天味业基于自身的销售渠道，在酱油的基础上拓展了耗油、黄豆酱等产品；万润股份基于自身合成化学研发和产业化能力，拓展了燃料电池质子膜材料、光刻胶树脂、锂电池电解液添加剂、聚酰亚胺材料、OLED材料等……这些相关多元化推动了公司发展，增厚了公司业绩，取得了不错的效果。相反，有些公司的多元化业务间没有联系，甚至纯粹为了"避免退市""蹭热点"等进行多元化，最后业绩和股价也不乐观。比如顺鑫农业的两大主营业务是白酒和养猪，其业绩无论在白酒圈还是养猪圈都不突出，估值也在两个行业中处于后边梯队。更有甚者，纯粹为了抬高股价而多元化。例如，绿康生化2022年7月31日公告，拟收购光伏产业链公司江西纬科100%股权，收购溢价率632%。公告发布后股票迎来连续5个涨停。8月3日，深交所要求公司说明是否迎合热点炒作股价。8月7日，绿康生化发布关于暂停资产收购的公告。不相关多元化的实际效果通常也不好，因此选股时不建议选不相关多元化的公司，即"不杂烩"。具体的原因主要如下。

第一，不需要公司帮助投资者分散风险。如果问公司为什么开展不相关多元化，理由肯定有一条：这样做可以分散产品、业务或行业的风险。投资者分散风险的方法很多，最简单直接的办法就是分散持股。通过持有不同公司的股票，投资者可以很好地分散风险，而且成本很低。同时，当发现存在偏差时，投资者可以迅速且低成本地通过调仓换股纠正。相反，公司新选的产品、业务或行业存在偏差时，调整的难度和成本都非常高。因此，投资者不需要公司开展不相关多元化来分散风险，对开展不相关多元化的公司，更好的策略就是敬而远之。

第二，不相关多元化提高了管理难度。不相关多元化会大幅增加公司的复杂程度，提高管理难度。例如，面对白酒和养猪两大业务，顺鑫农业管理的复杂程度比纯粹的白酒企业或养猪企业大很多。同时，高管的时间、精力是有限的，集中精力做好一件事，与分配时间、精力到两件不相关的事情上，最后的结果肯定是差别很大，不仅"1+1<2"，还经常出现"1+1<1"的情况（虽然可以安排不同的高管负责不同业务，但单个高管与团队管理一项业务的效果并不同，而且负责不同业务的高管容易发生摩擦）。因此，不相关多元化带来的管理难度提高等问题会损害公司的基本面，影响公司的价值。

第三，不相关多元化导致公司难分析。投资者深入认识和理解一个产品、一项业务、一家公司是有难度和挑战的。如果公司产品、业务相对清晰，认识和理解的难度也低一些，对公司估值也会更准确。相反，如果公司开展不相关多元化，认识每一个产品、每一项业务都需要投入大量的时间、精力，发现不同产品和业务的协同也很有挑战，会导致很难深入理解这家公司，对其估值的准确性也大打折扣。在实际中，很多人采用分业务的方式对公司进行估值，对每块业务的利润情况进行预估并估值，然后将各块业务估值加总得到总价值。这样做会带来很多问题，比如没有考虑各块业务之间的协同等。因此，对投资者而言，不相关多元化的公司不是友好的分析对象。

总之，大量公司会开展多元化，部分公司会开展不相关多元化，涉及业务领域很多、很复杂，发展成"大杂烩"。投资者分析这些公司很难，投入时间、精力的性价比很低。因此，从"简单的才是美的"出发，建议投资者不选业务复杂、开展不相关多元化的公司。

第十八"不"：不瑕疵

如果在厨房发现了蟑螂，那么不会只有一只。在投资时，如果发现一家公司存在一个问题，那么这家公司绝不会只存在一个问题，肯定还有问题没被发现。"不瑕疵"就是不选有瑕疵的公司，如有黑历史的、被市场质疑的公司等。"不瑕疵"的重要性不低于前面的 17 个"不"，因为其他"不"导致的亏损可能有涨回去的一天，而瑕疵经常是公司爆雷的导火索，可能让投资者亏损惨重。

瑕疵与问题不同。一家公司，尤其是规模较小的公司，可能存在不少问题，如销售渠道不健全、产品线单一等。不可否认，这些问题会影响公司的业绩和价值。例如，相对于海天味业而言，中炬高新在销售渠道方面存在不小的差距，无论经销商数量，还是经销网络的覆盖度，都落后于海天味业。这个差距是中炬高新存在的问题，也是其业绩、市值等方面落后于海天味业的原因。但这个差距只是问题，不是瑕疵，不是不能投资中炬高新的理由。然而，中炬高新目前是存在瑕疵的，主要有两点：一是大股东和实控人存在流动性问题，这已经导致大股东被动减持部分股份；二是大股东和二股东存在矛盾，以出售地块事件为例。2021年下半年，中炬高新在大股东的主导下曾准备剥离房地产业务，在产权交易所挂牌持有的中汇合创89.24%股权，但二股东火炬集团关联方用诉讼阻止了这次剥离。诉讼使中炬高新所持中汇合创部分股权被冻结，并且申请了财产保全。房地产业务剥离最终不了了之。不可否认，瑕疵影响了中炬高新的估值，可能提供了低估买入的机会。但对普通投资者而言，更好的策略还是等瑕疵解决后再考虑是否投资，因为这样做的风险更小、胜率更高。

市场上存在瑕疵的公司很多，存在的瑕疵也各式各样，比较普遍的瑕疵有四种。

第一，公司治理机制不健全。公司治理机制是一个宽泛的概念，按功能划分主要有：激励机制，即如何激励管理层；监督制衡机制，即如何对管理层进行监督和评价，建立相互制衡的内部权力结构；外部接管机制，即管理层经营不善，被其他公司收购的机制；代理权竞争机制，即不同股东通过获得董事会控制权，替换管理层的机制。在我国要重点关注的是激励机制、监督制衡机制及代理权竞争机制，因为这几个机制严重影响公司业绩和估值，而外部接管机制很少发生。有效的治理机制可以保证管理层为股东利益努力，不健全的治理机制则会损害股东利益。例如，2022年5月5日，曙光股份的部分股东召开临时股东大会，表决通过了终止与天津美亚的关联交易，罢免了第十届董事会成员、监事会中除职工代表外的监事；选举产生了重组后的第十届董事会、监事会。曙光股份随后公告称不认可本次临时股东大会的召集人资格、召集程序、现场会议召开情况等，网上投票无法律效力。内斗的直接结果是曙光股份"戴帽"[⊖]，股价跌去30%。又如，2022年1月18日，科华生物称其子公司天隆公司出现失控，

⊖ 股票"戴帽"是指股票对应的公司如果连续两年亏损或存在异常情况等，将会被特别处理，在股票名称前加 ST 或 *ST。

股价大跌，10天跌逾20%。2022年7月，*ST海伦将董事长与控股股东告上法庭，原因为"损害公司利益"，要求判令被告向公司赔偿损失暂计1.5亿元。公司治理机制不健全，是导致这些状况的直接原因。因此，投资者需要关注公司的治理机制，如果发现存在不健全之处，或治理机制导致公司出现问题，要迅速地远离。

第二，实控人及管理层有黑历史。一些公司的实控人或管理层是有黑历史的，以前曾做过损害公司或其他股东利益的事。对这些公司的策略也是远离，因为没人可以保证实控人或管理层不会第二次、第三次损害公司或其他股东利益，尤其在证券市场法律法规不够完善、对实控人或管理层违规行为处罚力度有限的情形下。例如，2021年8月19日，重庆证监局披露《关于对重庆三圣实业股份有限公司采取出具警示函措施的决定》。经查，三圣实业多次发生实控人及关联方非经营性占用上市公司资金的情况。2020年，实控人潘先文及其关联方累计占用三圣实业资金18 772.29万元，2020年年末占用余额为6994.74万元（含利息）。2021年1—3月，潘先文及其关联方累计占用三圣实业资金8910.00万元，2021年3月末占用余额为7897.19万元（含利息）。又如，2019年9月17日，上海市第一中级人民法院宣判鲜言背信损害上市公司利益、操纵证券市场案。判决称，鲜言犯背信损害上市公司利益罪，判处有期徒刑二年并处罚金180万元；犯操纵证券市场罪，判处有期徒刑四年并处罚金1000万元；决定执行有期徒刑五年，并处罚金1180万元；违法所得予以追缴。2012—2017年，鲜言先后掌控多伦股份（后更名匹凸匹、ST岩石、岩石股份）和慧球科技。在任慧球科技实控人期间，鲜言曾炮制"1001项议案"事件，震惊市场。2017年3月30日，证监会对鲜言操纵多伦股份作出行政处罚，责令依法处理非法持有证券，没收违法所得5.78亿元，处28.92亿元罚款，合计罚没34.7亿元；对鲜言信息披露违法行为，给予警告，并处60万元罚款，创证监会执法史上最大罚没款金额，鲜言也被终身禁入市场。上述例子，都是实控人反复损害公司或其他股东利益。被发现的实控人和管理层损害公司或其他股东利益的事件不少，但没被发现的可能更多。投资者很难发现实控人和管理层损害公司或其他股东利益的行为。因此，在监管法律法规不够完善且违法成本较低的情况下，对有黑历史的实控人和管理层，还是敬而远之为妙。

第三，财务存在疑问或被质疑。公司财务数据存在疑问或者被质疑，不一定是造假，但或多或少存在不正常之处。这些公司也建议回避。一方面，如果财务数据造假，会造成巨大亏损；另一方面，投资者可以找到其他标的，即使这些公司财务数据没问题，也没必要冒险选择它们。市场上财务数据存在疑问或被质疑的公司不少，有些公司还收到了交易所的问询函，公司也对财务问题进行了回复，但有些公司的回复并没有打消市场的疑问。对这些公司，也建议投资者回避。

第四，经营上存在奇葩行为。不少公司在经营层面存在奇葩行为，进行各种"神操作"。对存在这些行为的公司，也建议回避。例如，2021年8月，南风股份公告，拟向关联方颐帆科技出售持有的中兴能源装备有限公司（简称"中兴装备"）100%股权，交易价格10.62亿元。中兴装备售价远低于2020年年末净资产16.13亿元、未分配利润11.16亿元及评估价值16.59亿元，而且中兴装备是南风股份7年前以近20亿元的对价收购，如今卖出价打了五折。又如，2022年2月24日，千禾味业发布定增预案，计划以15.59元/股向实控人伍超群募资不低于5亿元且不超过8亿元。一年半前，伍超群在公司股价高位时减持，套现逾10亿元。与之相比，15.59元/股定增价显然划算，且定增和股权激励发布后，千禾味业股价走高，还未实施便浮盈30%。千禾味业相关负责人表示，此前减持与此次定增都符合相关规定，公司发展需要可持续、良性的资金安排。然而，高价减持、低价定增，很难不引起投资者的不满。再如，2022年8月8日，天赐材料披露股权激励计划，拟向572位激励对象授予限制性股票551.01万股，授予价为6元/股，计划拟授予对象包括在任董事、高级管理人员、中层管理人员和核心技术人员。年度业绩考核目标是：2022年净利润不低于38亿元，2023年不低于48亿元，2024年不低于58亿元。股权激励本是好事，市场也予以正面反馈，然而相对于50多元的股价，6元"骨折价"

的股权激励不能不被质疑。这些经营上的奇葩行为，虽然合法合规，但难免存在损害股东利益的嫌疑。存在这些行为的公司，难保以后不发生别的奇葩行为，也建议回避。

最后，说明一下为什么对存在瑕疵的公司采用"疑罪从有，宁杀勿错"的标准，主要有三个原因。

- 瑕疵蕴含的风险非常高，瑕疵一旦导致问题，损失通常很大。
- 可以找到其他投资标的，没必要冒险。市场上有 4000 多家公司，优秀公司很多，没必要在烂苹果堆中选来选去，在好苹果中选最大最甜的，不是更容易吗？投资优秀公司，赚钱的概率不是更高吗？
- 资本市场中看不见的角落太多，对处于信息劣势的投资者而言，能看到的不是冰山一角，而是冰山一角的一角。在一角的一角都能发现瑕疵，冰山大概率有问题。同时，资本市场这个钱很多、离钱又特别近的地方，很容易发生各种异常。如何避免被伤害，是投资者必须面对的问题。采用"疑罪从有，宁杀勿错"的标准，可以最大限度地避免被伤害。

十八"不"原理是通过分析本人及大量投资者的经历所总结的，都是非常容易导致亏损的原因，是投资时要重点回避的。回避这些不能保证成功，却可以大大降低亏损可能。正所谓："君子有所为有所不为，知其可为而为之，知其不可为而不为，是谓君子之为与不为之道也！"

| 第二十四章 |

技术分析大道至简

大音希声、大象无形、大智若愚、大巧若拙都出自《老子》，讲了同一个道理，对投资也有指导价值。其实，大多数投资者都清楚：投资很简单，市场也单纯，技术更简洁，但人心太复杂，欲望难满足，套路玩得深，导致复杂的内心误导了大脑，无尽的欲望蒙蔽了双眼，花哨的套路带偏了双手，最后结果就是亏钱、亏钱、不断地亏钱！因此，投资者要回归投资的本质，简单看市场，做到大道至简。

第七章对技术分析已进行了一定的讨论：技术分析建立在三个基础上，所有事件都会反映到价格变化中、价格以趋势方式演变、历史会重演；技术分析发展出大量指标和方法，核心是"量、价、线、形"四个方面；技术分析通过历史来预测未来，不可避免存在不足；技术分析关注一段时间的趋势，过短时间的股价走势有随机性，导致技术分析不太有效。

那么，如何进行技术分析呢？主要有如下四条建议。

指标化繁为简

不同的理论、指标和方法各有特点，可以通过调整参数用于不同的周期和情景。不同的投资者有不同的偏好，使用指标各不相同。同时，由于关注点不同，不同的理论、指标和方法常给出不同的建议。因此，使用技术分析时要把指标化繁为简。

指标化繁为简有两个方面的含义。

第一，指标种类简单，精通一种或少数几种就够了。俗话说"一招鲜，吃遍天"，股票市场也是如此。技术分析指标多种多样，投资者最好的做法就是精通一种或少数几种，而不是"门门懂，却门门不精"。使用指标时，细节决定成败，细微差异就会导致同一指标给出不同的建议。例如，用KDJ指标做连续快速下跌的超跌反弹时，需要重点关注的指标是D值，其中D值可以取7～10的区间。在区间内，配合恰当的K值和J值，会有较大把握判断股价超跌，做一波超跌反弹。这种判断要精通KDJ指标，因为差之毫厘，谬以千里。用错了指标，不仅没迎来反弹，反而陷入下跌泥潭。有时不同的指标会给出不同甚至相反的投资建议，尤其在懂但不精通这些指标的时候。相反，精通某些指标时，这种状况就会少很多。

第二，指标要简单。随着软件的发展，很多投资者选择自己写公式，公式可能很复杂也很灵敏，对盘中价格或成交量或其他变化非常敏感。公式可以帮开发者进行投资，但这些复杂、灵敏的公式也面临越来越多的问题。一方面，这些公式因为太灵敏，可能在盘中或相邻两天给出截然相反的建议。比如，我曾见过某公式，尾盘竞价阶段建议"买入"；竞价后股价下跌0.10元，大概0.50%，建议变成了"卖出"；第二天，股价高开8分钱，又建议"买入"；盘中股价下跌，又给出"卖出"建议。如此灵敏的公式，真的能帮助投资吗？另一方面，量化机构在不断开发算法进行交易，这些机构开发的算法比投资者使用的公式更灵敏，加上量化机构在交易方面的优势，使机构交易速度更快，使得投资者利用公式来得到好的投资回报的难度越来越大。相反，回归到简单指标，反而更不容易被"收割"。

周期长短适中

技术分析要注意分析周期，在长短合适的周期内分析有效性最好，周期过长或过短时可靠性都大大降低。通常情况下，股价短时期的走势有随机性，用技术分析来预测超短周期的股价走势，效果一般不太好。需要注意的是，现在的"打板战法"等超短线操作，不是通过技术分析，而是利用市场情绪，是博弈情绪的一致。这种操作策略和技术分析有很大不同，用技术分析来进行这种操作大概率会亏钱。同样，对于过长的周期，技术分析有效性也大打折扣。预测未来是很难的事情，预测时间增长，难度更会呈几何级数增长。比如，预测一周后、一个月后、一年后及十年后的收入，肯定是预测一周后的收入最容易，也更准确；十年后的收入最难预测，准确性也最差。预测股价更是如此。在长周期，影响股价的因素很多，会发生很多事件影响公司的价值和股价。技术分析虽然认为所有事件都会反映到价格变化中，但事件发生前是无法预知的，更无法看到事件的影响。这就导致技术分析难以准确地进行长周期预测。举个例子，波浪理论常用来预测长周期股价走势，将走势分为五浪，但由于周期内有很多变化，为更好地体现股价波动，波浪理论进行了"大浪套小浪"的解释。实际上，除了极少数精通波浪理论的人，多数人都难以运用波浪理论指导日常操作，因为每个人对股价波动有不同的解读，认为股价运行在不同的浪中。

因此，投资者用技术分析时要选择一个长短适中的周期。周期怎么选呢？没有统一的答案，但和每个投资者的操作策略有关，因为不同的策略会让投资者看到不一样的图形并得出不同的结论。以晨光股份的日 K 线和周 K 线为例，看两张图会得出不同的结论。看图 24-1 的日 K 线，可以发现，经过持续一个多月的下跌后，晨光股份的股价开始企稳，尤其是股价形成二次探底的 W 形走势（二底比一底低，不完美）。2022 年 8 月 11 日股价反弹，并有一定的放量；12 日收盘价突破反弹小高点，并进一步放量。看了这个形态，有不少人认为晨光股份后面短线将出现一波行情。

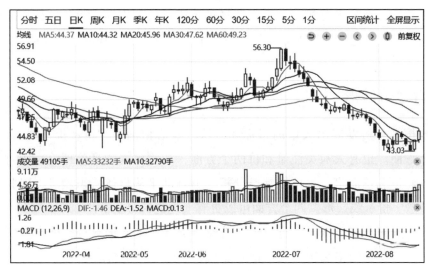

图 24-1 晨光股份的日 K 线

图 24-2 是晨光股份的周 K 线，标准的下跌形态，且还在下降趋势中，股价创新低，量能也没有明显变化，后面大概率继续探底。技术分析的结论是不能介入。同一只个股，分析日 K 线和周 K 线得出相反的结论。哪个正确呢？两者都有道理。得出不同的结论，关键是采用的分析周期不同。

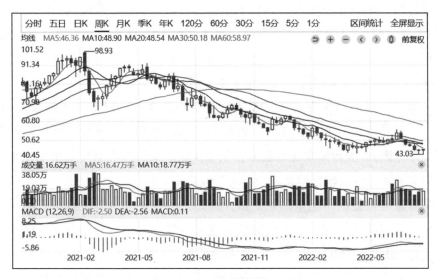

图 24-2 晨光股份的周 K 线

总之，在技术分析时，不宜选择过短或过长的周期，而是选长短适中的周期，保证选择的周期和操作策略匹配，这样才能达到最好的效果。

综合量价线形

技术分析发展出大量的指标和方法，核心依旧是"量、价、线、形"四个方面。也有人只关注量和价两个方面，如威科夫的量价理论。相对于仅关注量和价而言，线可以辅助分析，形有助于从整体认识趋势，因此关注"量、价、线、形"四个方面可以更有效地进行分析。

投资赢利与否取决于价，也就是股票价格。在 A 股这种只能做多的市场，只有卖出价格高于买入价格才能赢利。同时，价格决定了 K 线的图形及很多指标的高低。因此，很多人技术分析关注的第一要点就是价，而实际上技术分析的第一要点是量，这主要有两方面的原因。

第一，量更真实，不容易被操控。成交量是靠真金白银堆积起来的，每一笔交易都有成本，就使个股的成交量很真实，很难被操控。相反，价更容易被操控。在尾盘竞价阶段，通过较少资金就可以完成对收盘价的拉升或打压，影响 K 线的形态及技术指标的数值，也就是常说的"做图形"。例如，2022 年 8 月 12 日尾盘竞价，通达动力成交 3705 手，价格 17.90 元，金额 663 万元。股价拉升 0.43 元，涨幅 2.58%，相对于全天 6.62 亿元的成交额，663 万元成本很低，却改变了 K 线图形。

第二，量可以体现市场供需关系。量能放大，可以解读为需求旺盛，也可以解读为供给充裕，还可以解读为供需都强烈（价格变动可以帮助发现具体原因）。股价短期走势更多由供需决定。通过量尤其是量的变化来判断供需关系，可以较好地预测股价的后续走势。

看量时重要的不是量的绝对值，而是量的变化。由于流通市值不同及交易活跃程度的差异，个股成交量有巨大差异。市场上有每天交易额几十亿元甚至上百亿元的个股，也有每天交易额几千万元甚至几百万元的个股。关注这些绝对数值意义不大，重要的是量的变化，尤其是量的增加。投资赢利需要股价上涨，而股价上涨靠买盘推动，就是需求增加。需求增加带动股价上涨，上涨过程会有卖盘出现。如果需求强烈，强大的买盘会不断消化卖盘，推动股价上涨以及放大成交量。因此，量的关键是变化，尤其是量的放大。但是，仅仅量能放大并不能说明供需情况，还要结合股价变动来判断，也就要考虑价。

技术分析中价的关注点也是价格的变动，不是绝对值。投资收益取决于股价变动的百分比，而不是绝对数值的大小。例如，买入股价5元的甲公司股票2万股，持有一个月，股价上涨到10元，投资收益10万元，实现100%的收益率；买入股价50元的乙公司股票2000股，持有一个月，股价上涨到90元，投资收益8万元，收益率80%。因此，没必要关注股价的高低，更应该注意股价的变动幅度。很多投资者喜欢低价股，认为低价股的上涨空间大，这是错误的想法。一方面，收益的高低取决于股价变动的百分比，不是价格的高低；另一方面，便宜没好货，低价股的问题公司更多。技术分析中需要关注的是量价配合的上涨，核心就是股价上涨时成交量增加，只有量价配合的上涨才是可靠的，其他情况都不需要关注。

技术分析中的线是指均线，也就是价格平均线。受操作风格和习惯不同的影响，不同投资者对均线的设置也不同。均线可以体现市场中的平均价格及持股成本，辅助判断股价的走势和目前价位的情况。

均线分析的第一要点是均线方向。均线向上，说明市场平均价格在逐渐上升（持股成本也在上升），股价是上涨趋势；均线向下，说明市场平均价格在逐渐下降，股价是下跌趋势。不同周期的均线可能方向不同，出现交叉。周期不同还会导致不同均线位于不同位置，这都是要关注的地方。均线体现的平均成本会成为股价的重要支撑，均线附近容易引起买盘介入，形成价格支撑，使股价回调到均线后出现反弹；但是，股价跌破重要均线也容易导致卖盘增加，推动股价下跌。

均线分析的第二要点是股价与均线的距离。股价和均线的关系就像是小孩子找妈妈，股价是小孩子，均线是妈妈，小孩子不管多顽皮，跑出去多远，最后都会找妈妈。引申的意思是：股价离均线太远，就有回归均线的动力；离得越远，回归的动力越大。因此，技术分析时要关注股价与均线的距离，距离太远时要注意股价回归均线的可能，利用这个规律，投资者可以更好地操作。例如，股价在上涨过程中会回调，如回到 10 日或 20 日线，利用回调来加仓是比较好的操作。同样，在下跌过程中，股价也会向均线反弹，利用反弹卖出或减仓，也是合理的操作。

　　均线中有一种可遇而不可求的形态是一阳穿七线。简单来说，就是 5、10、20、30、60、120、250 日均线密集排列（短期均线在上面更好）。某天出现一根放量大阳线（涨停更好），一举穿过七条均线，那这只个股就需要高度关注，因为很可能出现一波行情。图 24-3 的常青股份就是如此，圆圈处基本出现了一阳穿七线。虽然这里的形态不算完美，但回调洗盘后，还是出现了放量拉升的走势，实现了不错的涨幅。

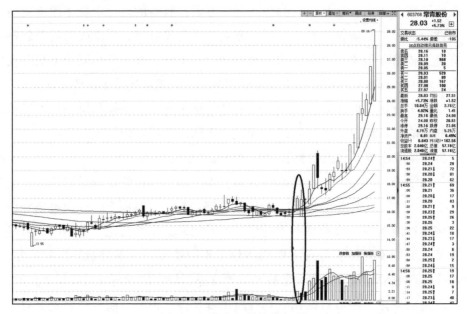

图 24-3　常青股份的日 K 线

　　技术分析的最后一个方面是形，也就是整体形态。价格以趋势方式演变和历史会重演是技术分析的基础，这都使技术分析需要关注整体形态。一方面，价格以趋势方式演变，关注整体形态可以更好地发现趋势；另一方面，历史会重演，技术形态也在不断重复。通过观察整体形态，发现以往类似的形态，可以给投资活动提供指导。目前，股票软件都有叠加 K 线的功能，还有软件有寻找类似形态的功能，这都为投资者通过整体形态发现机会提供了帮助。

技术分析的"量、价、线、形"四个方面相辅相成，需要配合使用。单独使用一两个方面，也会取得一定效果，但胜率常常大打折扣。

坚持顺势而为

技术分析强调股价走势有趋势性。股价具体有三种趋势：上涨、下跌、混沌。这些趋势都可以持续一段时间，趋势转变也需要时间，而且会出现趋势变化的信号。因此，进行技术分析时，投资者要顺势而为，不要和趋势对着干，否则就是螳臂当车，大概率落得亏钱的结局。很多时候，趋势力量会比想象中强很多，很难迅速地扭转。例如，2015 年股灾阶段，千亿元规模的救市基金也没有扭转股市下跌的态势，最后还是市场跌到位了才扭转了趋势。技术分析的目的是帮助投资者认清、把握最后利用趋势，实现盈利。利用趋势方面有两条建议。

- 只做上涨趋势。A 股市场只有上涨才能赢利。因此，投资者要注意股价的趋势，只选呈上涨趋势的个股，或在个股呈上涨趋势时介入，而在混沌形态或下跌趋势中都应采取回避的做法。
- 不预测趋势的变化。趋势变化需要时间，而且会出现信号，投资者没必要在信号不明朗时介入，因为没人知道趋势是否会变化及多久后变化。预测趋势提前介入，带来的都是折磨。十八"不"原理的"不抄底"和"不混沌"都强调顺势而为，不预测趋势变化。

总之，技术分析对投资者有指导价值，但是在使用时要大道至简，没必要过度复杂化。利用技术分析的基本原理，简化使用指标，选择合适周期，关注量价线形，做到顺势而为，才是真正用好了技术分析。"从心所欲不逾矩"，才是技术分析的精髓所在。

| 第二十五章 |

涨升加仓法

投资活动始于买入，终于卖出。很多人出现亏损，是"输在起跑线上"，从买入就存在问题。做一件事，如果开始偏了，后面越努力偏差反而越大，想要弥补错误回到正途简直难于上青天。投资也一样，如果买入时就错了，后面如何补救（补仓、做 T⊖等）也难以弥补亏损，反而可能越亏越多。即使运气不错，最后也就是回本或微赚出局。因此，如何买入就成为投资活动中值得分析的一个环节。

无论股票还是其他物品，买入方法主要有四种：一是一把梭，一开始就满仓，把钱花光；二是定投买，不管价格如何，按设定时间定额买入；三是低价补，出现更低价位后继续买入；四是高价加，价格上涨后加仓买入。在这四种方法中，采用第三种的最多；采用第一种的也不少，尤其在资金量较小时；基金公司的反复宣传让不少人在买基金时会选择定投；采用第四种方法的人最少，在总人群中比例最低，但这个群体赚钱的比例最高。为什么会这样呢？下跌后继续买，可以拉低成本，不是更容易赚钱吗，

⊖　做 T 是指在一个交易日内对某只个股进行先买后卖（正 T）或先卖再买的交易（负 T）。

怎么还亏了呢？上涨后加仓，成本越来越高，怎么会更赚钱呢？造成上述状况，主要有两方面原因。

第一，股价变动有趋势性。技术分析强调价格以趋势方式演变，在操作中要顺势而为。A股市场只有买入后股价上涨才能赚钱。买入后股价上涨，说明股价在走上升趋势，而趋势通常会持续一段时间。那么，股价上涨后继续加仓，加仓部分赢利的可能非常大，可以赚取更多利润。相反，买了后股价下跌，可能是股价处于下跌趋势。在下跌趋势中加仓，加仓部分大概率还是亏损，导致亏损的情况恶化。十八"不"原理的"不抄底""不补仓"等，也是强调这一点。

第二，股票市场是"反人性"的。前面章节强调市场的"反人性"使少数人赚钱，赚钱的人的一个重要特征就是克服了"人性"的影响，以更理性的方式开展分析和操作。市场"反人性"的地方非常多，举个例子就是十八"不"原理的"不成本"。人们的日常决策经常受沉没成本的影响，也就是过去发生且无法挽回的成本继续影响决策。例如，以买入价格决定卖出价格、以过去最高价判断股价高低，这些都不符合市场的规律，只会带来亏损。降价时继续买入而不是涨价时继续买入，是人们发自内心的想法，是符合人性的。但市场是"反人性"的，符合人性的做法大概率会导致亏损。

在买入方法上，具体有三点建议。

第一，分批买，先试探。如果资金允许，第一个建议就是分批买，先试探性建仓，而不是一把梭。一把梭不是理性的操作方式，因为这种操作里有很大的赌博成分。相反，分批买有两方面优点。一是有较大的容错空间。分批买，介入后手中还有资金，进可攻，退可守；而一把梭后的投资者手中不再有资金，即使后续有更好机会，也没钱了。同时，即使判断错误，分批买造成的损失也比较小；如果判断失误，一把梭会带来很大损失。二是分批买提供验证买入理由和逻辑的机会。买入某只股票，一定有理由和逻辑，但这些理由和逻辑是否正确，需要市场验证。如果买入后股价走势符合预期，买入理由和逻辑得到了市场验证，后续就可以较放心操作；

如果买入后股价不符合预期，可能是理由或逻辑存在问题，没得到市场验证，或是需要时间验证。分批买可以看到市场对买入理由和逻辑的验证，然后继续操作；一把梭是没有等买入理由和逻辑被验证就行动了，如果理由和逻辑存在问题，就没有机会弥补了。

第二，赢利后，再加仓。初步建仓且股价走势与预期一致，也就是买入理由和逻辑被市场验证后，后续操作就是加大仓位。加仓应采取逐步买入的方式，就是股价涨一些，加一些仓位；再涨一些，再加一些仓位。具体加仓方法有两种：一种是等额加仓法，也就是每次加仓数量一致，如股价每涨 3%，加仓 1 万股；另一种是倒金字塔加仓，每次加仓数量都增加。两种方法各有优劣，可以结合自身的资金规模、偏好及所买个股的特点确定。同时，加仓时间间隔要适中，也要结合个人偏好及个股的特点加以确定。

第三，调仓时，亏换盈。十八"不"原理的"不补仓"曾讲过，卖出盈利股票来补仓是错的。调仓时，不应卖出赚钱的股票来买入亏损的股票；而是相反，把亏钱的股票换成赚钱的股票。盈利股票是买入理由和逻辑被验证过的，常处于上升趋势中；相反，亏损股票常是买入理由或逻辑存在问题或不被市场认可，且处于下降趋势中。换股时肯定是把错误的换成正确的，下跌的换成上涨的，亏损的换成赢利的。但看到账面亏损后，很多投资者本能的想法是继续买亏损的股票来降低成本，采取的操作就是卖出盈利股票换亏损股票。这是符合人性但不符合市场规律的做法。相反，把亏损股票换成盈利股票，虽然不符合人性，但却符合市场规律，胜率更高。

市场是"反人性"的，符合市场规律才能取得好的收益。买入时进行"反人性"的操作，不是越跌越买，而是越涨越买，就是涨升加仓法的核心：克服本能，顺应市场规律。

第二十六章

历史新高法

经反复验证，历史新高法是非熊市行情中性价比最高的方法，胜率和效率皆高！

第七章介绍了价值投资反推法，解决如何在大量公司中发现投资标的的问题。首先，找出股价创历史新高个股作为备选对象；然后，对选出的个股进行分析，判断行业状况、公司优劣势、竞争情况、商业模式等；最后，对公司估值，确定公司是不是合适的投资标的。价值投资反推法的内在逻辑是：市场中机构资金占主导，机构投资者注重公司基本面，因此股价创历史新高的个股在基本面方面都有亮点。

普通投资者在不具备大范围调研能力的情况下，通过股价来利用机构的研究结论是一个好方法。要注意的是，股价创历史新高的个股，有纯靠概念炒起来的，有因赛道好而大涨的，也有明显的庄股，等等，这些个股股价虽然创历史新高，但在基本面分析阶段可以容易地识别出来，加以剔除。在价值投资反推法的基础上衍生出历史新高法，帮助投资者发现投资标的，然后分析投资标的的基本面和估值，在符合技术分析买入标准时建仓，通过涨升加仓法进行加仓，再用过头翻番理论及一些技术分析标准卖出，完成一个投资循环。

　　具体来说，历史新高法包含六步。一是选出股价创历史新高的个股，尤其是首创历史新高的个股。二是对选出的个股进行分析及估值（需要一段时间，不要急，正好等股价新高后的回调确认）。三是如果个股基本面良好、股价低估，回调完毕再次放量突破时买入建仓（技术分析派上用场，克服恐高心态）。四是如果股价走势符合预期，用涨升加仓法进行加仓；如果股价走势不符合预期，观察并分析原因，适时止损。五是持股等待，等待个股上涨（上涨很少一帆风顺，常有各种波折，要关注基本面变化和大盘行情，灵活应对）。六是利用过头翻番理论及一些技术指标卖出，兑现收益。

选出股价创历史新高的个股

　　这一步可以靠软件完成，需要注意两个地方：一是让软件把数据下载全，二是对股价进行复权。通常，每天都有创历史新高的个股出现。为更好地把握市场行情及发现热点，如果时间允许，建议每天进行筛选。筛选后，关注创历史新高的个股所属的行业、概念等。如果某行业或概念出现历史新高个股的数量多，或者连续多天出现历史新高个股，这个行业或概念大概率是市场热点，值得重点关注。

对选出的个股进行分析及估值

　　选出历史新高个股后，需要对个股进行分析和估值。实际操作中，分析和估值以前需要进行手工筛选。一方面，每天都有创历史新高的个股，分析和估值的工作量太大；另一方面，有些个股虽然创历史新高，但并不属于需要关注的对象，可以剔除，如刚上市的新股、庄股特征明显的个股、纯炒概念的个股等。手动筛选后，剩下的个股通常很少，可能一天只有一两只，甚至没有。手动筛选出来的个股可以加入自选股，作为后续分析的对象。

选出个股后，后面的工作就是进行分析和估值，但没必要立马分析，建议等几天再看。这有多方面原因：一是个人时间、精力、知识等不允许；二是将同一行业的个股一块分析，效率更高，且有行业或板块效应的个股更值得分析；三是只有少数个股创历史新高后会持续上涨，更多的个股都有技术性的回调，给分析和估值留下足够的时间；四是部分个股创历史新高后，后续走势不理想，看几天发现走势不对可以直接剔除，没必要分析。

有关公司分析和估值的方法，第二、第三部分有详细的说明，这里就不再赘述。需要指出的是，在分析与估值时要仔细阅读公司近几期的年报，对近期的重要公告也要加以阅读。同时，尽量获取券商研报、调研纪要、行业报告等，有助于更好地理解公司并估值。对公司进行分析和估值时，不是孤立地分析，而是把同行业可比公司放到一块进行比较分析和估值，这样得出来的结论更有价值。

股价回调完毕，再次放量突破时买入

对选出的个股进行分析和估值后，如果认为值得介入，就要等待介入的时机，此时技术分析就派上用场了。真正合适的介入时机是：股价回调完毕，再次放量突破时。对持续上涨没买上的个股，没必要惋惜，因为它没有给足认识和分析的机会与时间。举例说明。图 26-1 是阳光电源的日 K 线，图中第二个框（2020 年 10—11 月）阳光电源股价创历史新高（突破 2015 年 6 月高点，第一个框），股价回调后出现放量突破，后续走出大牛股走势。

图 26-2 是放大后的阳光电源的日 K 线。阳光电源的股价在 2015 年 6 月形成高点，2017 年 11 月有一个次高点。2020 年 8—9 月股价达到 2017 年 11 月的次高点后调整，9 月 11 日放量大阳突破（第一个框）。到达 2015 年 6 月高点后，股价继续调整。10 月 30 日，放量涨停突破创历史高点，第二天继续放量拉升（第二个框）。历史新高法买点在 10 月 30 日放量突破时出现，第二天大阳确认突破有效，也可以买入。

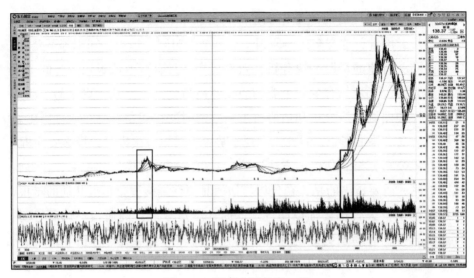

图 26-1　阳光电源的日 K 线

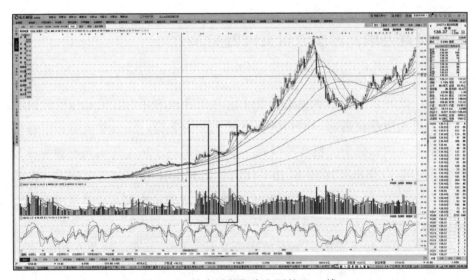

图 26-2　放大后的阳光电源的日 K 线

　　图 26-3 是石英股份的日 K 线。股价历史高点出现在 2015 年 6 月。随后，2020 年 2 月和 2021 年 9 月曾两次挑战历史高点，一次失败，一次成功（两个框处），很好地证实了历史新高法的实用性。

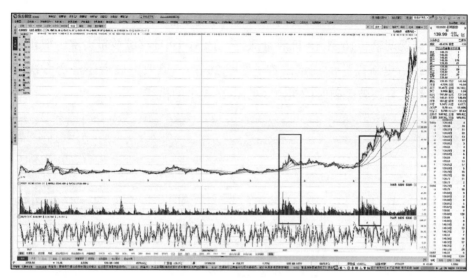

图 26-3　石英股份的日 K 线

图 26-4 是 2020 年 2 月石英股份的日 K 线。股价挑战高点后开始调整，但后续没能再次放量突破，没有出现历史新高法买点。如果不等买点提前介入，只能被套。

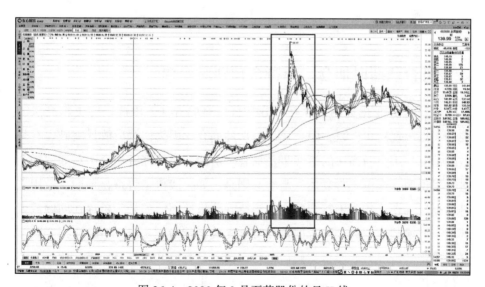

图 26-4　2020 年 2 月石英股份的日 K 线

石英股份第二次挑战历史高点的时间是在 2021 年 9—10 月。股价在 9 月出现新高后调整，10 月 18 日放量涨停，10 月 19 日继续放量大涨，股价形成突破，历史新高法的买点出现（见图 26-5）。该股突破后还经历多次洗盘，但都没有跌破突破时的买点（见图 26-5 中的横线）。

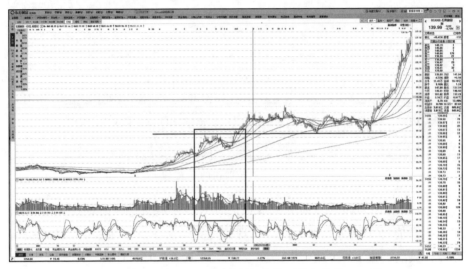

图 26-5　2021 年 9—10 月冲刺新高的石英股份的日 K 线

走势符合预期时加仓，不符合预期时止损

股价走势变化莫测，没有百分之百可靠的方法。因此，历史新高法需要等买点出现后再介入，但不建议一次性满仓，因为回调后放量突破也有失败的情况。历史新高法的第四步是加仓。前面介绍的涨升加仓法对如何加仓进行了说明，这里不再复述。基本原则是：如果股价走势符合预期，就用涨升加仓法加仓；如果不符合预期，等待并分析原因，如果分析存在问题或大环境不好或其他原因，股价回落使突破无效，就考虑卖出，适时止损。股市经常出现的情况就是股价突破后盘整，而不是直接开启上升通道。比如石英股份突破历史新高后又盘整了数月，才真正走出上涨趋势。这就需要耐心等待，不加也不减。用涨升加仓法加仓的优点在这时体现得淋漓尽致。

持股等待走出大幅上涨走势

股价突破历史新高后，只要基本面和大环境没有发生变化，大概率会走出一波上涨走势。对此，过头翻番理论给出了解释。股价创新高后，股价继续上升的阻力最小。一方面，股价沿阻力最小的方向运动，会继续上涨；另一方面，为获取最大盈利，"主力"会继续拉高股价。股价翻番后，"主力"获得足够收益才考虑获利了结。基于该理论，有效突破历史新高的个股有大幅上涨空间。买入并加仓后的做法就是持股等待。要注意的是，持股等待是指少操作甚至不操作，不是彻底不管。翻番的过程很少一帆风顺，常有各种波折。如果不能做到坚定持股，很容易被震下车，错失行情。持股等待虽然要少动手，但要继续关注基本面和大盘行情发展，在基本面变化、分析错误或发生系统性风险等情况时要积极应对，而不是死等。

利用过头翻番理论及技术指标卖出

投资的最后一步就是卖出，兑现投资收益。对于卖点的确定，很难有统一的标准，更多是结合市场情况来具体处理，但有一些基本原则可以指导卖出。

- 不求卖在最高点。个股走势经常是圆底尖顶，想把握尖尖的顶，基本是不可能的。追求卖在最高点，结果不是在涨升途中提前卖了，就是股价跌了还在等那个等不来的反抽，最终导致收益大幅缩水。因此，抱着只吃鱼身（抓住主升浪）的心态操作，效果反而最好。
- 根据趋势操作。股价在跌破关键均线或价位后，走势趋势可能改变。具体操作时应该顺势而为，上涨趋势没了，就该卖了。
- 以一些技术指标作为参考。好的技术指标可以帮助投资者更准确地操作。对于历史新高法，前五步正确操作大概率可以在卖出时取得不错的利润。利用过头翻番理论及一些技术指标，可以指导投资者战略性放弃市场上最后的利润。

历史新高法的注意事项

历史新高法有一些注意事项，也是使用该方法最容易犯的错误。

第一，高不代表贵，杜绝恐高。很多人有恐高心理，认为历史新高股太贵。其实，个股能创历史新高，解放所有套牢盘，是因为股价有基本面的支撑，也就是内在价值可以支撑股价上涨。

第二，不是所有新高股都值得关注。虽然多数个股创历史新高有价值支撑，有些个股纯粹是靠概念炒起来的，或是赛道好而大涨，或是明显的庄股，等等，这些个股的基本面不能支撑股价，不值得关注。

第三，回调后放量突破是买点。历史新高法的买点不是创新高时，而是回调后放量突破确认时。这点要切记，因为很多个股在挑战历史高点时，股价并不能有效突破。如果不是在回调后放量突破确认时买入，很容易被套。石英股份 2020 年 2 月挑战股价高点失败那次，没有再次放量突破，没有出现买点，不等买点提前介入，只能是被套。

第四，趋势反转后兑现利润。股价创新高后，后续大概率有不错的涨势，但整个过程并不是一帆风顺的。这个过程中，如果关注小波动和震荡，很容易中途下车，错失行情。因此，历史新高法要看大趋势，待股价趋势反转后再兑现利润。

第五，熊市不能使用历史新高法。历史新高法是非熊市行情中性价比最高的方法。熊市大趋势就是下跌，创历史新高的个股也无法逆势而动，甚至会补跌。使用历史新高法不仅带不来利润，还会导致更大的亏损。

第二十七章

趋势与趋势反转

技术分析的基础之一是价格以趋势方式演变。前面章节也强调过，技术分析要顺势而为，无论买入、加仓，还是卖出、止损，都要等趋势明确或反转后再操作。那么，技术分析必须明确的问题就是：怎么判断趋势和趋势反转？

趋势是什么

股价变动无非上涨、下跌、震荡，趋势就是反映一段时间内股价的变动情况。分析趋势要注意两点。

第一，明确时间段。分析趋势时关注的时间段可能是一两周，可能是一两个月，还可能是一两年。同一只股票，选取的时间段不同，发现的趋势也可能不一样。图 27-1 和图 27-2 是山西汾酒的日 K 线和周 K 线。从日 K 线来看，2022 年 6 月 30 日出现高点 333 元后，山西汾酒的股价一路走低，呈明显的下降趋势。但是看周 K 线，股价在 220～350 元区间内震荡盘整，没有明显的趋势。日 K 线和周 K 线得出的结论不同，就是因为选择的周期不同，观察的范围不同。因此，判断趋势要确定时间段，明确在多长时间内分析趋势。

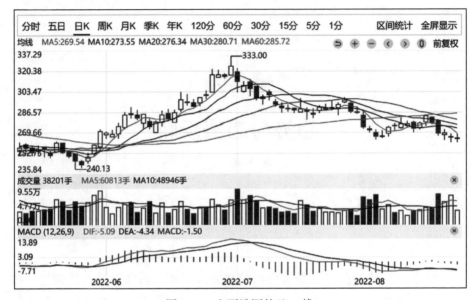

图 27-1　山西汾酒的日 K 线

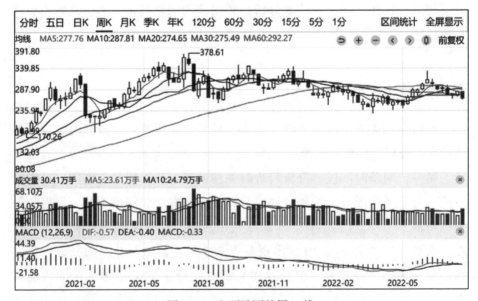

图 27-2　山西汾酒的周 K 线

第二，关注总体变动情况。分析股价总体的变动情况，不是简单地看这个时间段内股价的涨跌，也就是不能拿最后一天的股价去对比第一天的股价，而是要仔细观察 K 线，分析股价总体的变动情况，进而发现趋势。具体来说，在一定时间段，有些个股的股价总体变动情况比较清晰，呈现明显的上涨或下跌态势；有些个股的股价总体变动情况比较混乱，呈现混沌形态。图 27-3 是扬农化工的日 K 线。在 2022 年 6 月 13 日出现 148.02 元的高点后，股价呈明显的下跌态势，涨少跌多，K 线基本被压在 10 日线以下，8 月 12 日虽有反弹，却被 8 月 13 日一根大阴线击穿，股价继续下跌。图 27-4 是招商积余的日 K 线，从 2022 年 5 月下旬到 8 月下旬，基本都在 15～19 元区间内震荡，股价总体变动呈现混沌形态，没有明显趋势。

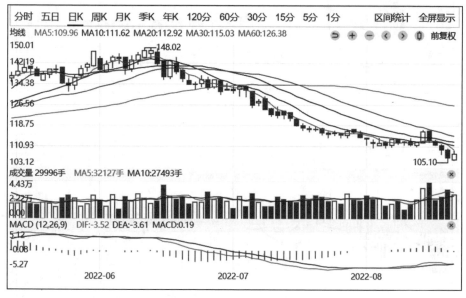

图 27-3　扬农化工的日 K 线

如何判断趋势

个股的趋势经常呈现规律性。技术分析的另一基础是历史会重演，强调股价趋势呈现规律性，历史不断重现。判断趋势最有效的方法就是看 K

线，看不同周期的 K 线，如日 K 线、周 K 线和月 K 线。如果有需要，可以用画图工具画线辅助判断。图 27-5 显示利安隆的股价波动较小，尤其在大盘没有剧烈波动时，整体看，图中近半年的日 K 线没有特别明显的趋势。

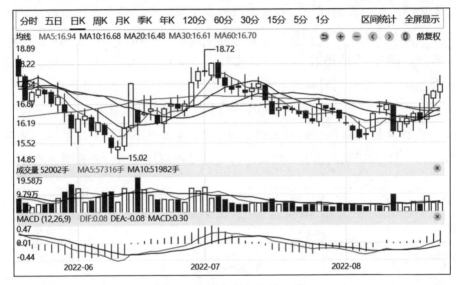

图 27-4　招商积余的日 K 线

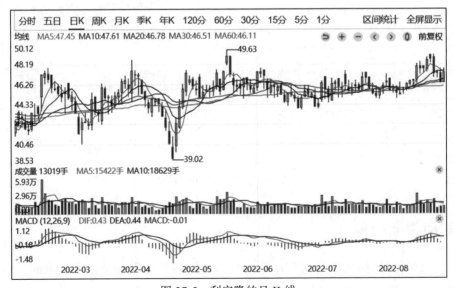

图 27-5　利安隆的日 K 线

图 27-6 是利安隆的周 K 线。在两年多的时间内，利安隆的股价波动还是不大，但有一个上升的趋势。

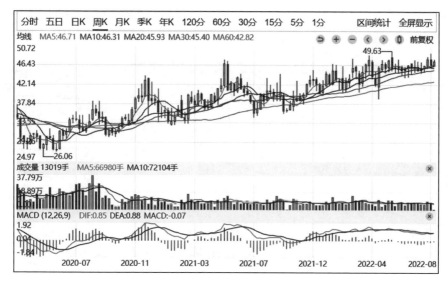

图 27-6　利安隆的周 K 线

图 27-7 是利安隆的月 K 线，可以发现 2018 年 2 月—2022 年 8 月，月 K 线在一个狭窄通道内向右上方发展，有明显的上涨趋势，但是涨速比较慢。

图 27-7　利安隆的月 K 线

在利安隆的周 K 线上用画线工具画两条线（见图 27-8），一条连接股价走势的波段低点，一条连接股价走势的波段高点。可以看到这两条线基本平行，都向右上角倾斜。利安隆的股价就在这两条线所画的区间内震荡，但是股价总体趋势越来越高。

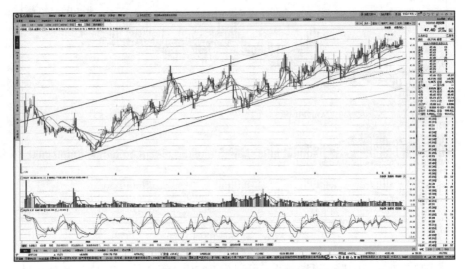

图 27-8　利安隆的周 K 线辅助线

需要注意的是，像利安隆这样有明显趋势的个股只是少数，更多个股的趋势都不是特别明显。或是股价涨跌转换非常快，使趋势维持的时间较短；或是股价波动的幅度比较小，使趋势不明显；或是股价波动幅度很剧烈，出现大量突兀的高点和低点，形成判断趋势的杂音。不管如何，多数个股通过变换周期、仔细观察，加上画线工具的辅助，都可以发现明显或不明显的趋势。对实在发现不了趋势或规律不明显的个股，建议放弃，因为备选股很多，有趋势规律的个股的胜率更高。

发现股价的趋势规律后，个人操作要和趋势规律匹配。在实际中，每个人都有自己的操作策略和风格。例如，个人持股周期不同，有人以周为周期，有人以月为周期，有人以年为周期。如果个人策略风格与个股趋势规律不匹配，常发生的事就是该股怎么操作都不赚钱。投资者不能让个股适应自己的策略风格，只能去适应个股的趋势规律，而这个适应是一件成本很高的事情，其实没必要。因此，如果不匹配，就放弃。实际操作中，很多人会感觉自己和某只个股有缘，操作起来大概率赚钱，很少亏损，隐含原因就是个人的策略风格与个股的趋势规律匹配。换句话说，投资者要依照个人的策略风格去选股，而不是去适应选出来的个股的趋势规律。

如何确认趋势反转

　　判断趋势对投资很有价值，但投资中更重要的是判断趋势反转，因为买点和卖点都在趋势反转时出现。也就是说，只有趋势出现反转时，才需要操作。因此，发现并确认趋势反转，比发现和识别趋势更重要。如果将个股运行趋势分为上涨、平盘和下跌三种，和日常操作相关的趋势反转主要有五种：跌转涨、平转涨、涨转涨涨（加速涨）、涨转跌、涨转平，前三种对应买入，后两种对应卖出。其他趋势反转，如跌转平和平转跌，和实际操作没有太大联系。这五种趋势反转有普遍规律，这里以跌转涨为例进行说明。

　　下跌趋势转为上涨趋势，是较短分析周期内的常见情况，尤其在大盘出现系统性下跌以后。下跌趋势通常较清晰，可以画出明确的趋势线。分析跌转涨这种趋势反转时，也可以通过画线辅助判断。图 27-9 是合盛硅业的日 K 线，在图中画出两条下降趋势的上沿线，股价下跌一段时间后，开始企稳上涨并突破上沿线，股价趋势反转，形成跌转涨形态。图 27-10 是同飞股份的日 K 线，在图中画出三条下降趋势的上沿线，在下跌一段时间后，股价企稳并逐渐上涨，然后突破上沿线，趋势反转，形成跌转涨形态。这种形态的确认要注意什么呢？

　　多数跌转涨都有一个过程，不是一蹴而就的，也就是股价不会在下跌趋势中急速反转。多数个股在下跌趋势末端，股价转为上涨时，会有一个确认的过程。这个确认的过程可以帮投资者判断跌转涨趋势的出现，确认趋势反转后再买入。有部分个股跌转涨非常迅速，缺少确认过程，这些个股也要在明确趋势反转后再介入。

图 27-9 合盛硅业的日 K 线

图 27-10 同飞股份的日 K 线

总结起来，跌转涨趋势的确认有如下几个要点。

- 股价在下降通道内持续调整，而且有较大跌幅。在基本面没有变化的
  情况下，个股跌幅越大，调整越充分，趋势反转的可靠性越高，反转

力度也越大。

- 放量大阳线突破下降趋势。股价下跌一段时间和幅度后，在下跌趋势的上沿线出现放量大阳线突破，这预示下跌趋势可能终止，股价趋势可能变化，要引起关注。这根突破阳线要是大阳线，有较大涨幅，如果涨停更好；另外，这根阳线要伴随成交量的放大，形成放量突破态势（如果是一字板，量可以小）。

- 大阳线突破后，股价缩量调整。这其实是一个"统一思想的过程"，通过放量大阳线及后续调整，洗出部分筹码，减少后续上涨的阻力。调整的关键是幅度不能深，位于突破大阳线三分之二以上或一半以上。当然也有个股不调整，直接拉上去。

- 调整后再次拉出放量大阳线，且该阳线超过第一根阳线时才是买点。买点是再次拉出放量大阳线，而且高于第一根大阳线时才出现的。一定要等买点出现后再买入，而不是提前买入，尤其不要预测股价可以突破就买入。后面用涨升加仓法加仓，就可以较好地把握趋势反转带来的机会。

利用上述规则，投资者可以很好地把握跌转涨趋势的反转。合盛硅业和同飞股份突破第二条下跌趋势线的走势，完美契合这些规律。上述规律是跌转涨趋势反转的基本规律，在实际中可能有一些变化，但基础是不变的。

对平转涨及涨转涨涨这两种反转，买点是在放量大阳线突破后调整确认、股价二次放量突破前高时才出现的。图 27-11 是国联股份的日 K 线。国联股份股价突破前期平台，发生平转涨趋势反转时，先出现放量大阳线突破（第一个圈），缩量回调确认后，再次放量大阳线突破，且股价超越第一根大阳线（第二个圈），出现买点。

图 27-12 是德宏股份的日 K 线。这是一个涨转涨涨的趋势反转。股价也是先出现放量大阳线形成突破（第一个圈），经缩量回调确认后，再次放量大阳线突破，并且股价超越第一根大阳线（第二个圈），出现买点。

图 27-11　国联股份的日 K 线

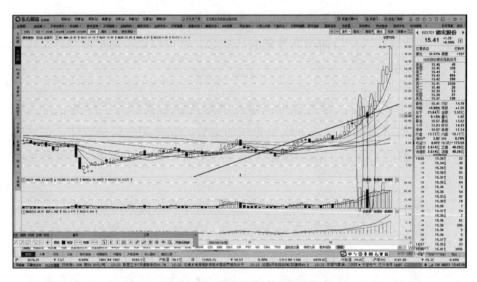

图 27-12　德宏股份的日 K 线

对于涨转跌、涨转平两种趋势反转，既不要求放量，也不要求回调确认。因此，当股价跌破上升趋势线下沿时，建议的操作就是获利了结。即使看好后续走势，也要在股价回到趋势后再买回来，而不要硬挺，因为趋势不可违。

　　总之，认识趋势、把握趋势、利用趋势，做到顺势而为，是技术分析的要点。通过技术分析，把握有确定性的趋势反转，实现更好的胜率和效率，才是技术分析的真谛。

| 第二十八章 |

暴跌次日公式

大盘暴跌，会让很多投资者崩溃。但是，投资者绝不能坐以待毙，要积极应对。暴跌后怎么办？有一个暴跌次日公式值得介绍。

公式简介

在股票市场，历史会一再重演，这也是技术分析的三大基础之一。总结历史规律，可以帮投资者更好地预测和应对未来。暴跌次日公式，是总结一次又一次暴跌所发现的规律。具体来说，大盘暴跌后，次日走势很有规律，形成暴跌次日公式：低开—下探—反弹—犹豫—下跌—暴跌—反弹，整体分时呈 V 形（见图 28-1。）在实际中，图形会发生一定变化，但总体走势是不变的。

看一下现实的例子。2022 年 8 月 24 日，上证指数下跌 61 点，跌 1.86%；深证成指下跌 359 点，跌 2.88%；创业板指下跌 101 点，跌 3.64%；4300 多只个股下跌，跌幅中位数是 3%，可以说是全市场暴跌。8 月 25 日，市场走出标准的暴跌次日公式。图 28-2 是上证指数的分时图，可以看出和公式图走势类似。

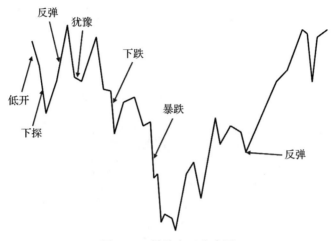

图 28-1　暴跌次日公式图

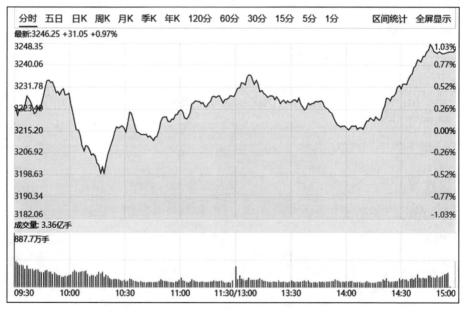

图 28-2　2022 年 8 月 25 日上证指数的分时图

　　图 28-3 和图 28-4 是深证成指和创业板指的分时图，也符合暴跌次日公式的规律。

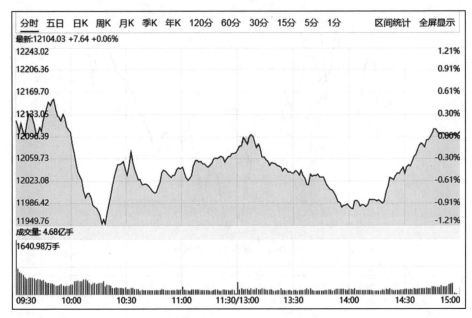

图 28-3　2022 年 8 月 25 日深证成指的分时图

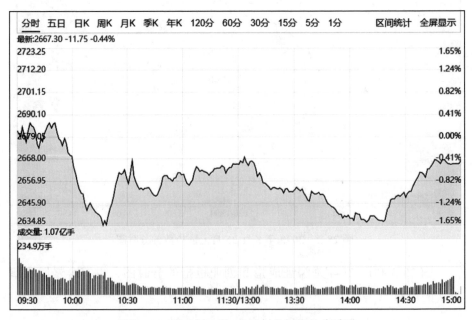

图 28-4　2022 年 8 月 25 日创业板指的分时图

如果说 8 月 25 日一天的走势不能代表普遍规律，再看其他日期。图 28-5 是 2022 年 3 月 9 日上证指数的分时图。2022 年 3 月 7 日，上证指数跌 2.17%，3 月 8 日跌 2.35%，3 月 9 日出现暴跌次日公式走势。

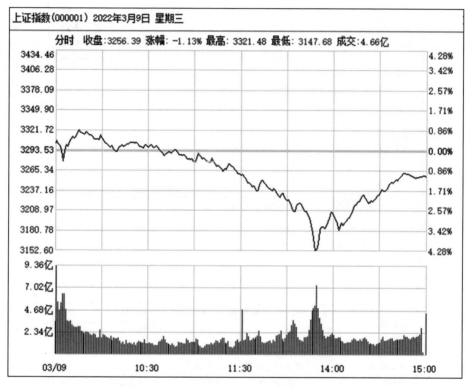

图 28-5　2022 年 3 月 9 日上证指数的分时图

资料来源：新浪财经。

2022 年 3 月 9 日沪深 300 指数的分时走势（见图 28-6），也是典型的暴跌次日公式走势。

图 28-7 是 2018 年 10 月 19 日沪深 300 指数的分时图。图 28-8 是 2018 年 7 月 3 日沪深 300 指数的分时图，都是暴跌次日公式走势。

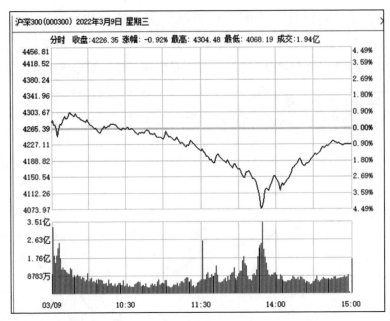

图 28-6　2022 年 3 月 9 日沪深 300 指数的分时图

资料来源：新浪财经。

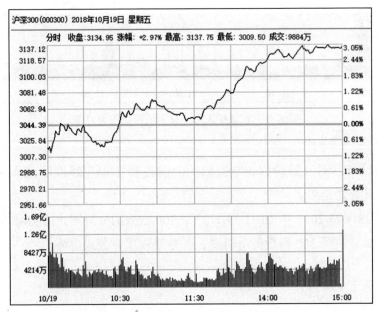

图 28-7　2018 年 10 月 19 日沪深 300 指数的分时图

资料来源：新浪财经。

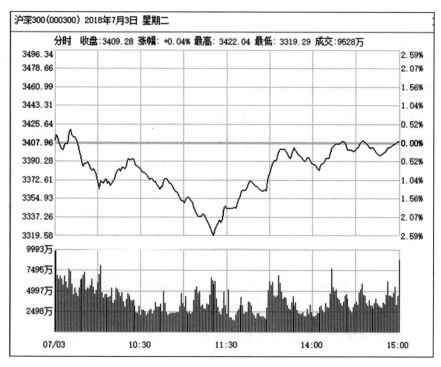

图 28-8　2018 年 7 月 3 日沪深 300 指数的分时图

资料来源：新浪财经。

公式的应用规律

应用暴跌次日公式的规律如下。

第一，介入时机。由于前一段时间，尤其是前一天暴跌的影响，让很多人亏损到止损价位。同时，部分人对后市走势悲观，有强烈的卖出动机。次日的低开会进一步刺激止损操作和增加卖出动力。因此，早盘低开反弹后，会有部分人选择趁反弹离场，使得早盘上冲不是介入时机。反弹离场的卖盘会导致股价再次下跌，而下跌会加大恐慌性抛盘，使市场进一步下行。在卖盘枯竭后，市场会逐步企稳，分时也开始扭头向上，这时会出现比较好的介入时机。这个介入时机需要量能确认，要有较好的量能配合。因此，可以通过分时抬头和放量来判断介入时机。

第二，个股选择。做暴跌次日反弹，要选择强势股。在实际操作中，主要考虑两种强势股。一种是暴跌时跌幅小于市场跌幅的个股，尤其是逆势上涨的个股。这些个股通常有更强的上升趋势，且人气好，在次日企稳反弹过程中也常常表现更好（要结合个股的"量、价、线、形"判断，而不是盲目买入；也有"量、价、线、形"配合不好的个股，次日会补跌）。另一种是被错杀的绩优股，尤其是高控盘个股可以重点考虑，因为这些个股的反弹动力比较足。前一天领跌、被封在跌停板上的个股，需要重点回避。

第三，离场时机。暴跌次日公式主要是进行暴跌后的超短线反弹操作，不考虑长期持股。因此，使用该公式必须考虑离场。通常比较好的离场时机是下一交易日开盘半小时。下一交易日开盘后，股价常会承接次日走势继续上冲。开盘半小时后，可以根据股价具体表现，尤其是量能情况判断。如果量能配合很好，上涨动力依旧强劲，可以考虑继续持有；否则，就获利了结，完成暴跌次日公式的完整买卖操作。

第四，做T法则。利用暴跌次日公式，可以进行做T操作，也就是在保持仓位不变的情况下，当天进行买入—卖出操作，或卖出—买入操作。具体做T有两种情形：满仓被套、手头没钱，可以采用的策略是在犹豫阶段卖出，暴跌后买回；手头有钱，可以在暴跌后买入，后续在当天卖出与买入股数同样的股数。

应用公式的注意事项

应用暴跌次日公式有如下注意事项。

第一，公式是用来抢反弹的，无论盈亏，及时离场。暴跌次日公式的目的就是暴跌后的超短线反弹，不考虑长期持股。因此，及时离场是公式的核心要求，无论盈亏，该离场时必须离场。

第二，做T对盘感要求较高，没有盘感不建议操作。做T要对个股走势很熟悉，有不错的盘感。如果对个股走势不熟悉，或盘感一般，不建议进行做 T 操作。因为做 T 的空间小，选择买卖时机偏差稍大，就会造成亏损。这也是很多人做 T 经常做反的原因。

第三，选强势股，参考量能变化做决策。暴跌次日公式是抢反弹的超短线操作，一定要选强势股。只有强势股才有较大的反弹力度和空间，能实现好的收益；弱势股通常反弹幅度和空间较小，甚至没有反弹，没有盈利空间，不是好的选择。判断强势股还是弱势股，量能是重要指标。综合"量、价、线、形"判断，效果更好。

第四，不是所有的暴跌次日都可以用该公式。暴跌次日公式是针对暴跌次日反弹进行操作的工具。在实际走势中，常出现暴跌后还有暴跌，不是所有次日都会有反弹。使用暴跌次日公式时，要尽可能确定大盘跌势已尽，处于超跌（过度下跌）状态，或下跌动能枯竭；同时，盘中出现明确信号后再操作，不要贸然行动，提高胜率。

总之，暴跌次日公式的使用一定要慎重，这个公式"基本有用，但不是到处可用"。建议投资者对公式进行反复研习，熟练掌握后再使用。

| 第二十九章 |

技术分析的纪律

"不以规矩，不能成方圆。"这句耳熟能详的话强调纪律。在股票市场上，遵守投资纪律非常重要。经常有投资者表示后悔："明明想好到 × 价位一定止损，可到这个价位，我又犹豫了，想等等看。结果，亏得更多了。"或者："设定了买入某股的计划，可看到有只股票的图形不错，走势强，就改变了计划。结果，原本计划要买却没买的涨得很快，临时买的反而被套了。"这种例子举不胜举，归结起来都是没有遵守操作纪律，导致投资结果不好。

市场是"反人性"的，要取得好的收益，必须克服人性的影响，进行"反人性"的操作。技术分析的目标是发现并利用市场规律，进而达成好的投资收益。因此，技术分析有大量"反人性"的要求。为保证技术分析的效果，必须克服人性的一面，严格执行"反人性"操作。这使遵守纪律对技术分析至关重要。很多投资者学习并掌握了技术分析知识与技巧，实际效果却不好。为什么呢？没有遵守纪律是最主要的原因，也是投资者最难克服的。因此，作为本书的最后一章，本章要强调的就是技术分析的纪律。

从投资过程来看，投资涉及的环节有选股、买入、持有、卖出等。在每一个环节，技术分析都有强调的方面，形成了操作纪律。例如，技术分析强调"止损"，确保本金损失在一个可控范围内。由于每个投资者的操作习惯、承受能力等不同，适合每个投资者的纪律也不同，如有的投资者将止损标准设为6%，有的设为8%，也有的设为10%，还有完全不止损的。因此，每个投资者用技术分析时都要有自己设定并需要遵守的纪律。投资者需要做的就是：基于技术分析的基本规律，结合自身的实际情况，设定操作纪律，并严格遵守。

雪球球友"钟晓渡"在专栏文章《(代发) 笃信价值，让投资进入良性循环——二十年投资札记》中分享过一位投资者的经验。

在不断学习、思考、实践中形成一套思维习惯和投资纪律。

1. 重仓持有公司，一定是在自己能力圈范围内。

2. 形成合理回报率预期，通常将预期回报率设定为年化15%，即五年翻一番。

3. 不为能力圈外的股票涨跌影响自己的情绪和交易。

4. 不以预测作为投资的着眼点，而是对各种可能都做好应对预案。

5. 市场低迷、公司低估时，尽可能多持有股份；市场高涨时，逐步减仓，降低持股比例。

6. 关注估值，再好的公司也必须估值合理，远离高估公司，留出足够的安全边际，尽量不亏损。

7. 适当关注宏观经济，但对目标公司的投资决策不受宏观经济波动影响。

8. 以长期视野研究行业及公司，重点关注企业竞争优势。

9. 用持股数乘以每股利润作为自己的利润，以收到的股息作为自己的现金流，构成自己的利润、现金流体系。

10. 尽可能使投资决策变得简单、轻松，只投资自己熟悉且有把握，从而能够"一眼定胖瘦"的公司，通常每一两年，选择一两家公司投资即可。

对投资者而言，没有放之四海而皆准的纪律。但是，针对日常中容易出现的问题，对投资过程的选股、买入、持有、卖出环节，有一些要点需要说明。

第一，选股。选股环节，技术分析总结了很多规律和要点。选股需要注意的纪律是谋而后动。换句话说，要对个股进行深入分析，明确操作计划，按照计划严格行动。不要临时看到某热点、强势股，就"眼红手痒"了。这种无计划的操作，是导致很多投资者亏损的重要原因，要严格规避。

第二，买入。买入环节最重要的是等信号清晰再买入，而不是买入后再期望股价涨起来。例如，历史新高法强调股价突破后回踩确认、再次放量突破后才是买点。如果不按这个买点操作，而提前买入并期望股价突破继续创新高，很可能会导致亏损。

第三，持有。持有环节是最熬人的，对纪律有很高要求。投资者都希望买入后就连续大涨。实际上，买入后个股常处于横盘状态。看着外面的个股涨得风生水起，急得抓耳挠腮；好不容易涨了一点，还是比别的个股涨得慢；实在坚持不住卖了，这只个股就疯涨；最后，顿足捶胸，后悔不已。这个情况频频出现，而且经常在个人身上反复循环。持有环节最需要遵守的纪律就是"无视外物"。只要有明确的买入理由，有清晰的卖出目标，在买入理由成立而卖出目标未达到前，耐心持有就好。不要因为别的股票表现好而眼红，也不要因为自己股票表现差而焦虑。

第四，卖出。不遵守纪律的情况在卖出环节出现得最多。或是想卖在最高点，最后错失卖出良机；或是不肯止损，导致越套越深。卖出环节有两种情况。一种是获利了结。这时要考虑预设目标是否达成、卖出理由是否成立、技术是否破位，严格遵循纪律卖出；而不是纠结于一定要卖在 ×价位、卖在最高点等，最后错失良机，无法兑现收益。另一种是止损。如果股价走势和预期不一致，要坚信市场永远是对的，严格按照设定止损价位操作。后期股价涨回去，止损错了，可以再买回来，而不要冒着可能带来更大损失的风险而硬挺。

　　总之，技术分析的成功离不开操作纪律的支持。根据技术分析规律，结合自身情况，设计适合自己的操作纪律并严格执行，才能取得好的投资收益。如果说技术分析是投资者使用的武器，有助于投资者取得胜利，那么合适的并被严格执行的纪律就是投资者获胜的基础。因此，技术分析必须有纪律做支撑。

后　记

到这里，本书写作已经进入尾声。

本书初稿的写作过程，正好经历了2022年A股市场跌宕起伏的走势。从2022年年初开始，市场基本是下行走势，3～4月更出现大幅下跌，尤其是4月出现恐慌性抛盘，带动大盘暴跌，4月底时大盘企稳反弹；5～6月，市场走出了一波不错的修复行情；7～8月，市场继续下跌；9月，市场又出现较深调整；10月，市场再次出现恐慌性下跌；11月和12月，市场出现了不错的反弹。2022年全年，上证指数累计下跌15.13%，深证成指累计下跌25.85%，创业板指累计下跌29.37%，科创50指数累计下跌31.35%，可以说整个市场行情一片惨淡。

在这个过程中，我的持仓也出现了不小幅度的调整，市值也剧烈波动。但是，相比往常跟随账户"跌宕起伏"的心态，最近我的内心平静很多，基本可以做到"不以涨喜，不以跌悲"。一方面，随着年龄和经验的增长，抗打击能力显著增强；另一方面，随着本书的写作，我也在不断思考和调整投资思路和体系，完善和强化操作技巧。由于内心更清楚想要的结果不是每天市值的涨涨跌跌，反而"拿得起，放得下"，敢于且安于"满仓持股待涨"。这也是我整个写作过程中最大的收获。

在写作过程中，我一直在努力平衡所写内容既要通俗易懂又要有深度。虽然自认为较好地平衡了两者的关系，但仍有不少地方做了权衡取舍，尤其在第一部分和第四部分，优先考虑内容通俗易懂；第二部分和第三部分，在通俗易懂的基础上尽可能介绍得有深度。同时，出于定位基础读物的目标，本书没有介绍高深的知识，更没有介绍复杂的技巧，而是回归投资的本质，讲解简单道理，因为"简单的才是最美的"。

本人主要利用空闲时间写作，使整个写作过程拖拖沓沓。值得庆幸的是，我终于按照设定的目标完成了写作。这里必须感谢家人的鼎力支持，使我有更多的时间来思考和写作。同时，包括但不限于雪球论坛的不少球友及微信公众号网友，如"TOPCP""喵点睛""喵招财""搬砖小组""招财大牛猫"，为本书提供了写作素材，在此表示感谢。另外，还要感谢机械工业出版社的鼎力支持和帮助，使本书可以尽快出版，与各位读者见面。

谨以本书献给豆豆和多多！

参考文献

[1] 马尔基尔. 漫步华尔街：第 11 版 [M]. 张伟，译. 北京：机械工业出版社，2017.

[2] 费舍. 怎样选择成长股：第 2 版 [M]. 吕可嘉，译. 北京：地震出版社，2017.

[3] 马克斯. 周期：投资机会、风险、态度与市场周期 [M]. 刘建位，译. 北京：中信出版集团，2019.

[4] 马克斯. 投资最重要的事 [M]. 李莉，石继志，译. 北京：中信出版社，2012.

[5] 蒋宗全. 从零开始学投资估值 [M]. 北京：中国铁道出版社有限公司，2021.

[6] 利弗莫尔. 股票作手回忆录 [M]. 王素芳，译. 北京：群言出版社，2018.

[7] 李杰. 股市进阶之道：一个散户的自我修养 [M]. 北京：中国铁道出版社，2015.

[8] 爱德华兹，迈吉，巴塞蒂. 股市趋势技术分析：第 10 版 [M]. 万娟，等译. 北京：机械工业出版社，2017.

[9] 邱国鹭. 投资中最简单的事：更新版 [M]. 北京：中国经济出版社，2020.

[10] 邱国鹭，邓晓峰，卓利伟，等 . 投资中不简单的事 [M]. 成都：四川人民出版社，2018.

[11] 巴菲特，坎宁安 . 巴菲特致股东的信：投资者和公司高管教程：第 4 版 [M]. 杨天南，译 . 北京：机械工业出版社，2018.

[12] 希尔，琼斯，周长辉 . 战略管理：中国版：第 7 版 [M]. 孙忠，译 . 北京：中国市场出版社，2007.

[13] 夏立军，李莫愁 . 价值投资者的财报分析 [M]. 北京：机械工业出版社，2021.

推荐阅读

序号	中文书号	中文书名	定价
1	69645	敢于梦想：Tiger21创始人写给创业者的40堂必修课	79
2	69262	通向成功的交易心理学	79
3	68534	价值投资的五大关键	80
4	68207	比尔·米勒投资之道	80
5	67245	趋势跟踪（原书第5版）	159
6	67124	巴菲特的嘉年华：伯克希尔股东大会的故事	79
7	66880	巴菲特之道（原书第3版）（典藏版）	79
8	66784	短线交易秘诀（典藏版）	80
9	66522	21条颠扑不破的交易真理	59
10	66445	巴菲特的投资组合（典藏版）	59
11	66382	短线狙击手：高胜率短线交易秘诀	79
12	66200	格雷厄姆成长股投资策略	69
13	66178	行为投资原则	69
14	66022	炒掉你的股票分析师：证券分析从入门到实战（原书第2版）	79
15	65509	格雷厄姆精选集：演说、文章及纽约金融学院讲义实录	69
16	65413	与天为敌：一部人类风险探索史（典藏版）	89
17	65175	驾驭交易（原书第3版）	129
18	65140	大钱细思：优秀投资者如何思考和决断	89
19	64140	投资策略实战分析（原书第4版·典藏版）	159
20	64043	巴菲特的第一桶金	79
21	63530	股市奇才：华尔街50年市场智慧	69
22	63388	交易心理分析2.0：从交易训练到流程设计	99
23	63200	金融交易圣经II：交易心智修炼	49
24	63137	经典技术分析（原书第3版）（下）	89
25	63136	经典技术分析（原书第3版）（上）	89
26	62844	大熊市启示录：百年金融史中的超级恐慌与机会（原书第4版）	80
27	62684	市场永远是对的：顺势投资的十大准则	69
28	62120	行为金融与投资心理学（原书第6版）	59
29	61637	蜡烛图方法：从入门到精通（原书第2版）	60
30	61156	期货狙击手：交易赢家的21周操盘手记	80
31	61155	投资交易心理分析（典藏版）	69
32	61152	有效资产管理（典藏版）	59
33	61148	客户的游艇在哪里：华尔街奇谈（典藏版）	39
34	61075	跨市场交易策略（典藏版）	69
35	61044	对冲基金怪杰（典藏版）	80
36	61008	专业投机原理（典藏版）	99
37	60980	价值投资的秘密：小投资者战胜基金经理的长线方法	49
38	60649	投资思想史（典藏版）	99
39	60644	金融交易圣经：发现你的赚钱天才	69
40	60546	证券混沌操作法：股票、期货及外汇交易的低风险获利指南（典藏版）	59
41	60457	外汇交易的10堂必修课（典藏版）	49
42	60415	击败庄家：21点的有利策略	59
43	60383	超级强势股：如何投资小盘价值成长股（典藏版）	59
44	60332	金融怪杰：华尔街的顶级交易员（典藏版）	80
45	60298	彼得·林奇教你理财（典藏版）	59
46	60234	日本蜡烛图技术新解（典藏版）	60
47	60233	股市长线法宝（典藏版）	80
48	60232	股票投资的24堂必修课（典藏版）	45
49	60213	蜡烛图精解:股票和期货交易的永恒技术（典藏版）	88
50	60070	在股市大崩溃前抛出的人：巴鲁克自传（典藏版）	69
51	60024	约翰·聂夫的成功投资（典藏版）	69
52	59948	投资者的未来（典藏版）	80
53	59832	沃伦·巴菲特如是说	59
54	59766	笑傲股市（原书第4版.典藏版）	99

推 荐 阅 读

序号	中文书号	中文书名	定价
55	59686	金钱传奇：科斯托拉尼的投资哲学	59
56	59592	证券投资课	59
57	59210	巴菲特致股东的信：投资者和公司高管教程（原书第4版）	99
58	59073	彼得·林奇的成功投资（典藏版）	80
59	59022	战胜华尔街（典藏版）	80
60	58971	市场真相：看不见的手与脱缰的马	69
61	58822	积极型资产配置指南：经济周期分析与六阶段投资时钟	69
62	58428	麦克米伦谈期权（原书第2版）	120
63	58427	漫步华尔街（原书第11版）	56
64	58249	股市趋势技术分析（原书第10版）	168
65	57882	赌神数学家：战胜拉斯维加斯和金融市场的财富公式	59
66	57801	华尔街之舞：图解金融市场的周期与趋势	69
67	57535	哈利·布朗的永久投资组合：无惧市场波动的不败投资法	69
68	57133	憨夺型投资者	39
69	57116	高胜算操盘：成功交易员完全教程	69
70	56972	以交易为生（原书第2版）	36
71	56618	证券投资心理学	49
72	55070	技术分析与股市盈利预测：技术分析科学之父沙巴克经典教程	80
73	55569	机械式交易系统：原理、构建与实战	80
74	54670	交易择时技术分析：RSI、波浪理论、斐波纳契预测及复合指标的综合运用（原书第2版）	59
75	54668	交易圣经	89
76	54560	证券投机的艺术	59
77	54332	择时与选股	45
78	52601	技术分析（原书第5版）	100
79	52433	缺口技术分析：让缺口变为股票的盈利	59
80	49893	现代证券分析	80
81	49646	查理·芒格的智慧：投资的格栅理论（原书第2版）	49
82	49259	实证技术分析	75
83	48856	期权投资策略（原书第5版）	169
84	48513	简易期权（原书第3版）	59
85	47906	赢得输家的游戏：精英投资者如何击败市场（原书第6版）	45
86	44995	走进我的交易室	55
87	44711	黄金屋：宏观对冲基金顶尖交易者的掘金之道（增订版）	59
88	44062	马丁·惠特曼的价值投资方法：回归基本面	49
89	44059	期权入门与精通：投机获利与风险管理（原书第2版）	49
90	43956	以交易为生II：卖出的艺术	55
91	42750	投资在第二个失去的十年	49
92	41474	逆向投资策略	59
93	33175	艾略特名著集（珍藏版）	32
94	32872	向格雷厄姆学思考，向巴菲特学投资	38
95	32473	向最伟大的股票作手学习	36
96	31377	解读华尔街（原书第5版）	48
97	31016	艾略特波浪理论：市场行为的关键（珍藏版）	38
98	30978	恐慌与机会：如何把握股市动荡中的风险和机遇	36
99	30633	超级金钱（珍藏版）	36
100	30630	华尔街50年（珍藏版）	38
101	30629	股市心理博弈（珍藏版）	58
102	30628	通向财务自由之路（珍藏版）	69
103	30604	投资新革命（珍藏版）	36
104	30250	江恩华尔街45年（修订版）	36
105	30248	如何从商品期货贸易中获利（修订版）	58
106	30244	股市晴雨表（珍藏版）	38
107	30243	投机与骗局（修订版）	36